U0111145

香港

ICAC

廉政制度研究

孟慶順

編著

目 錄

前　言

　　在香港廉政公署成立三十週年的紀念特刊中，時任廉政專員黃鴻超在致辭中講過一段話：「廉政公署於 1974 年在市民強烈的訴求中踽勇成行。時至今日，香港不僅成功地建立『廉潔之都』的稱譽，我們反貪的成績更贏得了國際社會的認可。」

　　黃鴻超的這段話簡要概括了香港廉政建設的成就，香港廉政公署的反貪成績不僅得到香港市民的認同，也受到國際社會的讚譽。在廉署 2016 年進行的民意調查中，香港超過 80% 的受訪者認為香港廉政公署的反貪工作有效，表示廉署值得支持的受訪者佔所有受訪者的 96.2%。各種國際組織和評級機構對香港廉政工作給予高度評價。經濟合作及發展組織在 2008 年發表的《專責反貪機構：反貪模式檢討—摘要報告》中指出：「成立於 1974 年的香港廉政公署是全球知名的專責反貪機構之一。香港能夠成功遏止貪污，廉署功不可沒。」國際反貪機構「透明國際」（Transparency International）更將香港廉政公署視為成功反貪的典範，它在 2013 年發表的《反貪機構最佳常規》中指出：「香港廉政公署（ICAC）是全世界最早成立的反貪機構之一，已被公認為成功典範，多國政府相繼以其為借鏡，成立反貪機構。」在「透明國際」歷年發佈的「國際清廉指數」排行榜上，香港每年的排名均在前 20 位之內。根據 2016 年的清廉指數，香港的廉潔程度在全球 176 個國家／地區中排名第 15 位，在亞洲僅次於新加坡。而根據 TRACE International 2016 年底公佈的「全球商業賄賂風險指數」，香港在全球 199 個地方中位列第四低商業賄賂風險的地方，在亞洲更是名列首位。

　　香港也曾經貪腐遍地。第二次世界大戰後，大量人口湧入香港，各種資源極度短缺，經濟又處在飛速發展的階段，香港的貪污賄賂發展到前所未有的程度。既有警務人員與黑社會勾結，在毒品交易、非法賭博及色情行業中貪贓枉法，合夥分肥，也有其他部門的政府官員以權謀私，趁機索賄受賄。更嚴重的是，貪腐風氣遍及社會各個領域，甚至連公立醫院中的服務人員和消防員也不例外。消防員面對火災並不急於救火，只有收到「開喉費」，他們才會打開消防水槍龍頭滅火。病人如果不願向醫務人員提供好處，不但動手術時間會被拖延，基本的醫療服務也難以享受。百里渠法官（Sir Alastair Blair-Kerr）在調查香港貪污情況的報告中指出，全香港存在着普遍的貪污行為，「有強烈的跡象顯示，政府中，特別是每日都與民眾有密切接觸的某些機關有許多涉及貪污的情況」。

　　1974 年廉政公署的成立開創了香港反貪歷史的新階段。在「反貪污、捉葛柏」運動的推動下，港督麥理浩（Murray MacLehose）決定採納百里渠法官的建議，將反貪部門從警務部門分離出來，建立直屬於港督的廉政公署。廉署機構獨立，大權在握，資源豐富，迅即在香港掀起一場「廉政風暴」。儘管在「警廉大衝突」中，廉政公署的銳氣一度受挫，但挫折只是暫時現象，廉署仍然對貪污持「零容忍」態度，實行調查、防貪、教育三管齊下的廉政策略。數年時間中，香港在淨化社會道德、懲治貪污腐敗方面發生了根本變化。大批貪污分子被調查起訴，一個接一個貪污集團被擊破，肅貪活動從政府推展至私人企業。香港無處不在的貪污之風受到有效遏制，市民對政府的信心大增，愈來愈多的人不再容忍貪污現象的存在。

　　進入九十年代後，廉政公署一如既往繼續推行香港行之有效的肅貪倡廉策略，堅持不懈地將各類貪污案件查個水落石出，在防貪教育方面極力提升香港市民的道德水平，培養誠實、守信的好公民。但在香港回歸前後的社會變動期，香港廉政建設出現一些新情況。一是隨着廉政形勢的好轉，香港的貪污問題不再是突出問題，部分人質疑廉署掌握的諸如竊聽、搜查、限制新

聞報道等可能影響個人自由的權力，認為有侵害人權之虞。二是香港回歸後政府與商界的關係愈加密切，出現多宗政府高官捲入收受富豪利益或有利益衝突的事件。在香港社會的支持下，廉政公署經受住考驗，在尊重基本人權的前提下，廉政公署賴以調查案件的重要手段得以保留，廉署對涉貪的高官一一展開調查，其中包括時任行政長官、前任政務司司長和廉政公署自身的前任廉政專員。廉署的調查成功將曾任香港特別行政區政務司司長的高官送進監獄，捍衛了香港廉潔之都的聲譽。

在 1987 年召開的第三屆國際反貪污會議上，香港廉政專員介紹香港廉政經驗時把「政府高層的肅貪決心」作為香港肅貪成功的第一條經驗。歷史事實也說明，若沒有港督麥理浩和第一任廉政專員姬達（Jack Cater）的肅貪決心，也不會有香港廉政公署當時取得的巨大成就。但是，一個成熟的廉政制度，不能僅依賴政府高層的肅貪決心而存在。只有當一個廉政制度的存在不依賴於任何人的意志，可以用同樣的準則對待任何人的時候，這個廉政制度才是機制健全、成熟的制度。香港廉政公署可以依照規則調查自己唯一的直屬上級 —— 行政長官，表明香港廉政制度充分滿足了這一條件。

香港社會風氣由貪變廉並能持續保持下去，這是一筆值得認真從中汲取經驗的寶貴財富。本書以探討香港廉政經驗為主旨，希望結合香港廉政公署的發展歷史，尤其是近年的實際案例，對香港廉政的成功之處進行具體分析。全書分為六章，第一章「靜默的革命」，主要討論促成香港廉政公署的種種因素及其帶來的變化。第二章「完善廉政法例」，分析作為香港廉政制度基礎的香港廉政法律。第三到第五章，重點探討香港廉政公署三管齊下的反貪策略 —— 調查、防貪和教育，具體分析廉政公署如何調查貪污案件、堵塞貪污漏洞及建立廉潔文化。第六章「構建反貪網絡」，從整個社會的角度分析香港社會如何制約、支持廉政公署，以確保香港廉政機制得以在各種情況下正常運作。最後的結束語則簡要討論香港廉政經驗對內地的啟示。

中國內地正處在大力反貪的關鍵時期，國家廉政機構也處於大調整、大變

革的特殊時期，借鑒香港廉政經驗對於實現內地反貪工作的制度化，進而實現內地社會廉潔化的目標具有重要意義。希望本書的出版能對國家的廉政事業有所裨益。

本書的寫作與出版得到香港三聯書店的大力支持與配合，總編輯侯明女士對書稿的撰寫十分關心，梁偉基博士及顧瑜博士在聯絡工作中表現出的耐心、熱情讓人感動，責任編輯劉汝沁小姐以高度的責任心和嫻熟的專業技巧減少了拙作可能出現的錯誤，在此謹對他們表示衷心的感謝！

孟慶順

2017 年 8 月

無論是公眾需求與公共設施之間的巨大缺口，還是經濟飛速發展帶來的快速致富的黃金機會，都使得香港一直未能有效解決的貪污問題在工業化時代更加猖獗。葛柏事件如同扔進油鍋的火星，引爆了香港市民的不滿，最終引發了香港廉政制度的大變革。

1

第 一 章 //

靜默的革命

第 一 節

戰後香港貪污形勢的惡化

第二次世界大戰後，香港歷史進入一個新階段。一方面，隨着戰爭的結束以及隨後中國內地國共內戰的爆發，大批難民返回及湧入香港，給香港社會帶來沉重的人口壓力，住房、交通、就業、入學等方面的條件和設施都難以滿足公眾的需要；另一方面，隨着朝鮮戰爭的爆發，港英當局追隨英國政府的政策，對中國內地實行貿易禁運，香港不得不從以往的轉口貿易轉向發展現代工業，香港經濟奇跡由此發端。無論是公眾需求與公共設施之間的巨大缺口，還是經濟飛速發展帶來的快速致富的黃金機會，都使得香港一直未能有效解決的貪污問題在工業化時代更加猖獗。

從戰後直到七十年代初廉政公署成立前，香港公職人員貪污行為主要表現在四個方面：

一是警務人員與黑社會勾結，在毒品交易、非法賭博及色情行業中貪贓枉法，合夥分肥。1931 年後，港府稅收中的大宗收入主要已不是以往從鴉片買賣中收取的洋藥牌照費。於是，當局以澄清城市污點，美化市容為由，將公煙專賣和娼寮妓寨牌照取消，採取禁煙、禁娼政策。[1] 毒販和妓院老闆便通過賄賂警察繼續其違法活動，這種活動一直持續到七十年代香港廉政公署成立時期。警察充當「收規人」，「安排下屬與犯罪分子聯絡，收取服務報酬，收到的巨額金錢再按照事先商定的比例在下屬和上司之間進行分配。作為回報，犯罪團夥和幫派頭目答應平息幫派內部分歧，不去打擾普通百姓的生活。」這種警匪合作的模式讓不瞭解內情者感到震驚，戰後香港第一任警務處長曾驚呼「從未見過如此大規模的腐敗」。[2] 據統計，六十年代末至七十年代初，整個警察集團每年從上述渠道獲取的賄金達十億港元。這一時期遭懲處的貪官韓德（Ernest Hunt）警司在其回憶錄中毫不隱晦地說：「我相信大部分的香港警察都

貪污,『收規』是生活中的一環,就像早上起床晚上睡覺那樣的自然。」[3] 1954 至 1955 年,香港共有 470 宗與貪污有關的案件,其中與警察有關的案件佔 265 宗。1959 至 1960 年查出 194 宗貪污案件,全係警察所為。[4]

二是不法分子與出入境管理部門的個別官員勾結,向非法入境者索取「黑錢」。在六七十年代,內地及東南亞地區的非法入境者紛紛湧至香港。不法分子和個別政府官員沆瀣一氣,用為非法入境者提供香港身份證明文件的方式,向其索取賄賂。由於透過行賄能夠定居香港,導致愈來愈多的非法入境者冒險偷渡來港。[5]

三是由於大量移民湧入,香港住房缺乏,就業困難,入學需要輪候,勞工處、人民入境事務處、房屋司署等政府部門的官員趁機索賄受賄。香港人口從 1949 年的 100 萬人增加到七十年代的 400 萬人,各種生活必需設施極度短缺,為掌握公共權力的公職人員以權謀私提供了機會。1954 至 1955 年,除警察外的其他政府部門的貪污案件共 205 宗,少於警務部門。但 1961 至 1962 年在 336 宗貪污案件中,警務部門為 138 宗,其他部門則為 198 宗,超過警務部門。[6] 百里渠調查委員會在七十年代初的調查報告中也指出:「在政府事務中可以貪污之處甚多,特別是與公眾有日常接觸的部門為然。本委員會接到的指稱貪污事件,大多數是有關下列的機關:警務處、勞工處、工商署、工務司署、房屋司署、人民入境事務處、交通處、市政事務署和新界民政署。」[7]

四是在經濟蓬勃發展的情況下,一些沒有達到政府規定條件的工廠、機構或個人選擇向政府官員行賄以求得可以獲准非法經營。非法經營小販生意,非法經營工廠、酒家,非法的士等,都屬於此類情況。百里渠調查報告曾提到,香港有大批沒有註冊或沒有遵守相關規例的工廠,通過每月向勞工處、新界民政署、工務司署等機關的人員付出 500 元的賄賂以求可以獲許經營。此外,有些廠家為了加快辦事效率,避免輪候時間過長,也願意向辦事人員行賄。因為「一件事情能夠早一個月辦妥,可能意味到獲利以千千萬萬元計,但是,如不能及時向政府辦妥手續則可能損失一大筆金錢。香港人很願意以金錢換取時間」。[8]

貪腐風氣遍及社會各個領域,甚至連公立醫院中的服務人員和消防員也不

例外。消防員面對火災並不急於救火，只有收到「開喉費」，他們才會打開滅火「水喉」（消防水槍龍頭）。病人如果不願向醫務人員提供好處，不但做手術時間會被拖延，就連基本的醫療服務也難以享受。廉署三十週年特刊提到一位李女士憶述當年在公立醫院生小孩被苛索不絕的情況，她說：「當年公立醫院每日住院費只需『兩蚊』（兩元），但每名孕婦則要準備好多個『兩蚊』，用來打賞給推她們到產房的阿嬸，否則便會被人用力推撞，阿嬸更會『轉手』，推到轉彎位便會由第二個來推，又要『畀兩蚊』，拿杯水、拿條毛巾又要再畀。」[9] 為一件自己本應該做的工作也要收費，受賄已經成為一種被普遍接受的習俗。

第 二 節

港英當局遏制貪腐的努力

　　自開埠以來，香港一直飽受貪污問題的困擾，港英當局並無作出特別的努力來遏制貪腐現象的蔓延。直到十九世紀末，香港政府才頒佈了香港第一部反貪污法《輕罪懲罰條例》（Misdemeanors Punishment Ordinance）。制定這一法律的誘因是 1897 年 6 月香港揭出一宗多名警察涉嫌受賄的私開賭博大案，「該管警察自警司總幫辦以外所屬人員，幾無不受賄通，知情包庇。而總登記官署人員亦多有受縱容嫌疑者。」[10] 在這一案件中，多名英籍警官和一百多名西警、印警和華警被革職，英籍幫辦屈治爾（Job Witehelj）被判監禁六個月。屈治爾刑期未滿即獲特赦出獄，而該案告發人鄭安則無故在廣州被人謀害，棄屍河中。這一案件迫使港府不得不正視官員貪污問題，1898 年 2 月 28 日通過的《輕罪懲罰條例》首次把行賄和受賄當作共犯來處理，受賄的貪官和行賄者均處兩年以下監禁，並科 500 港元以下罰款。

　　二戰之後香港貪污之盛遠超以往，這一時期英國關於香港的報道有 70% 涉及到貪污問題。為改善自己的形象，港英當局不得不考慮治貪，並從四十年代末到五十年代中制定了兩個非常重要的反貪法例。

　　1948 年 7 月 30 日，港英當局借鑒英國的相關法律，公佈了《防止貪污條例》（香港法例第 215 章），其後又進行了修改。該條例第五條規定，凡犯貪污賄賂罪者，輕者應受簡易法庭審判，科 1000 港元罰金及入獄兩年；重者提起公訴定罪後科一萬港元罰金及入獄五年，1950 年又將某些罪犯的最高刑期提高到三年以上七年以下。條例第十條還賦予政府執行人員檢查特權，即可對疑犯的銀行存款、股份賬目或購買賬目進行調查；不提供情報者，以犯罪論，科 2000 港元罰金及判監一年。[11]

　　1955 年香港當局又制定了《舞弊及非法行為條例》，作為香港廉政法律的

一項重要內容。該條例旨在防止有關選舉之舞弊及非法行為，其實質也是防止貪污賄賂行為深入選舉領域。

在反貪機構的設置方面，這一時期也有所變化。與英國的管理體制相同，香港一向由警方負責反貪工作。《防止貪污條例》生效後，警方刑事調查部內設立了專業反貪部門——反貪分部（Anti-Corruption Branch，簡稱 ACB）。1952 年該部脫離刑事調查部，成為警務部門中的準自治機構。由於貪污受賄與毒品買賣、走私以及無處不在的三合會聯繫在一起，1954 年毒品調查科併入反貪分部。該部工作人員來自警務部門的不同崗位，在該部服務一段時間後又返回原來工作的部門。這種管理體制帶有重大弊病，因為反貪是一個高度複雜的需要專業性知識的工作，工作人員缺乏連續性必然會影響其效率。[12]

上述措施在遏制貪污方面沒有顯示出明顯的效果，香港的貪腐之風有變本加厲之勢。1956 年 10 月 31 日，香港成立貪污問題常設委員會，就香港治貪、防貪問題提供諮詢性意見。該委員會由律政司提名的主任檢察官擔任主席，成員包括銓敘司和警方的反貪分部主任。1960 年，英國本土和香港的英國人都開始關注香港日趨嚴重的腐敗問題。歐內斯特・桑頓（Ernest Thornton）提供了香港腐敗橫行的證據，要求英國殖民地大臣考慮任命一個獨立機構進行調查，但遭到拒絕。太平紳士查理（Justice Charles）曾就香港的腐敗表示：「這個殖民地的腐敗簡直太普遍了。」貝納祺在香港革新會的演說中也表示：「每一個大城市都有嚴重的腐敗現象，但香港是世界上腐敗最厲害的城市之一。」[13] 為了緩解外界的壓力，港英當局決定強化貪污問題常設委員會的作用，由律政司親自擔任委員會主席，成員包括銓敘司和警務處副處長以及行政局三名非官守議員。其職權包括「考慮及經常檢討有關香港公務員貪污引起的種種問題的程度，和經常提出建議」。[14] 1968 年，根據警務處長的建議，港英當局派人到同為英聯邦成員的新加坡和錫蘭進行考察，吸取兩國反貪立法的經驗。1968 年 5 月，香港政府內部的一個工作小組，在吸取各界意見的基礎上，起草了一部新的反貪法律。1970 年 12 月 16 日，新反貪法《防止賄賂條例》由立法局通過，1971 年 5 月 14 日正式生效，即香港法例第 201 章。

同以前的反貪法例相比，《防止賄賂條例》有以下變化：

一、詳細劃分賄賂罪的內容，列舉了有關合約方面為得到協助、投標、拍賣、公營機構僱員及代理人等方面的行賄受賄。雖然條文繁多，但其基本精神則是第三條規定的：「任何政府僱員，如無總督之一般和特別許可，而索取或接受任何利益者，均屬違法。」[15]

二、加重對貪污賄賂罪的懲處。違法者除將非法所得或其中一部分交付法庭所指定之人士或公營機構外，簡易判罪者，最高罰款從港幣 5000 元增加到 50000 元，刑期從兩年增加到三年；經起訴而被判罪者，最高罰款從港幣 50000 元增加到 100000 元，刑期從三年增加到七年，違反有些條款者最高可判監禁十年。此外，罪犯還被剝奪或限制其政治權利，如在十年內不得出任行政局、立法局等政府機構的職務，七年內不得任原受僱機構的董事、經理等。

三、罪證假設產生。條例第十條規定，政府僱員或曾為政府僱員的人士，其生活水準「高於與其現在或過去的公職薪俸相稱」及「控制與其現在或過去的公職薪俸不相稱的金錢資源或財產」，「除非就其如何能維持該生活水準或就該等金錢資源或財產如何歸其控制向法庭作出圓滿解釋，否則即屬違法。」此類案件舉證責任由起訴方轉向被告。[16] 對以此定罪的人士，除可判罰款十萬港元及監禁十年外，法庭可命其向政府繳納一筆不超過該財富總額或該財產價值之金錢。這一條款經過很長時間才得以變成法律條文，1948 年的《防止貪污條例》容許法庭在被控貪污的公職人員未能合理解釋財富與收入不相稱時，將其接納為呈堂證據，判案時可予以考慮。五十年代成立的貪污問題常設委員會也曾建議將未能解釋財富與官職收入不相稱定為刑事罪行，但未能成功。[17] 直至 1971 年，這一條款最終納入法律，成為檢控貪污疑犯的一種有效武器。

《防止賄賂條例》是一部比較完善的廉政法例，為香港引入全新的反貪制度奠定了較為扎實的法律基礎。

第 三 節

葛柏事件與廉政公署的成立

1973 年 4 月底，香港警方接到一份關於香港總警司英國人葛柏有「來路不明的巨款匯往海外」的舉報，隨即交由警方的反貪污部門進行調查。原來的反貪分部在 1973 年改名為反貪污辦公室（Anti-Corruption Office），由一名助理警務處長任主任（其級別僅低於警務處長和副警務處長）。[18]

葛柏（Peter Fitzroy Godber），1922 年 4 月 7 日出生於倫敦，曾在英國哈斯丁斯郡任職警察四年半，從 1952 年 8 月起開始在香港警界工作，任職見習副督察，1969 年升任總警司。1971 年 12 月 1 日調任九龍區副總指揮，即九龍區警察第二最高負責人。

對葛柏的調查很快獲得重要信息，負責檢舉貪污事務的律政司助理以此為根據，向調查人員發出調查葛柏銀行賬目的銀行調查令。到 6 月 1 日，據初步調查，葛柏經手的財產超過 100 萬港元，其匯往海外的資金數目尚無法確切證明。6 月 4 日，署理律政司簽發通知書，要葛柏在七天內以書面形式說明他額外財產的來源，同時決定搜查葛柏的住所。看到通知書的一刹那，葛柏當即昏倒。對葛柏的住宅和汽車的搜查，收穫頗豐，獲得大量犯罪證據。香港警方當即決定將葛柏列入監視名單內。四天後，葛柏偷偷乘機飛往英國，逃之夭夭。

後調查證實，葛柏擁有巨額資金，分存在六個國家的銀行中。（見下頁圖表 1-1）

葛柏從 1952 年 8 月在香港入職到 1973 年 5 月退休，這一時期的薪金共為891993.24 港元，扣除宿舍租金等實際到手的淨薪金為 767236.54 港元。[19] 而他上述存款中的外幣按當時匯率折合為港幣再加上港幣存款合共 437 萬餘元，是他二十多年警察生涯淨收入的六倍。葛柏事件在香港社會激起軒然大波。由於內外種種因素的影響，香港通貨膨脹嚴重，經濟形勢不佳，股市狂瀉，民心浮

圖表 1-1　葛柏存款一覽表

序號	銀行名稱	存款額
1	安太略羅華斯葛銀行	206492.23 加元
2	加州香港銀行	233944.06 美元
3	澳洲紐西蘭銀行	181090.13 澳元
4	新加坡香港上海滙豐銀行	119410.30 新元
5	香港上海滙豐銀行九龍分行	328499.44 港元
6	英格蘭巴克萊銀行	19906.67 英鎊
7	九龍美國銀行	17314.15 港元

資料來源:《百里渠爵士調查委員會第一次報告書》，香港政府印務局印，1973 年 7 月，第 6 頁。

動，葛柏事件成為發洩社會不滿的契機。各大報紙紛紛抨擊政府的腐敗現象，激進團體譴責政府默許葛柏溜走，青年學生發起「反貪污、捉葛柏」運動，先後組織兩次大遊行。

6 月 13 日，港督麥理浩任命高級按察司百里渠爵士對葛柏事件及香港貪污狀況進行調查，並提出相應的治理辦法。

7 月 3 日，由百里渠一人組成的百里渠爵士調查委員會就葛柏如何脫逃一事提交了第一份調查報告。報告認為葛柏利用當時警方管理制度的漏洞，佩戴着允許他在機場各區域通行無阻的民航署許可證，先乘坐新加坡航空公司客機離開香港，再從新加坡轉機飛往英國。在逃跑過程中，很可能沒有得到其他人的積極幫助。報告消除了香港警務處反貪部門默許葛柏逃跑的嫌疑。

9 月，百里渠爵士調查委員會提交了第二份調查報告，評估了香港嚴峻的貪污形勢，並提出了改進的建議。

百里渠在調查報告中指出，香港社會普遍存在着驚人的貪污現象，「我有充分的理由相信，政府視為貪污的行為，在全香港都普遍存在，在工商界尤為普遍。有強烈的跡象顯示，政府中，特別是每日都與民眾有密切接觸的某些機關有許多涉及貪污的情況。」[20] 政府部門中「最壞的貪污方式」是有組織的貪

污，在這種貪污方式中，「整個集團的人牽涉入收錢與分錢的事情。例如，據說若干集團的警務人員牽涉入向白牌車司機、開設賭館者和其他邪惡組織收規的事情之內。『收規』的真正意義，往往就不只是貪污。這簡直是敲詐，帶有三合會分子的暗中暴力威脅。」[21]而警察中的貪污大多是有組織的貪污，他在報告書中描述了人們關於有組織貪污的傳言：它就像是一輛行駛中的巴士，面對這輛巴士，人們只有三種選擇：如果你想貪污，你可以登上巴士；如果你不想貪污，沒有關係，你可以跟在巴士的旁邊，不過不要妨礙大夥；如果你試圖舉報貪污事件，巴士便會把你撞倒、撞傷，甚至撞死，你的事業亦將完蛋。因此，「永遠不要站在巴士前面」。[22]

　　儘管貪污現象猖獗，受到懲處的人數卻有限。以六十年代末七十年代初的情況來看，1968 年共有 11 人被控貪污罪，最終只有五人被定罪；1969 年被檢控和定罪的人數比上年有較大增長，分別為 39 人和 28 人；1970 年有 39 人被控貪污罪，最終定罪者為 24 人；1971 年被控貪污罪的人和最終定罪者分別為 37 人和 32 人，1972 年有 48 人被控貪污罪，實際定罪者為 39 人。除被檢控、定罪者外，還有不少人因行為不當而被提交考慮採取紀律處分，如 1971 年有 59 名官員因涉嫌貪污由反貪部門轉送其他機構以便採取紀律處分，但當年負責該項工作的銓敘司的卷宗表明，只有一名官員因受紀律處分而被撤職，另有一名官員被終止工作。1972 年反貪部門將 91 名涉嫌貪污的官員的案件轉送有關部門，當年也只有四名官員因受紀律處分而被撤職。[23]

　　香港反貪部門也難以完成反貪的重任。當時香港負責反貪工作的部門是警方的反貪污辦公室，由一名助理警務處長擔任主任，下設兩個部門：一是調查處，一是支援處。反貪人員常常達不到編制規定的數量，如 1968 年反貪污部編制為 95 人，實際人數為 76 人；1969 年編制為 94 人，實際人數為 77 人；1971 年編制為 163 人，實際人數為 112 人；1972 年編制為 194 人，實際人數為193 人；1973 年編制為 217 人，實際人數為 178 人。這幾年中，只有 1970 年實際工作人員數量多於編制人數，編制為 95 人，實際人數為 112 人。[24]儘管反貪污辦公室人數增長較快，但負責調查的人手常常不敷使用，需借用支援處的警務人員來完成基本的調查任務。

　　反貪部門的工作成效不僅取決於其本身的能力與效率，還與市民是否配合密切相關，這一時期反貪機構接獲的貪污舉報的質量也難以令人滿意。1969年反貪部門共接獲市民舉報 1048 宗，其中指稱貪污的匿名投訴多達 717 宗，與貪污無關的報告五宗，指稱貪污的其他投訴只有 324 宗，即在貪污的投訴中匿名舉報佔了近 70%。而在 717 宗匿名舉報中，712 宗因資料不充足而不值得做進一步調查，提供有用資料的匿名投訴只有五宗。1970 年的情況也基本類似，在 1097 宗舉報中，有 55 宗與貪污無關，指稱貪污的匿名投訴為 747 宗，在所有貪污舉報中的比例接近 72%，非匿名的貪污投訴只有 295 宗，所佔比例只有 28%。而在 747 宗匿名投訴中，645 宗投訴因資料不充足而不值得做進一步調查，提供有用資料的匿名投訴為 102 宗，雖然有用投訴的比例比上一年大幅提高，但在所有匿名投訴中也只有六分之一的投訴有追蹤調查的價值。[25]

　　市民舉報時更願意採用匿名方式而不是具名方式，主要原因還是對政府是否真正反貪不抱信心。百里渠在調查過程中甚至形成了這樣的印象，儘管政府顯示出強力反貪的姿態，但「從新聞機構或其他地方所發表的消息來判斷，令人覺得，市民以為政府機關首長不是對公務人員的貪污程度全無所知，就是加以默許，或者甚至加以批准。政府與人民之間竟有這種隔膜存在實在是十分遺憾」。[26] 尤其是負責反貪的警務部門就是貪腐行為的多發地，每年破獲的貪污賄賂案件中警察都佔很大的比例。1968 年共有 11 人被控貪污罪，其中四人是警務人員；1969 年被控貪污罪的 39 人中，警務人員佔十人；1970 年被控貪污罪的 39 人中，13 人是警務人員；1972 年有 23 名警務人員被控貪污罪，在所有被控貪污罪的 48 名疑犯中的比例達到近 48%。而在被提交考慮採取紀律處分的人士中，警務人員佔的比例更高：1969 年共有 139 人被考慮採取紀律處分，其中 92 人是警務人員，所佔比例高達 66%；1971 年有 35 名警務人員被提交考慮採取紀律處分，在此類人員（共 59 人）中的比例降到 59%，但仍然超過人數的一半。警務人員消息靈通，掌握較為豐富的反偵察手段，即使被控貪污，有時候也容易逃脫懲罰。如 1968、1969 兩年中，先後有三名犯案警察在審訊前潛逃。[27] 因此。百里渠在調查報告中指出，「一般人對於警察能否公平而熱心地調查貪污案件的能力，似乎大都失去信心。」行政及立法兩局議員

辦事處甚至認為，「不論提供如何的保證，大概亦不會令到大眾改變其觀點。」百里渠聲稱：「負責任的機構一般覺得，除非檢舉貪污組脫離警方，否則，大眾永不會信任政府確實有心撲滅貪污。」[28] 他向港府建議：「為着許多理由，檢舉貪污組看來應脫離警方而獨立。我認為其中最重要的理由，是使到社會人士深信，貪污問題正在真正地大力加以對付。」[29]

在這種情況下，港督麥理浩決定重組香港的反貪污機構。1973 年 10 月 17 日，他在立法局會議上宣佈取消警察內部的反貪污辦公室，設立一個新的、獨立的反貪污機構。他指出，「葛柏逃跑對我們所有人來說都是一個令人震驚的經歷」，他認為基於兩個理由有必要建立一個獨立的反貪機構：「在香港特殊的環境下，我相信由作為強力部隊的警察擔當起在這一困難而又難以捉摸的領域採取行動的職責是不對的。我認為形勢需要一個由高級官員領導的組織，它可以將所有時間用於消除這種罪惡。」更重要的理由是公眾對現有的反貪機構已不具信心，他表示，「很顯然，公眾對一個完全獨立的、分立於包括警方在內的任何政府部門的機構會更有信心。」[30] 新的機構名稱曾考慮過使用反貪污公署及貪污罪行調查署等名稱，但因不能同時彰顯反貪、防貪和社區教育工作而被放棄，最終採用了「廉政公署」這一名稱。英文為 Independent Commission Against Corruption，簡稱 ICAC。1974 年 2 月 13 日，立法局會議通過了《總督特派廉政專員公署條例》。該條例於 2 月 15 日生效，香港廉政公署也於同日正式成立。廉政公署的成立把香港的廉政建設推向一個新階段。

第 四 節

廉政風暴與香港的廉政經驗

　　廉政公署是為了徹底懲治廣泛存在的貪污賄賂行為而設立的，因此它在政府部門中佔有獨特的地位。第一，廉署直轄於總督，廉政專員只向總督負責，也只有總督才有權向廉政專員發佈指令；第二，廉署自行招募工作人員，無須經過公務員敘用委員會；第三，廉署工作人員薪金高於其他部門的政府職員，但如果他們的品行受到懷疑，專員可隨時解除他們的職務，並且不能上訴。[31] 同時，廉署也被授予特殊的權力，廉政專員及獲其授權的廉署調查人員可無需拘捕令而拘捕和審問受嫌者；有權入屋搜查、取走或扣押任何屬於證據的物品；有權查閱由政府任何僱員保有與任何政府部門工作有關的一切紀錄、簿冊及文件。任何抗拒或妨礙廉署工作人員執行職責者及向廉署提供虛假證詞或報告者，均屬犯罪。

　　廉政公署成立後，立即在香港掀起一場「廉政風暴」。數年時間中，香港在淨化社會道德風氣、懲治貪污腐敗方面發生了根本變化。大批貪污分子被調查起訴，一個接一個貪污集團被擊破，肅貪活動從政府推向私人企業。經過廉政公署的不懈努力，香港無處不在的貪污之風受到有效遏制，關於政府官員貪污的舉報數字不斷減少，市民對政府的信心大增，認為政府部門普遍廉潔。在八十年代後期進行的一次民意測驗中，只有 7% 的受訪者認為大部分政府部門仍有貪污存在。[32] 許多防貪意識不足的市民一度認為官員收受禮物、請客送禮都屬人之常情，1971 年有 71.8% 的受訪者同意或不反對這種做法。隨着廉政公署的大力宣傳及市民廉潔觀念的轉變，愈來愈多的人不容忍貪污現象的存在。他們或親身舉報，或用電話、信函舉報。1988 年的調查顯示，85.4% 的受訪者表示願挺身舉報。[33] 在公眾的嚴密監督下，任何貪污疑犯都難以逃脫懲罰，無疑有助於社會風氣的好轉。

　　香港廉政公署的反貪努力根本改變了香港的形象和社會風氣。香港從一個腐敗叢生之地變為廉潔的楷模，成為眾多國家和地區學習的榜樣。在國際知名的反貪組織「透明國際」從 1995 年起開始發佈的國際清廉指數排行榜上，香港每年的排名都在世界前 20 位之內，在亞洲基本上僅次於新加坡而居第二位。而在美國傳統基金會發佈的經濟自由度指數報告中，香港連續 23 年高居榜首（1995 至 2017 年），被公認為全球最自由的經濟體。其中一個很重要的原因就是香港保持了政府廉潔，腐敗現象較少。香港市民從過去容忍腐敗、將腐敗視為正常現象轉變為絕大多數人願意挺身而出舉報貪腐行為。香港的社會風氣經歷了一場革命性的變革，清廉、清正成為社會的主流。因此，有人將廉政公署給香港帶來的變化稱為「靜默的革命」。

　　香港成功肅貪的範例引起學術界和各國廉政機構的興趣，人們希望從香港的成功經驗中汲取教益，幫助減少和消除其他國家、地區的腐敗現象。香港廉政公署在其三十週年紀念特刊中，對其反貪經驗做了這樣的概括：「香港能夠在廉署成立短短十數年間，由一個貪污之城蛻變成廉潔之都，正是廉署以『三管齊下』策略，凝聚各界力量，締造全民反貪的成果。」[34]「三管」即指廉署的調查、預防和社區教育三個方面，也是香港廉政公署的三個工作重點。三種策略發揮各不相同的反貪效用：嚴密的調查會對潛在的或可能的腐敗分子產生「不敢貪」的阻嚇作用，周全的預防貪污的措施會建立即使有人想貪而「不能貪」的完善制度，全面、廣泛的廉潔教育會造就「不想貪」的誠信文化。三管齊下的策略無疑是香港廉政公署獲得成功的最重要的經驗。

　　香港廉政公署獲得成功的經驗卻不一定代表了香港廉政的全部經驗。一個國家或地區能否實現廉政，反貪機構固然是其中最重要的因素，但如果只有廉政部門與貪污犯單打獨鬥，沒有其他社會因素的配合，反貪的任務注定無法完成。因此，我們可以看到，借鑒香港經驗的博茨瓦納在廉政方面很快取得成效，然而也有很多國家同樣建立了廉政公署並且採取了三管齊下的反貪策略，貪污形勢依然嚴峻。[35] 出現這種差異的一個原因，可能是只從形式上借鑒了香港廉政公署三管齊下的反貪策略，卻缺乏香港廉政公署三管齊下策略得以成功的相關社會因素的配合。香港廉政公署的輝煌成就遮蓋了香港社會中與其配合

的相關因素，這些因素對於香港反貪策略的成功同樣不可或缺。

首先是完善的廉政法例。

法律的授權是反貪機構能夠有效反貪的基礎，完善的廉政法例為雷厲風行的肅貪行動提供了依據。香港廉政公署的成功建立在香港廉政法律不斷完善的基礎上。在二十世紀五十年代初期，如果公務人員生活豪華奢侈或擁有與其身份不相稱的資產，便會被當局要求作出解釋。一經證實有罪就會被撤職，並損失享受長俸的權利。這一內容列入當時制定的《銓敘規例》第 444 條。但據百里渠講，當時只是將其作為一個紀律措施，無人膽敢將其列入刑事法例。這種情況隨着形勢的發展也逐漸發生變化。1968 年在研究修訂《防止貪污條例》時，也將該條文納入新起草的法例《防止賄賂條例》的第十條，其內容規定：「任何公務人員：如其生活水準超過其正式薪酬應有之限度；或在其控制下的金錢或財產，與其正式薪酬不相稱者，應屬有罪。」這一條文在香港沒有引起多大的反對，反而是英國主管大臣的法律顧問強烈反對，他認為香港的反貪法律不必與英國有所不同，此外他認為香港很多華人公務員家境富裕，其生活水準絕對合法地反映了其家庭的經濟地位，而非反映他們的薪俸。平衡考慮各方意見的結果是增加了第十條第（二）節，即「凡擬根據本條第一節提出檢控之前，須先獲得律政司同意；而律政司本人在同意之前，必須通知該有關人士，謂擬將其檢控，讓該人士有機會就該事件而向律政司作書面陳詞」。[36] 雖然這一條款為葛柏在受調查期間逃離香港留下了漏洞，但對葛柏展開調查正是依據這一法律，發出對葛柏的銀行賬戶進行搜查的銀行搜查令及將葛柏列入監視名單等重要措施依據的也是《防止賄賂條例》。可以說，沒有《防止賄賂條例》的制定與完善，很可能不會發生促成廉政公署建立的一系列事件。而《廉政公署條例》是廉政公署建立的法律依據，是廉署權力的法律來源，對香港廉政制度的建立和完善具有更加重要的意義。正因為廉政法例的重要性，借鑒香港經驗成立的澳門廉政公署就將立法作為與肅貪、防範、教育並列的「四管其下」中的一「管」。

其次是貫穿社會各層面的反貪網絡。

廉政部門的對手可能是大權在握的高官和知識豐富的專業人士，要確保

廉政部門的效力就必須賦予其豐富的資源和保障，同時對其合法行使權力要有
必要的監督。「透明國際」在九十年代時提出了建構國家廉政體系的概念，試
圖找出支撐國家廉政體系大廈的眾多支柱，其中既包括廉政機構也包括行政機
構、司法機構、媒體和公眾的作用。「透明國際」首任行政總裁傑瑞米·波普
（Jeremy Pope）指出：「國家廉政體系的支柱並不限於國家的官方架構，而是包
括媒體、私人部門和公民社會。任何有效的廉政體系都必須植根於公眾態度和
預期的廣闊田地中。」[37] 在香港廉政公署的初創時期，可以明顯看出其中一些
因素的重要作用。

政府高層對待貪污的態度及其反貪決心對於廉政機構成功與否十分重要。
在六十年代時，港府高層並沒有意識到貪污的嚴重性，認為有關香港貪污嚴重
的說法是抹黑香港。時任立法局和市政局議員葉錫恩（Elsie Elliot）投訴警方
的腐敗，時任布政司祁濟時（Michael Gass）「不願傾聽任何能使他瞭解真相的
事情」，公開攻擊葉錫恩誇大其詞，他想當然地認為只有低級警察，即華人警
察才貪污，而來自英國的高級警官都是純潔無瑕的。香港正按察司何瑾爵士
（Sir Michael Hogan）等人則譴責葉錫恩「煽風點火」，「毫無根據」地指控警
方。何瑾宣稱葉錫恩將受到「公眾輿論的審判，將受到所有正直人士的指責和
批判，這些人士相信無辜者不會受到毫無根據的懷疑的玷污，相信率直和公正
地處理人際事務的原則」。[38] 而 1971 年走馬上任的港督麥理浩勇於承認事實，
力圖通過改革來改善政府與市民的關係。1973 年 10 月，他在年度評論中表
示，「我瞭解對高層貪污的猜疑，我也知道基層確實有廣泛的貪污」，他承認，
「對大規模貪污的懷疑比我個人想像的更加合理」。[39] 正是麥理浩領導了對葛柏
案的調查，並下決心組建一個獨立的反貪機構。這表明政府高層的決心對於建
立廉政制度的重要性。

新聞媒體對葛柏案的追蹤報道同樣是促成廉政公署成立的重要因素。有論
者認為，導致葛柏事件及廉政公署建立的事件可以從下述背景來認識：戰後港
英當局面臨的形勢發生了根本變化，「他們不能像以往那樣依賴保密，他們無
法輕易地遮蓋、掩飾醜聞和嚴重問題。報紙 —— 媒體不允許他們這樣做，被
稱為『調查新聞』的東西已經生根、擴散。」「行政官員現在是在一個公共舞

台上表演，在大量觀眾的注視下，沒有多少『私密』戲。」[40] 媒體的監督報道激發了市民的抗議，促使當局正視貪污現象日益惡化的現實，從而採取果斷的應對措施。在香港廉政公署的發展過程中，新聞媒體與立法機關、司法機關、私人機構等一直發揮着協助、合作、推動、監督的作用。

以上因素構成了香港廉政建設的主要經驗，囊括了香港廉政公署賴以成功的基本因素。廉政法例是廉政公署實施反貪行動的條件與基礎，肅貪、堵漏及建立誠信文化是香港廉政建設的核心內容，而社會各個層面對廉政機構的支持、配合與監督成為確保廉政公署獲得成功的社會氛圍和制度支柱。對這五種因素的分析構成本書的主體內容。

註釋

1　陳謙：《香港舊事見聞錄》，香港：中原出版社，1988 年，第 77 頁。

2　〔英〕弗蘭克．韋爾什（Frank Welsh）著，王皖強、黃亞紅譯：《香港史》，北京：中央編譯出版社，2007 年，第 543 頁。

3　安德烈．費爾（Andrew Fyall）著，梁儒盛譯：《韓德回憶錄》，香港：快報有限公司出版，1975 年，第 7 頁。

4　何肇發、丘海雄主編：《香港社會問題》，廣州：中山大學出版社，1992 年，第 28 頁。

5　香港廉政公署：《凝聚群力　共建廉政（廉署三十週年特刊）》（網上節錄版，下同），2005 年 2 月，第 10 頁。載自：http://www.icac.org.hk/filemanager/tc/content/29/30ann.pdf（瀏覽日期：2017 年 10 月 11 日）。

6　同註 4。

7　《百里渠爵士調查委員會第二次報告書》，香港政府印務局印，1973 年 9 月，第 23 頁。

8　同上註，第 25、21 頁。

9　同註 5，第 9 頁。

10　魯言等著：《香港掌故》第六集，香港：廣角鏡出版社，1988 年，第 22 頁。

11　聶振光、呂銳鋒、曾映明：《香港廉政》，廣州：廣東人民出版社，1991 年，第 311 頁。

12　H. J. Lethbridge, *Hard Graft in Hong Kong: Scandal, Corruption and the ICAC*, Hong Kong;

New York: Oxford University Press, 1985, p.87.

13 同註 2。

14 同註 7，第 6 頁。

15 李澤沛主編：《香港法律大全》，北京：法律出版社，1992 年，第 39 頁。

16 同註 4，第 11-12 頁。

17 葉健民：《靜默革命：香港廉政百年共業》，香港：中華書局（香港）有限公司，2014 年，第 10 頁。

18 Lethbridge, op. cit., p.92.

19 《百里渠爵士調查委員會第一次報告書》，香港政府印務局印，1973 年 7 月，第 3 頁。

20 同註 7，第 54 頁。

21 同註 7。白牌車係對非法載客營利的非商業用途車輛的俗稱。在 1980 年代中期以前，香港的正規的士車牌為黑底白字，私家車等非商用車輛則為白底黑字，非法充作的士用途的私家車便稱為「白牌車」。

22 同註 7，第 24 頁。

23 同註 7，第 15-17、19 頁。據香港警務處年報，1968 至 1972 年因貪污賄賂被捕及召至法庭的人數分別為 95、118、109、100、99 人。見 Rance P. L. Lee（Ed.），*Corruption and its Control in Hong Kong: Situation up to the Late Seventies*, Hong Kong: The Chinese University Press, 1981, p.30.

24 同註 7，第 60 頁。香港警務處的統計與百里渠報告的數字略有出入，從 1968 到 1972 年警方反貪辦公室的人數分別為 78、78、134、134、159 人，見 Rance P. L. Lee（Ed.），op. cit., p.30.

25 同註 7，第 12-13 頁。

26 同註 7，第 25 頁。

27 同註 7，第 14-17 頁。

28 同註 7，第 53 頁。該報告書中文本將反貪污部譯為檢舉貪污組。

29 同註 7，第 44 頁。

30 Lethbridge, op. cit., p.101.

31 〔英〕諾曼‧J‧邁因納斯（Norman Miners）著，伍秀珊等譯：《香港的政府與政治》，上海：上海翻譯出版公司，1986 年，第 102 頁。

32 同註 11，第 116 頁。

33 同註 11，第 121 頁。

34 同註 5，第 11 頁。

35 Bertrand de Speville, Anticorruption Commissions: The "Hong Kong Model" Revisited，*Asia-Pacific Review*, Vol.17, No.1, 2010, p.48. 在 2009 年國際清廉指數排行榜上，博茨瓦納在全

　　世界 180 個國家、地區的名單中排名第 37 位，是非洲最廉潔的國家。

36 同註 19，第 12-13 頁。

37 參見〔新西蘭〕傑瑞米‧波普（Jeremy Pope）著，清華大學公共管理學院廉政研究室譯：《制約腐敗：建構國家廉政體系》，北京：中國方正出版社，2002 年，第 3 頁。

38 同註 2，第 544、521-522 頁。

39 Lethbridge, op. cit., p.98.

40 Lethbridge, op. cit., p.83.

香港廉政法例主要體現在《防止賄賂條例》、《廉政公署條例》、《舞弊及非法行為條例》〔2000年被《選舉（舞弊及非法行為）條例》所取代〕及總督（1997年後為特首）關於收受利益的公告上。其內容可分為兩大部分：一是對違法、舞弊行為的形式、內容及處罰作出法律上的規定，二是為調查這些罪行提供法律、制度、組織上的有利條件。

2

///

完善廉政法例

第 一 節

##############################

建章立制，確立行為準則

《防止賄賂條例》是香港最重要的廉政法律。自 1971 年頒佈後，先後在 1974、1980、1981、1987、1996、1997、1998、1999、2003 及 2008 年作過多次 修訂。出於防止賄賂的目的，條例對各種貪腐行為作了明確、具體的規定，其 中下述內容構成了該條例的核心要素：

1. 確立反貪原則

由於腐敗行為主要涉及權力與利益的交換，防範收受利益成為《防止賄賂 條例》的根本宗旨。該條例第三條明確規定，「任何訂明人員未得行政長官一 般或特別許可而索取或接受任何利益，即屬犯罪。」[1] 按照該法案的最初條款， 任何香港政府中依法執行公務的受薪人員，不論是永久性職位還是臨時性職 位，都適用這一條款。後來修訂的「訂明人員」（前稱政府僱員）包括的範圍 比政府僱員還要大。

根據條例的規定，「利益」包括下述內容：

（1）任何饋贈、貸款、費用、報酬或佣金，形式有金錢、有價證券或其他 財產或財產權益；

（2）任何職位、受僱工作或合約；

（3）支付、免卻、解除或了結任何貸款、義務或其他法律責任；

（4）除款待外的其他服務或優待，包括免受懲罰或資格喪失，免遭紀律處 分、民事或刑事的訴訟等憂慮；[2]

（5）行使或不行使任何權利、權力或職責；

（6）有條件或無條件提供、承諾給予或答應給予上述利益。

從條例的規定來看，利益包括的範圍廣泛，既有禮物、金錢、有價證券等有形的物質，也有職位、合約、服務等無形的非物質利益。連同事間提供小額借貸、節日或生辰送贈禮物、接受商人提供折扣優惠等也包括在其中。有人認為第三條內容過於嚴苛，香港廉政公署則認為該條的精神是要防止訂明人員從接受某些小利小惠開始而墮入「糖衣陷阱」，有關規定旨在說清楚訂明人員履行公職時可在什麼情況下接受利益，希望能在兩者之間取得適當平衡。[3]

條例在導言中還分別界定了收受利益的三種形式：提供利益、索取利益和接受利益。

任何人，不論由其本人或由他人代其向他人或為他人的利益或以為他人設立信託的形式，直接或間接給予、付出或供給任何利益，或同意、承諾或答應給予、付出或供給任何利益，即屬提供利益。

任何人，不論由其本人或由他人代其為自己或為他人直接或間接需索、招引、問取或表示願意收取任何利益，即屬索取利益。

任何人，不論由其本人或由他人代其為自己或為他人直接或間接拿取、收取或獲得任何利益，或同意拿取、收取或獲得任何利益，即屬接受利益。

在三種利益收受形式中，都包括了本人直接出面或他人代為辦理，直接提供、索取或收取利益，以及表達願意提供、願意收取等意向性的傾向等不同類型，但不論哪一種形式，都不能改變其收受利益的本質。

2. 明確違例行為

《防止賄賂條例》規定了腐敗行為的三種主要類型：收受或提供賄賂、代理人的貪污交易以及公職人員收入來源不明。

《防止賄賂條例》第四條規定：任何公職人員無合法權限或合理辯解，索取或接受任何利益，作為他作出一定行為的誘因或報酬，即犯有索取或接受賄賂罪。[4] 這些行為包括：

（1）作出或不作出，或曾經作出或不作出任何憑其公職人員身份而作的作為；

（2）加速、拖延、妨礙或阻止，或曾經加速、拖延、妨礙或阻止由該人員作出或由其他公職人員作出任何憑該人員或該其他人員的公職人員身份而作的作為；

（3）協助、優待、妨礙或拖延，或曾經協助、優待、妨礙或拖延任何人與公營機構間往來事務的辦理。

而任何人無合法權限或合理辯解，向任何公職人員提供任何利益，作為該公職人員作出上述行為的誘因或報酬，則犯有提供賄賂罪。

公職人員索取、接受利益及他人向訂明人員提供利益的地點，原來僅限於在香港境內，後擴大到香港以外的地方。

《防止賄賂條例》第五至八條進一步規定了四種賄賂犯罪的具體內容，即為合約事務上給予協助等而作的賄賂、為促致他人撤回投標而作的賄賂、與拍賣有關的賄賂、與公營機構有事務往來的人對公職人員的賄賂。

任何公職人員無合法權限或合理辯解，索取或接受任何利益，從事下列活動即構成上述四種類型中前三種賄賂罪的索取賄賂罪，即：

（1）協助或運用影響力促成、簽訂或取得與公營機構所訂立的任何合約、分包合約，及支付任何合約或分包合約所訂明的價格或其他金錢；

（2）在有合約招標承投時，促成他人撤回投標或者不參加投標；

（3）在公營機構主持或代公營機構主持的拍賣中，促成他人不作競投或控制出價。

在上述三種活動中，接受利益方即犯有索取賄賂罪；提供利益方犯有行賄罪。

《防止賄賂條例》中最後一種賄賂罪是第八條「與公營機構有事務往來的人對公職人員的賄賂」。上述三種賄賂罪均包括索取賄賂與行賄兩個方面，而本條規定只針對提供賄賂者：即任何人與政府部門及其他公營機構往來時，無合法權限或合理辯解而向公職人員提供任何利益，即屬犯罪。[5] 但因為《防止賄賂條例》第三條一開始就規定，任何訂明人員（前稱政府僱員）未經許可索取或接受任何利益即屬犯罪，本條中接受利益方如未向廉政公署舉報無疑犯有公職人員索取或接受利益罪。

　　《防止賄賂條例》第九條規定了「代理人貪污罪」。代理人包括公職人員及受僱於他人或代他人辦事的人。代理人無合法權限或合理辯解，在兩種情況下索取或接受任何利益，作為他作出以下行為的誘因或報酬，就犯有代理人貪污罪；一是辦理或不辦理有關被代理人的事務或業務；對與被代理人事務或業務有關的人士，給予或不給予優惠待遇或不利待遇。二是代理人為了欺騙被代理人而使用在重要細節上有虛假、錯誤或遺漏的收據、賬目或其他與被代理人有利益關係的文件，或利用該收據、賬目或文件，使被代理人產生誤解。在這種情況下，提供利益方也同樣犯有代理人貪污罪。

　　《防止賄賂條例》第十條對收入來源不明罪進行了規定：一個現任或曾任政府公職的人，享受的生活水平或擁有的財產與其薪金收入很不相稱而又提不出令人滿意的解釋，即構成了犯罪。這一條針對兩項罪行：第一項罪行訂明，任何現任或曾任政府公職的人，如維持高於與其現在或過去的公職薪俸相稱的生活水準，而未能就其如何能維持該生活水準向法庭作出圓滿解釋，即屬犯罪；第二項罪行則訂明，任何現任或曾任政府公職的人，如控制與其現在或過去的公職薪俸不相稱的金錢資源或財產，而未能就該等金錢資源或財產如何歸其控制向法庭作出圓滿解釋，即屬犯罪。因為其超出收入水平的資產無從解釋，控方無需證明其具有任何具體的貪污行為，就可推定為貪污所得。在1974年審判韓德警司一案時，法庭確立了衡量生活水準和所需要的證據標準的一些原則。法庭首先責成檢察官證明被告的生活水準不合常情，超過了其正當薪金所能支付的水平。在檢察官完成了舉證責任以後，被告就有責任就證詞提出辯解，以供法庭在權衡案情的各種可能性時予以考慮。[6]

　　《選舉（舞弊及非法行為）條例》則針對立法機構、市政管理機構及區議會等機構選舉中出現的舞弊及非法行為制定了規範措施，旨在防範賄賂犯罪進入選舉領域。凡在投票中提供或答應提供各種利益以誘使他人投票或不投票，以及在選舉中接受或同意接受利益作為自己在選舉中投票或不投票的代價等行為即構成犯罪，要受到法律的懲處。

3. 制定處罰標準

《防止賄賂條例》第十一條規定了防止接受賄賂者或提供賄賂者為自己的罪行開脫的嚴格標準：行賄者與受賄者即使目的未達仍屬有罪。如經證明被控人接受任何利益作為其作出或不作出某種行為的誘因或報酬，被控人不能以自己無權、無意及未有作出或不作出該作為來為自己辯護。同樣，被控人因他人作出或不作出某種行為等而向其提供任何利益，也不能以他人無權、無意及未有作出或不作出該作為等來為自己免責辯護。第十九條則規定了習慣不能作為免責辯護：「在因本條例所訂罪行而進行的任何法律程序中，即使顯示本條例所提及的利益對任何專業、行業、職業或事業而言已成習慣，亦不屬免責辯護。」

由於賄賂多半僅僅涉及提供及收受賄賂的雙方當事人，如果雙方堅決不承認有賄賂的事實，就會給案件的調查帶來較大的困難。為便於案件的偵破，《防止賄賂條例》第二十二條規定，在相關法律程序中，不得單以證人或他人代證人向被控人支付或交付任何利益為理由，或單以被控人或他人代被控人向證人支付或交付任何利益為理由，將該證人視作從犯。也就是說，一個人在有關案件中作證，不能單以他向被告支付賄賂（或從被告處接受賄賂），而將其定為同案犯。「雖然很清楚，他實際上就是同案犯。就賄賂罪而言，顯而易見，通常唯一的證明是來自該罪行中同夥提供的證據。」[7]

《防止賄賂條例》具體規定了以上各項賄賂罪的罰則：

任何人犯有條例第三條所訂罪行，即未經許可而索取或接受利益，一經定罪，可處罰款十萬港元及監禁一年，法庭並須命令該人按法庭指示的方式將所收取的利益款額或價值付予政府。

任何人犯有條例第十條所訂罪行，即收入來源不明罪，經公訴程序定罪，可處罰款 50 萬港元（後提高到罰款 100 萬港元）及監禁十年；經簡易程序定罪，可判罰款十萬元（後提高到罰款 50 萬港元）及監禁三年。與以上刑罰同時，法庭可以責成被告向政府退還無法解釋的那部分財產。如 1985 年，建築拓展署一名高級職員及其妻子因觸犯《防止賄賂條例》第十條及教唆與協助進

行上述罪行而受審，證據表明該職員從 1981 年 10 月 1 日起至 1982 年 11 月 23 日止，生活水準與其職級收入不相稱，其開支超出職級收入達 73.2 萬港元。兩名被告人被分別判處六年及兩年監禁，罰款 60 萬港元，及被判令繳交堂費的 90%。[8]

犯有《防止賄賂條例》規定的其他罪行者，一經公訴程序定罪，可處罰款 50 萬港元及監禁七至十年；經簡易程序定罪，可判罰款十萬港元及監禁三年。與上述刑罰同時，法庭可以責成被告將貪污所得或其他不法利益交還公營機構或指定的人士。

凡違反選舉舞弊行為條款者，根據港英時期《舞弊及非法行為條例》的規定，經簡易程序定罪，可判罰款 1000 港元及監禁三個月；如經公訴程序定罪，可處罰款 5000 港元及監禁一年。根據 2012 年修訂的《選舉（舞弊及非法行為）條例》，經簡易程序定罪的舞弊行為，可判罰款 20 萬港元及監禁三年；經公訴程序定罪的舞弊行為，可判罰款 50 萬港元及監禁七年。

4. 消除模糊空間，訂明公職人員行為規範

掌握公權力的公職人員不可隨意索取和接受利益，但是公職人員並不是絕對禁止接受他人的利益，如接受親戚贈送的禮物。公職人員可以接受什麼饋贈，不可以接受什麼禮物，需要具體的法律規定來制約。港英統治時期，《接受利益（總督許可）公告》具體規定了總督對政府僱員索取和接受利益的一般或特別許可；香港回歸後，這一文件由《接受利益（行政長官許可）公告》取代。隨着時代的變化，接受利益公告的個別內容雖有所變化，但主要內容基本保持穩定。

根據《2010 年接受利益（行政長官許可）公告》，訂明人員（前稱政府僱員）是否獲准接受利益分為以下幾種情況：

第一種：可以索取或接受親屬所給予的利益。

根據接受利益公告第三條的規定，利益包括金錢及其他禮物、折扣、貸款或機票費、船費或車費。親屬具體包括配偶（包括妾侍）；與該訂明人員共同

生活，一如夫婦的任何人士；未婚夫、未婚妻；父母、繼父母、合法監護人；配偶的父母、配偶的繼父母、配偶的合法監護人；祖父母、外祖父母、曾祖父母、外曾祖父母；子女、由法庭判令受其監護者；配偶的子女、由法庭判令受配偶監護者；孫及外孫；子女的配偶；兄弟、姊妹；配偶的兄弟、姊妹；異父或異母兄弟、姊妹；繼父與前妻或繼母與前夫所生的子女；兄弟、姊妹的配偶；兄弟、姊妹的子女；父母的兄弟、姊妹；父母的兄弟、姊妹的配偶；父母的兄弟、姊妹的子女。

第二種：有條件接受商人等給予的利益。

根據接受利益公告第四條的規定，訂明人員可在特定條件下以私人身份索取或接受商人或商業機構給予的任何禮物（包括金錢及其他禮物）、折扣、貸款或機票費、船費或車費，這些條件包括：

（1）訂明人員的配偶、父母或子女的受僱條件規定可享有這樣的優惠；

（2）因訂明人員本人、或其配偶、父母或子女為某機構或會社的成員而可享有此等利益；

（3）訂明人員本人、或其配偶、父母或子女身為長期顧客而可享有此等利益者；

（4）在正常運作情況下可享有此等利益者。

符合這四種情況的訂明人員，可以索取並接受商家提供的相關利益。但接受此種利益還有兩個限制條件：一個是非訂明人員按照同等條件也可以享用該等利益；二是提供利益的人士與有關訂明人員沒有公事往來。這兩個限制條件旨在防範掌握公權力的訂明人員因手中的權力享受特殊待遇，避免他們以權謀私。

第三種：在特定條件下可以接受私交友好及其他人給予的一定限額的利益。

根據接受利益公告第五、第六條的規定，訂明人員可以接受好友及其他人提供的一定限額的利益，包括：

（1）可以向私交友好借款不超過 3000 港元，可向其他人士借款不超過 1500 港元，且都必須在 30 天內歸還；[9]

（2）可接受（但不得索取）私交友好在訂明人員的生日、結婚等重要個人紀念日以及傳統節日所給予的一份或多份禮物（包括金錢、禮品、機票費、車船費等），但每人在每一場合或節日所給予的禮金、禮物及／或旅費，總值不得超過 3000 港元；可接受其他人士在同樣場合提供的一份或多份禮物及／或旅費，每人每一場合禮品總值不得超過 1500 港元；[10]

（3）可接受（但不得索取）私交友好在其他場合所給予的一份或多份禮物及／或旅費，但每人在每一場合所給予的禮金、禮物及旅費，總值不得超過 500 港元；可接受其他人士在同樣場合提供的禮物，但每人在每一場合或節日所給予的禮金、禮物及／或旅費，總值不得超過 250 港元。[11]

接受私交友好及其他人士提供的上述利益附有嚴格的限定條件：第一，私交友好及擬提供利益的其他人士與該訂明人員任職的部門或機構沒有公事往來；第二，如果私交友好及擬提供利益的其他人士與該訂明人員在同一政府部門或機構任職，該人士不能是該訂明人員的下屬；第三，如屬於前述因訂明人員本人、其配偶、父母、子女為某機構的成員或長期顧客而享有的禮物或旅費，該訂明人員必須是以非官方身份並且不能以當時所任公職出席有關場合而接受該禮物或旅費。

第四種：可以按規定接受政府提供的利益。

訂明人員可接受（但不得索取）政府規例所准許或其僱用或聘用條款及條件所准許其在退休或其他情況下接受的禮物（不包括金錢饋贈）或機票費、船費或車費；也可索取或接受由政府員工福利基金撥給或支付，或政府根據政府規例准許接受或根據其僱用或聘用條款及條件准許接受的金錢饋贈、貸款、津貼、墊款或機票費、船費或車費。

以上獲許可的內容，即接受利益公告的第三條到第七條中獲得許可的部分，構成了《防止賄賂條例》第三條中行政長官對接受利益的「一般許可」。

訂明人員及政府僱員如想接受上述許可範圍以外的任何禮物（不論是金錢還是其他禮物）、折扣或貸款，則須在對方提出給予或正式給予該禮物、折扣或貸款前，或在其後的合理期間內，盡速請求授權當局批准接受該禮物、折扣或貸款。如欲索取並非上述第三至第七條所准許索取的任何禮物（不論是金錢

還是其他禮物）、折扣或貸款，則須在索取該禮物、折扣或貸款前，請求授權當局給予批准（第八條）。

　　如欲接受並非第三至第七條所准許接受的機票費、船費或車費，則須在對方提出給予該旅費或對方致送有關的票券或憑單前，或在其後的合理期間內，盡速請求行政長官、財政司司長、公務員事務局局長等獲授權官員給予批准。如欲索取並非第三至第七條所准許索取的機票費、船費或車費，則須在索取該旅費前向上述官員請求批准。在未獲通知有關決定前，不得索取或享用該旅費或使用有關的票券或憑單（第九條）。

　　接受利益公告的第八和第九條獲得授權當局准許索取或接受某一項利益，即為《防止賄賂條例》第三條中獲得行政長官對接受利益的「特別許可」。

第 二 節

授權廉署，鑄造反腐利器

《百里渠爵士調查委員會第二次報告書》對香港反貪工作有一個重要評價：「雖然香港法例第 201 章已授以更多的權力，但是不論從任何角度來看，撲滅貪污的工作並無任何重大進展的跡象。」[12] 好的法例沒有強有力的機構去執行，也不能有效發揮作用。因此，1974 年 2 月 15 日正式生效的《總督特派廉政專員公署條例》（香港回歸後改為《廉政公署條例》），將史無前例的權力授予剛剛成立的廉政公署，將其變為在香港遏制貪腐的有力武器。

1. 廉政公署的地位與職責

為保證廉政公署查辦貪腐案件不受其他機構和人員的干涉，廉政公署被賦予獨立於政府其他機構的獨特地位。從廉政公署剛剛成立時的全名「總督特派廉政專員公署」，就清楚表明該機構直轄於港督的權力隸屬關係；其英文名 Independent Commission Against Corruption，也顯示了廉政公署獨立於其他政府機構的屬性。廉政公署自行招聘人員，毋須通過公務員銓敘委員會，其內部管理也由廉署自行負責。《總督特派廉政專員公署條例》明確規定，廉政專員「須代表港督」，直接向港督負責。廉政專員和副廉政專員均由港督按照其認為適當的條件委任。香港回歸後，特區行政長官負責提名和建議包括廉政專員在內的特區政府主要官員，廉政專員的任命權由中央人民政府行使。但廉政公署由香港最高行政首長掌管這一特點一直延續下來，《廉政公署條例》明確規定，「廉政專員在符合行政長官命令及受行政長官管轄下，負責廉政公署的指導及行政事務」，「除行政長官外，廉政專員不受任何其他人指示和管轄。」[13]

廉政公署的獨立地位得到法律在人力和物力方面的保障和支持。從人員組

成來說，廉政公署由廉政專員、副廉政專員及獲委任的廉署人員組成。廉署的工作人員可以自行招聘，但如果工作人員的品德讓人起疑，「廉政專員如信納終止一名廉署人員的委任是符合廉政公署利益的，則在諮詢貪污問題諮詢委員會後，可終止該人員的委任。」[14] 從經費來說，法律規定，「廉政公署的經費由政府一般收入中撥付。」廉政公署可獲得充足的經費支持。

廉政公署的職責主要體現在《廉政公署條例》第十二條對廉政專員的職責的規定。廉政專員共有八項職責，可以歸納為三個方面：

第一，接受舉報，進行調查。廉政專員負責接受及考慮指稱貪污行為的投訴，並在其認為切實可行範圍內就該等投訴進行調查；負責調查任何指控或涉嫌觸犯《廉政公署條例》、《防止賄賂條例》及《選舉（舞弊及非法行為）條例》的罪行，以及調查任何指控或涉嫌串謀觸犯《廉政公署條例》、《防止賄賂條例》及《選舉（舞弊及非法行為）條例》的罪行；調查公職人員和公營機構僱員被指控涉嫌濫用職權而觸犯勒索罪的行為；如果廉政專員認為政府僱員的任何行為可能導致貪污或與貪污有關時，即應進行調查，並將結果向總督（回歸後改為行政長官）報告。

第二，審查工作程序，提出防貪建議。廉政專員負責審查各政府部門及公共機構的工作慣例及程序，以便揭露貪污行為，並確保將可能助長貪污的工作方法或程序得以修正；應任何人的要求，就有關消除貪污的方法提供指導、意見及協助；向各政府部門或公共機構首長建議，在符合政府部門或公共機構有效執行職責的原則下，就其工作常規或程序作出廉政專員認為需要的修改，以減少發生貪污行為的可能性。

第三，進行反貪教育，爭取公眾支持。廉政專員應教育公眾認識貪污的害處，並爭取和促進公眾支持打擊貪污。

2. 廉政公署的權力

廉政公署的職責需要充分的權力來實施，《廉政公署條例》第十三條授予廉政專員廣泛的職權。

　　第一，可以書面授權任何廉署人員進行各項查訊或調查；以書面授權任何人執行廉政專員的任何職責，以及行使《廉政公署條例》及《防止賄賂條例》所賦予並由廉政專員指明的權力；

　　第二，可進入任何政府處所，及要求任何政府人員回答與其職責有關的問題，並可要求任何政府部門及人員和任何公共機構及人員交出與職責有關的內部通令、指示、辦公手冊或訓令；

　　第三，要求任何人士提供廉政專員認為需要的任何資料。[15]

　　《廉政公署條例》第十條詳細列舉了獲廉政專員授權的廉署人員擁有的權限，包括：

　　（1）調查權

　　廉政公署人員有權對涉嫌違反《廉政公署條例》、《防止賄賂條例》及《選舉（舞弊及非法行為）條例》的人士及其行為進行調查，查閱其任何投資、交易、信託、銀行等各式賬目以及任何保管箱及銀行賬戶和公司簿冊，查閱其管有或控制的與任何政府部門工作有關的所有紀錄、簿冊及其他文件，要求其提供其財產、開支、負債數字、文件、簿冊、紀錄等調查所需的所有資料。

　　（2）搜查權

　　廉政公署人員如有理由懷疑任何人士犯有貪污、賄賂、舞弊等廉政公署負責調查的罪行，可以搜查該人士；還可以搜查被拘捕者藏身的屋宇或地方，以尋找犯罪證據；可將在該處發現的任何人士扣留，直至搜查活動結束，但一般不得超過三小時。另據《防止賄賂條例》的規定，如果廉政專員有理由相信公共機構或其他地方可能存有相關犯罪證據，可以授權調查人員進入該處，予以搜查，必要時可以使用武力。只有律師事務所和辦公室不受侵犯，除非這些律師或他們的僱員也觸犯了相關刑律。

　　（3）拘捕權

　　廉政公署人員如有正當理由懷疑某人觸犯《廉政公署條例》、《防止賄賂條例》及《選舉（舞弊及非法行為）條例》，或身為政府僱員因濫用職權而犯勒索罪者，可無需拘捕令而將其拘捕。廉署人員在調查涉嫌觸犯《防止賄賂條例》的罪行時，如果揭出或有理由懷疑被調查者已經觸犯破壞及妨礙司法公正

罪、《盜竊罪條例》中的盜竊罪、勒索罪、訛騙物品罪、訛騙金錢利益罪、協助罪犯罪等，則可不用拘捕令將嫌疑人拘捕。在執行拘捕行動時，廉署人員表明身份後可以進入拘捕對象所在的屋宇或地方，必要時可使用武力。

　　獲授權的廉署人員還有其他權力，如有權對被拘捕的涉嫌人士印取指模、拍攝照片、量度身高、體重；有權檢查並扣押相信屬於犯罪證據的任何物件。廉政專員如認為有理由，可以向裁判司提出申請，要求受調查人士交出旅行證件；還可以向裁判司申請令狀將準備或行將離港的受調查人士拘捕。

　　為保證廉政公署的權力可以正常行使，《廉政公署條例》和《防止賄賂條例》對妨礙和不配合廉署人員的行為規定了嚴厲的處罰措施。任何人抗拒或妨礙廉政公署人員執行職責，即屬違法，一經定罪，可處罰款 1000 港元及監禁六個月；[16] 任何人如故意向廉政公署人員就有關罪行作出虛假報告、提供虛假證詞，即屬違法，一經定罪，可處罰款 10000 港元及監禁一年；[17] 任何人無適當理由拒絕向擁有授權的廉署工作人員透露調查案件所需的任何資料、不願出示任何賬目、文件等，均屬違法，如罪名成立，可判罰款 20000 港元及監禁一年；任何人士，遇到廉政公署人員在調查案件過程中請求予以協助時，無適當理由置之不理或不予協助，或者對調查人員行使入屋及搜查權力、扣留權力予以妨礙或抗拒，均屬違法，如罪名成立，也可判罰款 20000 港元及監禁一年。

　　香港廉政法律賦予香港廉政公署巨大的權力，為廉署的反貪工作提供了持續而穩定的支持。

第 三 節

香港廉政法律的改革與演進

　　隨着社會的發展和人們觀念的變化，香港的廉政法律也在逐漸發生變化。在八十年代前，變化的方向是擴大廉政公署的權力範圍，以便廉署人員可以更便捷地調查貪污犯罪。1980 年，政府對《防止賄賂條例》和《廉政公署條例》作出多項修訂，包括將《防止賄賂條例》第四條規定的賄賂罪的涵蓋範圍擴大至境外；提高《防止賄賂條例》的相關罰款金額；為貪污罪行舉報人提供保護措施，以免其身份信息被洩露；賦予廉署調查人員權力，在進行處所搜查期間可以把處所內的人士扣留最多不超過三小時等。[18] 進入九十年代後，隨着 1991 年《香港人權法案條例》的頒佈，香港市民更加注重維護自己的基本權利。香港的貪污問題已得到較好解決，部分人認為不必為反貪付出個人自由受限制的代價。在這種情況下，香港廉政法律的修訂沿着三個趨勢向前推進。

　　一是在維護廉政公署擁有充分的反貪權力與保障個人基本權利之間保持平衡。由於《香港人權法案條例》禁止執法機關任意進行逮捕或扣留，《防止賄賂條例》和《廉政公署條例》的多項條文據此進行了修訂或廢除，如廢除了廉署人員在進行處所搜查期間可以把處所內人士扣留的條文、基於相信受查人即將離港而將其逮捕等權力。1994 年 12 月，廉署權責檢討委員會發表報告書，在對廉署的權責問題進行廣泛檢討的基礎上，提出了 76 項改進建議，包括把廉政專員簽發搜查令、凍結財產、強制涉案人士提供數據的權力移交法院。檢討委員會的目的就是在廉署作為一個強有力的、有效的反貪機構和廉署在運用權力方面有更大的問責性和透明度之間保持適當的平衡。「既要保存那些有助該署取得成功的條文和程序並加以發展，同時亦須消除或修改那些不必要、過時或可能被濫用的其他條文和程序。」[19] 在人權日益受到重視的情況下，廉政公署長期以來行之有效的傳統做法受到挑戰。按照以往的慣例，廉署若發現公

務員擁有或控制來歷不明的財產，但又無法證實他們干犯任何具體貪污罪行，一般會引用《防止賄賂條例》第十條提出起訴。法例中刻意加入「控制」一詞，目的是涵蓋一些由第三者（例如以信託基金形式或以家人／朋友名義）代被告人持有財產的情況。截至 1995 年，廉署根據《防止賄賂條例》第十條提出的檢控多達 50 次。[20] 但在 1994 年底，一位地方法院法官裁定《防止賄賂條例》第十（1）（a）條違反《香港人權法案條例》，理由是這條文將舉證責任轉移到受疑人身上，而根據《香港人權法案條例》，任何受刑事控告的人，在未經法院確定有罪之前，應被假定為無罪。被告毋需證明本身無犯罪意圖，控方則必須提供足夠證據證明被告有罪。控方就該案提出上訴，上訴法庭沒有接納地方法院法官的觀點。上訴庭法官指出：就貪污罪行而言，顯然有需要在合理的情況下賦予執法機關特別調查權力和在法例中加入特別條文，例如要求被告人作出解釋。某些貪污行為根本難以偵查，更遑論要按一般的做法進行舉證。貪污案亦有別於其他案件，例如毒品案，執法機關可以從疑犯身上搜出毒品作為證據，但貪污案卻沒有牽涉明顯的非法物品，難以從疑犯身上搜出此類證據。故此，該條例對本案被告人所作的要求並無不合理之處。法庭最終裁定第十條是配合需要而制定，而社會確實需要它存在。[21] 廉署權責檢討委員會提出的有關建議經立法局詳細辯論後，最終於 1996 年獲得通過，1997 年 6 月正式生效。主要的改變是廉署的部分調查權力改由法庭授權才能行使，但廉署進行調查的充分權力仍然受到法律的保障。

　　二是在案件調查保密和公眾知情權之間保持適當平衡。為了保障廉署的調查工作不受影響及維護受查人的聲譽，《防止賄賂條例》第三十條規定，凡未獲授權或無合理辯解而披露廉署正在調查的對象或案件細節，即屬違法。在新的形勢下，這一條文與公眾的知情權在某些情況下發生衝突，被指違反《香港人權法案條例》有關言論自由的規定。1996 年《明報》在報道中提及廉署的一宗調查個案，該報及其記者被控披露廉署調查細節，違反《防止賄賂條例》第三十（1）條。裁判官裁定被告人無須答辯，理由是第三十（1）條已因牴觸《香港人權法案條例》關於言論自由的部分而被廢除。該判決經上訴後被推翻。案件最終上訴至英國樞密院司法委員會。樞密院的裁決指，只有在知道受

查人身份的情況下，《防止賄賂條例》第三十（1）條才適用。該報報道時，廉署只是在進行一般調查，事實上沒有任何疑犯，因此被告人不可能觸犯所控罪行。這一訴訟促使港府對該條內容作出修訂，以便在不影響案件調查的情況下保障公眾的知情權。修訂後的第三十條容許在某些情況下披露調查資料，如受查人已被拘捕、搜查令已經執行、嫌疑人已交出其旅行證件或法定通知書已經發出等。另外，若披露資料會揭發廉政專員或屬下人員牽涉非法活動、濫用權力等，或香港的公共秩序、安全或市民的健康、安全受嚴重威脅，有關修訂容許以「合理辯解」作為披露資料的辯護理由。[22] 即便如此，要平衡常規調查與公眾知情權並不容易。2004 年 7 月，香港廉政公署在調查先科國際前主席黃創光等人涉嫌受賄案中，因傳媒披露受保護證人的個人信息，觸發廉署搜查香港七間報館的事件，令社會嘩然，質疑廉署行動妨礙新聞自由，並導致一場複雜的法律訴訟。

三是根據反貪的需要制定新的法律或擴大原有法律的適用範圍。由於貪污犯罪的隱秘性，廉署在調查時常常要借用竊聽或偷拍等方式搜集證據。在2005 年上半年的兩宗案件中，這一慣例遇到了法律判決的挑戰。2005 年 4 月下旬，施允義法官裁定廉署竊聽、偷拍被告以搜集證據的行為，違反了基本法第三十條的規定，屬於非法，日後以類似手法搜證將不能呈堂作為證供。兩個月後，法官李慧思審理房署工程師受賄案，發現控方責成污點證人偷錄被告與代表律師的對話內容，裁定此舉違反了基本法第三十條和第三十五條，下令案件永久終止聆訊，被告無罪釋放。根據基本法第三十條規定，香港居民的通訊自由和通訊秘密受法律的保護。除因公共安全和追查刑事犯罪的需要，由有關機關依照法律程序對通訊進行檢查外，任何部門或個人不得以任何理由侵犯居民的通訊自由和通訊秘密。根據基本法第三十五條的規定，香港市民擁有秘密法律諮詢的權利。廉政公署當時的習慣做法是容許總調查主任或以上職級人員，口頭授權下屬先進行竊聽或偷拍，事後補填申請文件，與基本法規定的檢查通訊須具備法律授權的要求相距甚遠。[23] 儘管在房署工程師受賄案中律政司提出司法覆核被判勝訴，案件發還區域法院重新處理終止聆訊申請，但類似案件的增加顯示出完善相關法律的迫切性。特區政府 2006 年制定了《截取通訊

及監察條例》，為執法機關在案件調查中進行秘密監察和截取通訊提供了法律依據。同時，政府根據該條例設立了獨立的監察機關 —— 截取通訊及監察事務專員。此外，為維持執行處的工作成效，並確保涉及《截取通訊及監察條例》的調查行動符合該條例的規定，執行處也在 2008 年成立了專責組，負責有關工作。[24]

擴大原有法律的適用範圍主要表現在將《防止賄賂條例》延伸到香港特別行政區行政長官身上。香港回歸前，《廉政公署條例》賦予廉政專員獨立地位，專員只須向香港總督負責，總督不受《防止賄賂條例》的限制。1997 年香港回歸祖國後，《基本法》保障了廉署獨立運作的地位，廉政專員只須向行政長官負責。但隨着社會對廉潔政府和法律面前人人平等的要求與日俱增，行政長官超越於反貪法律的地位顯然已不合時宜。自 2008 年起，《防止賄賂條例》第四、五及十條已引伸至適用於行政長官。

第四條「賄賂」(2A) 款規定了構成向行政長官行賄罪的行為：任何人（不論在香港或其他地方）無合法權限或合理辯解，向行政長官提供任何利益，作為行政長官作出以下行為的誘因或報酬，或由於行政長官作出以下行為而向他提供任何利益，即屬犯罪。第四條「賄賂」（2B）款具體規定了行政長官構成索賄、受賄罪的行為：行政長官（不論在香港或其他地方）無合法權限或合理辯解，索取或接受任何利益，作為他作出以下行為的誘因或報酬，或由於他作出以下行為而索取或接受任何利益，即屬犯罪。這兩種罪行中行政長官的行為完全一樣，包括：

（1）作出或不作出，或曾經作出或不作出任何憑其行政長官身份而作的作為；

（2）加速、拖延、妨礙或阻止，或曾經加速、拖延、妨礙或阻止由行政長官作出任何憑其行政長官身份而作的作為或由任何公職人員作出任何憑其公職人員身份而作的作為；或

（3）協助、優待、妨礙或拖延，或曾經協助、優待、妨礙或拖延任何人與公共機構間往來事務的辦理。

第五條「為合約事務上給予協助等而作的賄賂」第（3）款規定了在合約

上向行政長官提供利益的罪行：任何人無合法權限或合理辯解，向行政長官提供任何利益，作為行政長官在以下事項上給予協助或運用影響力，或曾經給予協助或運用影響力的誘因或報酬，或由於行政長官在以下事項上給予協助或運用影響力，或曾經給予協助或運用影響力而向他提供任何利益，即屬犯罪 ——

（a）以下合約的促進、簽立或促致 ——

（i）與公共機構訂立的任何有關執行工作、提供服務、辦理事情或供應物品、物料或物質的合約；或

（ii）就與公共機構訂立的合約而執行所需工作、提供所需服務、辦理所需事情或供應所需物品、物料或物質的分包合約；或

（b）上述合約或分包合約中規定或以其他方式訂定的價格、代價或其他款項的支付。

第五條第（4）款規定了行政長官在合約問題上索取或接受利益的罪行：行政長官無合法權限或合理辯解，索取或接受任何利益，作為他在上述第（3）款合約事項上給予協助或運用影響力，或曾經給予協助或運用影響力的誘因或報酬，或由於行政長官在上述事項上給予協助或運用影響力，或曾經給予協助或運用影響力而索取或接受任何利益，即屬犯罪。

第十條，即針對訂明人員管有來歷不明財產的條文，也同樣適用於行政長官。

註釋

1 該項內容最初的條文為「任何政府僱員，如無總督之一般或特別許可，而索取或接受任何利益者，均屬違法」。訂明人員指政府僱員、政府主要官員、外匯基金管理人員、廉政公署職員、司法人員等。

2 款待指供應食物或飲品享用以及其他附帶的或同時供應的款待，如跳舞、夜總會表演等。

3 香港廉政公署：《執行處　反貪歲月 40 載：與民攜手　共建廉政（1974-2014）》，第 57 頁。

4 公職人員包括訂明人員（前稱政府僱員）和公共機構的僱員。兩者在某些情況下適用法律有所不同：非訂明人員的公職人員如有所屬公共機構的許可而索取或接受利益，則該公職人員及提供該利益的人均不算犯下賄賂罪。

5 本條中的「公共機構」包括香港政府、行政局（行政會議）、立法局（立法會）、市政局、各區區議會、各類委員會以及《防止賄賂條例》附表所列的公共機構。「公共機構僱員」的範圍大於「政府僱員」。香港一般意義上的公共機構是指除香港政府之外的其他公共機構。

6 〔新西蘭〕彭林頓（V. Penlington）著，毛華、葉美媛譯：《香港的法律》，上海：上海翻譯出版公司，1985 年，第 353 頁。韓德承認，在 19 年的警察生涯（1954-1973）中積累了 500 萬港元的財產。

7 同上註，第 354 頁。

8 香港廉政公署：《總督特派廉政專員 1985年年報》，第 31 頁。

9 《1981 年接受利益（總督許可）公告》規定，政府僱員只能向私交友好每次借款不超過 1000 港元，向其他人士借款不超過 500 港元，而且都必須在 14 日內歸還。

10 《1981 年接受利益（總督許可）公告》規定，政府僱員在重要個人紀念日以及傳統節日收取私交友好所給予的禮金、禮物及旅費，總值不得超過 1000 港元；可接受任何人士在同樣場合給予的禮金、禮物及旅費，總值不得超過 500 港元。

11 《1981 年接受利益（總督許可）公告》規定，政府僱員在其他場合收取私交友好所給予的禮金、禮物及旅費，總值不得超過 200 港元。

12 《百里渠爵士調查委員會第二次報告書》，香港政府印務局印，1973 年 9 月，第 19 頁。

13 《香港廉政公署條例》，第五條第（1）、（2）款。

14 《香港廉政公署條例》，第八條第（2）款。

15 該條款由 1992 年第 45 號第三條法令廢除。

16 在 1987 年的修訂中，該條款的罰款提高到 5000 港元。

17 在 1987 年的修訂中，該條款的罰款提高到 20000 港元。

18 同註 3。

19 廉政公署權責檢討委員會：《廉政公署權責檢討委員會報告書》，1994 年 12 月，第 107 頁。

20 香港廉政公署:《總督特派廉政專員 1995 年年報》,第 12 頁。

21 同註 3,第 60-61 頁。

22 同註 3,第 61-62 頁。

23 何亮亮:《解密香港廉政公署》,北京:中信出版社,2006 年,第 267 頁。

24 同註 3,第 62 頁。

遏制貪污行為是香港廉政公署成立的目的，
廉署也以高效而嚴厲的肅貪工作為人稱道。不少
人將對貪腐行為的「零容忍」視為香港廉政的突
出特點，但是在廉署成立初期的「警廉大衝突」
中，曾有不少涉嫌貪污者獲得赦免，從法網中脫
逃。只是在事態平息後，廉政公署才走上正軌，
沿着接獲舉報、展開調查、檢控貪污犯罪的程序
正常開展工作，「零容忍」才成為香港廉政工作的
突出特徵。

3

打擊貪污劣行

第 一 節

「警廉大衝突」及其影響

廉政公署成立後，這一充滿朝氣的新機構當即對肆虐已久的貪污活動展開調查，警察參與的集團式貪污成為廉署的重點打擊目標。1974 年，即廉政公署成立的當年，在廉署接獲的 3189 宗貪污舉報中，涉及警察的舉報多達 1443宗，在所有舉報中所佔比例為 45%；1975 年，對警察的貪污舉報增加到 1492宗，所佔比例增加到 47%；1976 年，涉及警察貪污賄賂的舉報減少為 1119宗，但在所有舉報中的比例仍達 46%。[1] 廉政專員姬達在廉政公署 1975 年年報中指出：「公署的目標旨在未來一兩年內擊破有組織性貪污的集團，因此對公署及香港來說，1976 年及 1977 年將是極端重要及充滿考驗的年份。」1976 年廉署成功偵破銅鑼灣警署有組織貪污案以及涉及多名九龍交通部警務人員的大型集團貪污案，在前一宗案件中，1971 至 1974 年間有關警務人員每月收取 35萬港元的賄賂作為色情、賭博集團以及毒販的保護費；在後一宗案件中，1972至 1975 年間，約 40 名警務人員向小巴、無牌的士和貨車司機每月索取 40 萬港元賄賂，作為不檢控他們違例駕駛的報酬。[2] 在有些警署，接受調查或被捕的警察太多，以致影響正常的治安管理工作。如 1976 年 5 月，灣仔警署的九名警署警長全部被捕，50 名警長中 14 人被捕。時隔不久，其他 36 名警長也面臨同樣的命運。如此多的警長暫停工作，警察總部不得不從其他警察部門調撥人手，以填補灣仔警署的人員不足。[3] 到 1977 年初，廉政公署的工作已取得明顯的成效，廉署當時緊鑼密鼓地進行調查的 23 個大型貪污集團中，18 個集團由警察操縱。直至當年 7 月，廉政專員在給總督的報告中指出：「所有已知的大型貪污集團已不復存在」。[4]

貪污集團的瓦解並不意味着廉署在警務部門中肅貪活動的結束，相反，廉署對涉案警察的拘捕行動進入高潮。

1977 年 9 月 19 日，廉政公署的上百名調查員分成五十多個行動小組，一天之中拘捕了四十多個警察，包括一名探長、五名警長和若干警員。第二天，廉署又帶走了四十多個警察。兩天之內，被拘捕的警察達到 87 人。這是廉署成立三年來在單一調查案中拘捕人數最多的一次，而被捕者大多是油麻地警署的現役警察或前任警察。[5] 1977 年 10 月的前三週內，九龍三個分區警署有 140 名警察因捲入集團貪污被廉署逮捕，其級別從普通警員到警司不等。10 月 25 日又有 34 人被拘捕，其中包括三名英籍警司。[6] 到 1977 年 10 月 26 日，除了被拘捕的警察外，被鎖定的警務人員達 228 人，加上其他政府部門的公務員，一共有 262 人被廉署調查。228 人中，20 人是警官，職位由探長到總探長不等，還有兩人的身份是警司。他們當中絕大部分人被懷疑在油麻地果欄販毒案中收受賄賂。[7]

廉署的行動導致警察隊伍中風聲鶴唳，人人自危，一些人開始醞釀大規模的抗議活動。10 月 25 日後，一些警察私下聚會，決定組織集會抗議所謂廉署對警察的不公平對待。他們選出五人代表面見九龍高級警司，要求與警務處長會面。10 月 26 日晨，約 300 名警察在九龍警察總部餐廳集會，起草了致警務處長的陳情書。陳情書包括了九項意見，主要內容是陳述他們受到廉政公署的壓制，要求廉署改弦更張。信件的結論是：「他們應當用合法、正當的方式進行調查，而不是對警官使用壓制的手段。」[8] 10 月 27 日晚，數千名警察及其家人在九龍警察運動協會集會，決定第二天舉行大規模抗議活動。

10 月 28 日早上 9 點，約兩千名警察遊行到警察總部，向警務處處長遞交請願信，約中午時分，一些人逕自前往和記大廈六層 —— 當時的廉署總部及廉署執行處所在地。通向廉署的玻璃大門緊緊關閉，襲擊者打碎玻璃，打開大門，衝進廉署辦公區，與廉署工作人員發生了肢體衝突。廉署工作人員當即撥打報警電話 999，當警察小隊趕到時，襲擊者已經離開。廉署工作人員認為衝擊廉署的警察有上百人，而警方認為只有四十來人。[9] 10 月 31 日後，鬧事的警察多次舉行會議，1977 年 11 月 4 日在收到警務處長施禮榮（Brian Slevin）對陳情書的回覆後，上千名警察舉行三個小時的閉門會議，他們聲稱處長的答覆完全不可接受。有人提議舉行罷工活動，迫使處長答應他們的要求。[10]

　　為了緩和事態，港英當局先後採用了軟、硬兩手的應對策略。

　　軟的一手就是部分答應抗議警察的要求。11月5日，港督麥理浩發佈局部特赦令，指令除了已被審問、正被通緝和身在海外的人士，任何人士在1977年1月1日前干犯的貪污罪行，政府一律不再採取正式行動。總督解釋說，不再採取正式行動（not normally act）一詞用於從特赦中排除那些特別嚴重、不採取行動簡直不可想像的罪行，但他強調說，此類行為極為罕見，而且採取行動前先要徵求他本人的意見。[11] 據當年《經濟學人》（*The Economist*）雜誌說，局部特赦令大約讓六百人免於被調查和起訴，但大約還有一百多人未能受惠於這份特赦令。[12]

　　硬的一手就是修訂《殖民地規例》第55條。儘管政府已作了讓步，但警察中的激進分子仍不滿足，進一步要求全面赦免涉貪的警察。11月6日，他們宣稱，如果在11月8日下午5時前不答應他們的要求，警察就會遊行到政府總部。港督麥理浩當即採取行動，與他的顧問、高級助理、英軍代理總司令等人舉行一系列會議，並爭取社區領袖、知名人士及公眾的支持。11月7日下午5時，他召集立法局的緊急會議，要求修訂《警隊條例》。麥理浩提請議員注意，對警察的要求無法再做讓步，有必要立即通過《警隊條例》的修正案，他指出，「對這種壓力下的要求作出讓步將會招致在其他問題上的壓力，隨後就會要求終止廉政公署本身，可能還要釋放關在獄中的人等等，直到出現法律的實施完全符合腐敗者利益的狀態。」[13] 在立法局非官守議員的一致支持下，20分鐘內立法局通過了《警隊條例》的修正案（即《殖民地規例》第55條）。根據該條例的規定，如果內務官員有涉及錯誤行為的嚴重嫌疑，但又缺乏起訴的足夠證據，總督有權將殖民地政府官員免職，毋需審問，不得上訴。總督如覺得情況適合，可剝奪被免職者的退休金。

　　新修訂的條例賦予港督前所未有的權力，對試圖挑起事端的警察構成極大壓力。儘管此後仍有零星的抗議活動，但香港的總體局勢已經平靜下來。1978年4月8日，在律政司公佈起訴名單的同時，港督根據《殖民地規例》第55條強令118名警務人員退休。這些警察雖然失去了工作，但避免了入獄的命運，港督麥理浩還保留了他們的退休金。如果嚴格追究，他們很可能要承擔刑

事責任。鍾士元爵士接受傳媒採訪時的取態反映了許多香港人的看法，他說：「我們都清楚香港警察的狀況，我認為那些強制退休的人以這種方式脫身很幸運。」這些警察中的部分人也是這樣想的，有人還為此設宴慶賀。港英當局的應對策略發揮了作用，警察的抵制被瓦解，隨即，律政司起訴 24 名警察和兩名工商署人員。[14]

「警廉大衝突」為香港廉政建設帶來了重大影響，也引起了很多紛爭。在廉政公署成立後，港英當局一直表示絕不容忍貪污，任何人涉嫌貪污都不能逃脫懲罰，但是局部特赦令實際上放棄了對相當一部分腐敗警察的追究，至少在一段時間內挫傷了廉署工作人員的士氣，動搖了公眾對政府反貪決心的信心。局部特赦令頒佈後，執行處須終止調查 83 宗於 1977 年 1 月 1 日前發生的貪污案件，包括個別人士貪污和涉案人數眾多的集團式貪污。[15] 時任廉政公署執行處處長的彭定國（John Prendergast）曾談到特赦令對廉署士氣的影響，他認為局部特赦令的直接後果就是停止了對 1976 至 1977 年廉署的特別目標——貪污集團的調查。1978 年執行處的調查工作大幅減少，手頭只有 203 宗案件，僅包括特赦令中沒有赦免的案件以及 1978 年 1 月後重開的案卷。他指出，廉署人員對特赦令的反應就像一支勝利在望的軍隊突然接到投降的命令。[16] 而在廉署內部會議上，因在衝突中受傷而吊繃帶、戴頸箍的英籍調查員貝特，直接責問廉政專員姬達是否想過辭職，姬達答覆說：「有想過，但若然辭職，等於把我的頭顱，放在餐盤上，獻給對頭發落，成就了貪官污吏的勝利紀念日。」[17]

公眾對政府反貪的決心也有所懷疑，廉政專員陸鼎堂（Donald Luddington）在 1978 年的廉署年度報告中指出：「一年之中很多人擔心廉政公署有可能終結。年初的一項調查清楚地顯示，1977 年 11 月的事件動搖了公眾對政府反貪決心的信心。後來的一些事態發展被解釋為信心普遍降低的指標。因此，作出了大量努力再次向廉署職員和公眾保證，政府無意減少反貪努力並將在香港社會穩步根除作為一種生活方式的貪污行為。」[18] 儘管如此，1978 年廉政公署接獲的貪污舉報比 1977 年減少了 27.4%，同一時期對警察的舉報從 729 宗減少到 487 宗。[19]

但是，也應該看到，局部特赦令是港英當局在特殊情況下不得已作出的決

策，而並非對貪腐分子的蓄意放縱。作為一個外來的殖民政權，港英當局的最大利益是維護社會的穩定，以免其利益受到損害。1966 至 1967 年的左派「反英抗暴」對港英當局的統治形成了重大威脅，也讓英國人意識到其地位的脆弱。麥理浩來港赴任前，曾拜訪前任港督戴麟趾（David Trench），請教治理香港有什麼忠告。戴麟趾給他的建議是：「不要隨便翻開石頭，因為一翻開，隱藏其下的蛇蟲鼠蟻便會紛紛爬出」。[20] 在成立廉政公署問題上，麥理浩顯然沒有採納戴麟趾的建議，但在警察大規模抗議活動中，他不得不設法平息事件。警察是港英當局賴以統治香港的主要力量，在大量警察強烈不滿的情況下，港督也不得不作出妥協。提交給警務處長施禮榮的陳情書上，簽名表示支持的警察超過 11000 人，當時警隊總共只有 17300 人，簽名者所佔比例高達 64%。[21] 可以說，抗議警察得到了多數警察的同情和支持。從調查警察衝擊廉署事件中，也能看出警方對待警廉衝突的基本態度。警方成立了由一個刑事情報科警司領導的包括九名刑事偵查部（CID）警官的小組，調查警察衝擊廉署事件。最終的結果是只起訴了一個退休的警司。在 1977 年 12 月 7 日的立法局會議上，有議員要求律政司解釋為何起訴政策如此寬鬆，他的回答是：除了一宗個案外，調查報告沒有提到事件參與者的身份，甚至對於誰在現場也沒有可以採納的證據。這讓提問者大為吃驚，因為他知道警務處長有足夠證據可以對 11 名現職警察採取紀律行動。[22]

　　港英當局在緊急形勢下作出的讓步並未對廉政公署造成嚴重傷害。雖然個別人的不法行為獲得赦免，但此後任何貪腐行為都會受到廉政公署的嚴厲打擊。1978 年多名警官捲入的油麻地果欄販毒集團貪污案開始審判，整個案件分三宗審判：第一宗案件的 19 名被告人為警長和警員，14 人罪名成立，被判入獄一年零七個月至兩年不等；第二宗四名被告為警員和前警員，兩人罪名成立，各被判入獄兩年；第三宗兩名被告為政府工商署人員，兩人罪名成立，分別入獄三年和五年。該案法官 Michael Maguire 在審判中的一段話反映了廉政機構對待貪污的基本態度：「如果人們容忍貪污是日常生活的一部分，那麼貪污就會衝擊經濟的根基，挖去社會道德的基石。政府紀律部隊的貪污，會讓這個政府本身顯得無足輕重。貪污是毒蛇，潛藏在陰暗的角落，既不放過身份高的

人，也不放過身份低微的人。貪污一旦被發現，我們就必須掐住它的喉嚨，把它拖到光天化日之下，來讓那些自欺欺人的人 —— 這些人閉上眼睛就以為事情不存在 —— 我們要讓他們醒悟！」[23]

隨着眾多腐敗警官被起訴，不少涉嫌貪污的退休或現役警官紛紛設法外逃。有人乘船出逃，有人將資金秘密轉往海外，有人偷偷消失在預備好的避難地，有人將孩子送往外國學校或將妻子或情婦送往國外作為探路者。自從葛柏被從英國引渡回港後，外逃貪官認為英國不再是安全的地方，台灣、加拿大、阿姆斯特丹成為這些人最喜愛的地方。如同隱藏在南美的戰犯一樣，隨着追獵者的步伐不斷逼近，他們也要經常改換地點。後來，他們覺得西方國家太不安全，大多逃往台灣。[24]

廉署靈活而又堅決的態度，毫不動搖的肅貪立場以及雷厲風行的肅貪行動，扭轉了香港的社會風氣。廉署一度受損的聲譽很快得到恢復，公眾舉報在短時間大幅下降後，1979 年又回升到 1977 年中期的水平，1981 年有 509 宗案件被檢控，這是到當時為止檢控數字最高的一年。[25] 1981 年廉署年度報告中更明確地肯定，「在一九七六年報告中所描寫的那種大規模進行貪污犯罪的黑暗時代已經一去不復返了。」

廉政公署與警務部門也逐漸建立起相互信賴的關係。香港廉政專員班乃信（Geoffrey Thomas Barnes）在 1986 年的年報中特別提到：「現在應特別一提的是廉警雙方的關係已比前大為改善。本人在七二至七六年間擔任警務處文職秘書一職時，曾親自體驗兩者間的惡感，其後又站在保安科的立場，體會到在七七年十至十一月間發生的事件已把雙方的交惡程度帶至頂點。幸而這些日子已成過去，昔日的對峙局面已緩和下來，以往的怨憤亦漸削減，兩者關係已趨正常。不僅指控警察貪污的舉報數目降至六年來最低點。彼此的工作關係亦甚良好，更在多方面積極合作。」[26]

第 二 節

接獲貪污犯罪的線索

貪污賄賂犯罪帶有隱秘性，多數情況下只有個別人知情，因此接獲貪污犯罪的線索就成為反貪工作的起點。如果不能獲取充分的貪腐信息，廉政工作勢必寸步難行。從香港的實際情況來看，依靠其他政府部門轉介的貪污舉報只佔很小的比重，絕大多數舉報來自個人。香港廉政公署大力宣傳，呼籲市民積極舉報。廉署主要從三個方面着手鼓勵市民舉報，消除他們的擔憂。

首先是舉報方便。廉政公署為市民提供了各種舉報渠道，便於市民將自己接觸或瞭解的貪污線索提交給廉署。

個人舉報主要包括下列三種渠道：

一是親身舉報。市民可到廉署總部的 24 小時舉報中心舉報，也可在工作時間到分佈在香港各區的分區辦事處舉報。自廉署成立當天，執行處 24 小時舉報中心就開始運作。到 1975 年，廉署社區關係處轄下的多個分區辦事處也開始接受市民的貪污舉報，並會將有關舉報轉交舉報中心跟進。廉政公署的網頁提供了各處的電話、具體地址以及地圖。舉報者只需上門聯繫廉署有關部門即可，無須預約或填寫任何表格。

二是電話舉報。通過廉署的宣傳廣告和媒體的推廣，廉政公署舉報中心的熱線電話 25266366（原為 5266366，1995 年電話號碼升為八位，在原號碼前加 2）在香港廣為人知，舉報者可在任何時間致電舉報中心，該中心 24 小時接受舉報並為市民提供諮詢服務。

三是投函舉報。市民可將自己瞭解的貪腐信息以信函形式投寄廉署信箱（香港郵政信箱 1000 號），具名與否均可。

除上述舉報形式外，隨着通訊工具的改進，香港也有其他的投訴方式，如傳真投訴、電子郵件投訴等，但所佔比例不大。以 2014 年廉署接獲的各

種貪污投訴來看，所佔比例最大的舉報方式還是電話投訴（28.8%）、投函投訴（28.1%）、親身投訴（27.7%）這三種方式，其他方式所佔比例較小，由政府部門及公營機構轉介的投訴為 9.1%，電子郵件投訴為 5.1%，傳真投訴只有 1.2%。[27] 這幾種方式都非常方便，舉報者可隨意選擇。儘管廉署希望舉報者能提供更充分的資料，以便進行調查，但廉署認為只要有合理懷疑便應舉報，舉報貪污無須掌握足夠的證據。舉報人只須說明已知的懷疑貪污事件，廉署舉報中心／分區辦事處的當值主任就會依據所得資料跟進事件。

其次是舉報安全。涉貪者大多有一定權力和社會影響力，如果不能保證投訴信息不被洩露，舉報者身份就可能暴露，也就有可能受到報復。因此，能否做到舉報信息保密及確保舉報者安全就成為影響市民舉報意願的一個關鍵因素。

香港廉政公署有嚴密的程序確保舉報者的安全，其口號是「廉署保密，密密實實」，對舉報人的身份及舉報內容嚴格保密。《防止賄賂條例》明文規定，禁止任何人未經授權而披露投訴人的身份或調查內容，尤其是在案件尚未曝光的階段。所有的舉報資料只會存放在機密檔案內，只有獲授權人士，例如負責調查該宗案件的調查員或其他指定的廉署人員在「有需要知情」下才可翻閱這些資料，舉報人無須擔心個人資料或投訴資料外洩。

最後是舉報有效，也就是市民的投訴可以發揮效用，舉報不會因個別人士和某些機構的包庇而置諸高閣。

執行處首長級人員每天都會審閱所有指稱涉及貪污的舉報，以決定能否實時展開調查或留作資料用途。根據廉署 1993 年 6 月推出的「服務承諾」，廉署會在 48 小時內聯絡投訴人，安排與他會面並盡快通知他有關貪污舉報的結果；如舉報不涉及貪污成分，則會建議投訴人考慮由廉署將個案轉介其他部門跟進。此外，廉署亦承諾會迅速而專業地調查所有可追查的貪污舉報，並盡可能在 12 個月內完成調查工作。[28]《受害者約章》也規定，無論調查是否導致任何檢控、施行警誡或須提交調查資料予審查貪污舉報諮詢委員會審議以決定所需的跟進工作，廉署都會安排將調查結果通知舉報人及按《受害者約章》指明的有關人士。

　　廉署對舉報的處理受到審查貪污舉報諮詢委員會的監督。所有指稱涉及貪污的舉報，均會提交該委員會審閱。委員會每六個星期舉行一次會議，就調查個案的進度和狀況進行審議。每宗已完成調查的個案必須得到委員會確認，才會正式結束調查。[29]

　　舉報有效的前提是舉報本身是真實的而非虛假的舉報。如果蓄意誣陷他人，則會受到法律的懲處。如 1989 年就發生了三宗因虛假舉報而受到懲罰的典型案件。[30]

　　在第一宗案件中，一名別墅管房指控兩名警員向他索取每月 5000 港元的保護費。後經廉署調查，該管房在警誡中承認自己是虛假指控，希望藉此影響警方調查他靠性工作者賣淫為生的結果。他因虛假舉報被判入獄九個月。

　　在第二宗案件中，一名安裝工人指控房屋署一名文員在某臨時房屋區安裝水箱一事上，向他索取港幣 4000 元。經調查，該項指控全無根據。在再次接受廉署問話時，該工人在警誡中承認因該文員曾向房屋署舉報其安裝工程不合格，故捏造事實予以報復。該安裝工人因誣告被判入獄三個月，緩刑兩年，另需付堂費 400 港元。

　　在第三宗案件中，一名絲綢漂染公司股東舉報稱，1987 年底從一名生意夥伴處獲悉其公司另一名股東曾非法收受一間染料行的回佣。廉署調查發現，該生意夥伴 1987 年根本不在香港。在再次接受廉署人員問話時，舉報人承認自己因與對方在業務上有紛爭而作虛假指控。他因虛假指控被判罰款港幣 6000 元。

　　從廉政公署接獲的貪污舉報數字來看，從 1974 年廉政公署成立到 2016 年，剔除與選舉有關的舉報數字，香港的貪污舉報數字起伏不定，大致經歷了四個階段。（見下頁圖表 3-1 及 3-2）

- 第一階段：1974 至 1980 年廉署成立初期的大起大落階段。廉政公署的成立鼓舞了香港市民，貪污舉報數字在 1974、1975 兩年均超過 3000 宗，但在 1977 年「警廉大衝突」後，部分貪污警察獲得赦免，市民的舉報熱情隨之下降，1978 年舉報數字只有 1234 宗，成為廉政公署成立迄今舉報數

圖表 3-1　香港貪污舉報統計（1974-2016）*（單位：宗）

年份	數量	年份	數量	年份	數量	年份	數量
1974	3189	1985	2550	1996	3086	2007	3600
1975	3179	1986	2574	1997	3057	2008	3377
1976	2433	1987	2299	1998	3555	2009	3450
1977	1700	1988	2253	1999	3561	2010	3427
1978	1234	1989	2423	2000	4390	2011	4010
1979	1665	1990	2400	2001	4476	2012	3932
1980	1772	1991	2411	2002	4371	2013	2652
1981	2344	1992	2276	2003	4310	2014	2362
1982	2349	1993	3284	2004	3746	2015	2798
1983	2526	1994	3600	2005	3685	2016	2891
1984	2365	1995	3232	2006	3339		

* 不包括與選舉有關的貪污舉報。根據歷年廉政公署年報統計，如投訴數字有更新，則採用最後更新數字。自 2010 年起，廉政公署用投訴取代了舉報，一宗貪污舉報可包括針對不同機構的多項投訴，因此投訴個案的總量要多於舉報的總數。

圖表 3-2　香港貪污舉報數字（1974-2016）變化趨勢圖*（單位：宗）

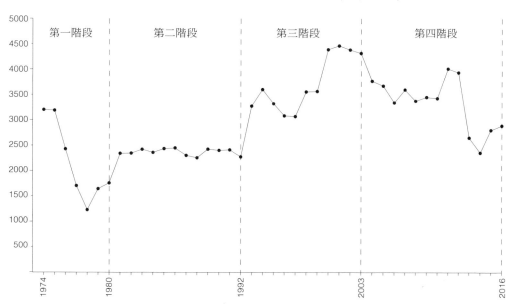

量最少的一年。直到 1980 年，舉報數字仍沒有達到 2000 宗。

- 第二階段：1981 至 1992 年的平穩發展階段。廉政公署成立初期解決了最
  猖獗的警察貪污問題，反貪工作步入常態化發展時期。在這一階段，每年
  的貪污舉報數字基本穩定，保持在兩千多宗的水平，1981 年為 2344 宗，
  1992 年為 2276 宗。在 12 年中，舉報數字最多的是 1986 年的 2574 宗，最
  少者是 1988 年的 2253 宗，總體上波動幅度不大。

- 第三階段：1993 至 2003 年的持續增長階段。這一階段剛好處在香港回歸
  前後，政治、經濟的變化可能導致某些人試圖藉機撈取利益，也促使舉
  報數字創出新高。1993 年的舉報數字 3284 宗就超越了以往歷年的舉報數
  字，此後十年中，只有 1995 至 1997 年三年的舉報數量低於這一紀錄，其
  他年份舉報數都有大幅增長，2000 年到 2003 年的四年中，舉報數字穩定
  在 4000 宗以上。

- 第四階段：舉報數字逐步下降的階段。2004 年香港貪污舉報數字減少到
  3746 宗，此後除 2011 年外，穩步減少，2013 年起從三千多宗投訴減少到
  2652 宗，此後兩年都不超過 2800 宗，2015 年為 2798 宗。

值得注意的是，貪污舉報的數量不足以準確衡量貪污腐敗的程度。貪污舉
報數量較多通常意味着貪污現象較為嚴重，也可能是市民廉潔意識較強，對任
何懷疑涉貪的現象都予以舉報。而舉報數量少則不能等同於腐敗現象不嚴重，
因為有可能是市民對貪污行為已見怪不怪、習以為常，或者是他們認為廉政部
門無力完成反貪重任，即使舉報也不會發揮作用。

從香港貪污舉報的情況來看，有兩個現象說明了香港社會的廉潔程度有了
巨大進步。

一是在香港的貪污舉報中，具名舉報遠超匿名舉報。香港廉政公署接受市
民各種形式的舉報，但鼓勵舉報人以具名方式舉報。因為具名舉報可以提供更
加豐富的資料，廉署在與舉報人的溝通中能獲取更詳盡及準確的信息，便於有
效跟進及調查。而匿名舉報因為無法聯絡舉報人，往往因缺乏重要信息導致調
查中途而廢。舉報人在充分信任反貪機構之前不敢冒險具名舉報，否則不僅不

能懲處貪腐分子，還有可能因反貪機構洩露舉報信息而受到報復。香港廉政公署剛剛成立時，香港市民對這個新生的反貪機構未能完全信任，舉報者大多採用匿名的方式。1974 年所收到的針對警隊的 1443 宗投訴中，有 1026 宗是匿名的。[31] 隨着廉署反貪工作逐漸獲得市民認可，願意具名舉報的人不斷增多，到 1977 年香港具名舉報所佔比例達到 51%，首次超過匿名舉報的數字。[32] 此後，具名舉報的比例穩步增長，以 1979、1980、1981 年為例，在所有舉報中，匿名和具名舉報的比例分別為 42.3%、57.7%；43.9%、56.1%；40.1%、59.9%。到 1987、1988、1989 年，具名舉報者所佔比例分別為 65.9%、65.7%、68.1%，匿名者比例分別降為 34.1%、34.3% 和 31.9%。[33] 在 2004 年的 3746 宗貪污舉報中，多達 2646 宗的舉報人願意透露姓名，佔舉報總數的 71%。[34] 此後具名舉報者基本保持在 70% 以上，如 2012 年具名舉報者比例高達 74%，2013 年的舉報者中具名者比例稍有下降，但也達到 71%。[35]

　　二是對私營機構的舉報數字超過了對政府部門的舉報。在廉政公署成立初期，香港的貪污舉報大多與政府部門有關，如在 1974 年的 3189 宗貪污舉報中，有關政府部門的舉報多達 2745 宗，在所有舉報中的比例高達 86%；私營機構和其他公營機構的舉報分別只有 416 宗、28 宗，所佔比例只有 13%、0.87%。隨着香港警隊中大型貪污集團的掃除，針對政府部門的貪污舉報有減少的趨勢，私營機構的貪污舉報大幅度增加。從 1975 年至 1982 年，關於政府部門貪污的舉報從 2661 宗降到 1421 宗，而私營機構的舉報則從 401 宗增至 840 宗。1985 年港督尤德（Edward Youde）在施政報告中指出，香港存在着因貪污而助長商業欺詐的趨勢。當年廉署接獲的舉報增加了 7%，而有關私營機構貪污的舉報增加了 16%。[36] 同年，廉政專員班乃信在回顧一年工作時也指出，香港貪污舉報的模式已明顯改變，由平均分佈於三方面 —— 警務處、其他政府部門與公營機構、私營機構，轉為偏重集中於私營機構。1985 年接獲有關私營機構的貪污舉報 1009 宗，成為歷年來最高的數字。[37] 到 1988 年，關於政府部門的貪污舉報降為 1046 宗，在當年的 2253 宗舉報中所佔比例降為 46%，而私營機構則上升為 1153 宗，所佔比例超過了 51%。[38]

　　進入九十年代後，這一趨勢更加明顯，1991 年在所有貪污舉報中，私營

機構所佔比例上升到 56.8%，政府機構下降到 40.6%；1992 年，針對私營機構的貪污舉報比例有所下降，降為 52.1%，針對政府機構的貪污舉報比例上升到 45.4%，私營機構的貪污舉報仍然穩居多數。[39] 2000、2001 年，針對私營機構的貪污舉報比例分別為 54.7%、56.8%，針對政府機構的貪污舉報比例分別為 39.5%、35.5%，政府機構所佔比例繼續下降。[40] 到 2012、2013 年，私營機構在貪污舉報中所佔比例上升到六成以上，分別達到 63.2% 和 62.2%，而針對政府機構的貪污舉報所佔比例分別降為 30.3% 和 30.4%。[41] 政府機構在貪污舉報中的比例從廉署成立初期的八成多減少到近年只有三成，顯示了廉政公署有效遏制了公職人員的貪腐行為。

第 三 節

調查貪腐案件

廉政公署執行處首長級人員每個工作日早上要舉行會議，對過去 24 小時接獲的貪污舉報進行研究，如認為舉報可以追查，則交由廉署調查小組跟進；如認為舉報無法追查，也必須交由審查貪污舉報諮詢委員會審議。隨着廉署的工作逐漸獲得港人的認可，具名舉報者日漸增多，可追查舉報的比例也在提升。1975 年在所有舉報中，可追查貪污投訴比例只有 39%，1984 年提高到 63%，1994 年達到 66%，2004 年進一步提升到 71%。2014 年，在所有舉報中可追查比例略有下降，但也有 69%。[42]

廉署調查的案件隨着舉報數量的變化而增減，總的趨勢是調查的案件逐漸增加。在七八十年代，每年調查的貪污案件多在一千多宗，個別年份尚不到 1000 宗，如 1978 年、1980 年分別只有 836 宗、875 宗。但進入九十年代就逐漸超過 2000 宗。2000 至 2003 年成為廉署歷史上調查貪污案件最多的年份，每年調查的貪污案件都超過 3000 宗。此後調查的案件數量逐漸減少，除 2011、2012 年調查案件在 3000 宗左右外，其他年份在穩步減少，2013、2014 年調查案件降為 1737 宗、1561 宗。2015 年調查案件略有回升，但也只有 1840 宗。（見下頁圖表 3-3）

調查貪污舉報是打擊貪污腐敗的關鍵環節，香港廉政公署將大量人力、物力、時間投入調查工作，不讓一個貪污分子逃脫懲罰。

從廉政公署成立之日起，負責調查工作的廉署執行處就是廉署三個處中規模最大、人員最多的部門。執行處首長由副廉政專員兼任，轄下有兩名執行處處長，分別負責公營機構和私營機構的貪污調查工作。執行處分為四個調查科，分別負責公營機構、私營機構的調查與支援，情報搜集及行動支援工作。執行處的工作人員始終佔廉署人員的一半以上。1979 年，在香港廉政公

圖表 3-3　香港貪污調查統計（1974-2016）＊（單位：宗）

年份	數量	年份	數量	年份	數量	年份	數量
1974	1063	1985	1096	1996	2214	2007	2762
1975	1403	1986	1247	1997	2222	2008	2621
1976	1117	1987	1166	1998	2553	2009	2530
1977	999	1988	1152	1999	2553	2010	2663
1978	836	1989	1573	2000	3140	2011	3072
1979	1066	1990	1390	2001	3261	2012	2952
1980	875	1991	1759	2002	3245	2013	1737
1981	1091	1992	1679	2003	3264	2014	1561
1982	1082	1993	2244	2004	2856	2015	1840
1983	1110	1994	2561	2005	2946	2016	1906
1984	1124	1995	2343	2006	2658		

＊ 調查數字為年內展開的調查案件。根據歷年廉政公署年報統計，如調查數字有更新，則採用最後更新數字。

圖表 3-4　在 2014 年以前接獲的可追查案件完成調查所需的時間

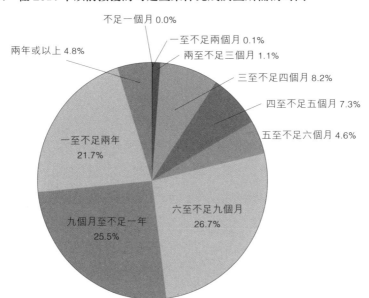

資料來源：《香港特別行政區廉政公署 2014 年年報》，第 89 頁。

署總編制為 1088 人，其中執行處的編制數為 630 人，所佔比例為 57.9%；而在 925 名廉署在職人員中，執行處在職人員為 568 人，所佔比例為 61.4%。[43] 2014 年，廉署在職人員共 1358 人，其中執行處工作人員為 1000 人，佔所有工作人員的比例為 73.6%。[44]

廉署執行處對可追查投訴展開高效率的調查工作。為便於盡快查清案情，執行處在 1994 年成立了「快速反應隊」，將較簡單並可在短時間內解決的案件由該隊處理，以減輕各調查組的工作壓力，讓各組別可以更有效地按優先次序調配資源和進行調查工作，各調查科可專注調查較重大和複雜的案件。以 2010、2011 年為例，2010 年，快速反應隊共處理案件 629 宗，佔執行處全年調查案件總數（不包括與選舉有關的貪污案件）的 24%；2011 年，處理案件數量增加到 972 宗，所佔比例也提高到 33%。[45]

除快速反應隊負責的簡便案件外，廉署調查的其他案件通常要花費較長的時間。廉署的原則是不惜工本、時間，也一定要將案情查個水落石出。按廉政公署的統計，在 2014 年前接獲的可追查案件中，完成調查的時間少於四個月的只有不到 10%，半年內能完成調查的也只有五分之一，多於一半的案件需要半年到一年的時間才能查清，還有四分之一的案件需要一兩年甚至更長時間才能完成調查。（見左頁圖表 3-4）

在廉署調查的案件中，佳寧集團案創造了廉署歷史上的多項紀錄，給人留下了最為深刻的印象。

1977 年成立的佳寧集團異軍突起，業務遍及航運、保險、房地產、甚至娛樂事業；業務更伸延至日本、澳洲、新西蘭及美國，成為擁有兩百多間公司的多元化集團。一派繁榮的景象下，公司股價飆升，吸引不少股民購入股票。由於資金緊絀，該集團利用行賄手段，誘使馬來西亞裕民銀行的分公司裕民財務的高層人士，在沒有足夠抵押或保證的情況下批出巨額貸款。在裕民財務出現經濟問題後，裕民銀行派一名內部核數師來港暗中調查，該核數師後來遇害。馬來西亞政府就裕民財務可能涉貪事件，正式向廉政公署作出貪污舉報。

鑒於案情嚴重、複雜，廉署在 1985 年 5 月 23 日成立了以首席調查主任盧彬為組長的專案小組，小組由 12 名調查人員組成。隨着調查的展開，調查人

員不斷增多，廉署人員要飛往全球 11 個國家進行調查，先後加入調查小組的工作人員超過 40 人。人手與文件愈來愈多，專案小組不得不從執行處總部遷到中環香港貿易中心，獨立運作。由於案件涉及商業貪污詐騙，政府更特別批准撥款，讓廉署聘用跨國專業會計師事務所及跨國律師事務所參與此案，以助解決處理有關核查賬目及相關的法律問題。廉政公署聘請九名會計師，花了逾三千小時追查賬目，查出的賄款追溯圖長達 20 米。歷時 17 年的整個司法程序中，廉政公署準備了長達 42 卷、共一萬六千八百多頁的證人口供。[46] 1996 年 9 月 27 日，前佳寧集團主席承認多項串謀詐騙和行賄罪，被判入獄三年。同樣被判囚的還有裕民財務兩名董事、一名銀行經理和另一家銀行的一名執行董事。

佳寧案的調查耗時長，耗費甚巨，法庭資料顯示，與該案有關的訴訟費達兩億一千萬港元，由公帑支付；單是廉署的主要支出就超過 2800 萬港元。然而，社會輿論普遍認同為了爭取社會公義，花費在所不計。當時的香港律政司表示，香港不容忍任何商業詐騙，執法機構不遺餘力打擊罪案，投入資源調查是必須的，司法公正不應貼上價格標籤。[47] 這一極度複雜案件的查辦彰顯了香港的法治和廉署的專業精神，受到社會各界的高度讚賞。當案件最終審結時，主審法官司徒冕表示：「我特別要表揚廉署人員在這項艱巨的任務中一直努力不懈、處事一絲不苟。本案之複雜程度，在本司法管轄區大概是前所未見的。成功破案有賴團隊的努力。對於廉署人員在這次調查行動中所表現的卓越技巧、專業才幹和鍥而不捨的精神，我在此致以最崇高的表揚。公眾都得感激他們。」[48]

對待涉及私營企業的極端複雜的案件，廉署一絲不苟地調查得清清楚楚，而對待涉及重要官員的貪污舉報，廉署以同樣嚴肅認真的態度調查。2012 年 2 月，有人向廉政公署舉報，時任香港特別行政區行政長官曾蔭權涉嫌多次乘坐富豪私人遊艇及飛機去澳門、日本及泰國布吉島遊玩，在租住富豪豪宅時也有收取不當利益之嫌。廉署決定立案調查。經過三年的調查，2015 年 10 月 5 日，曾蔭權被落案起訴兩項公職人員行為失當罪，獲准以現金十萬港元保釋外出。這是香港有史以來首位行政長官接受法庭審訊。而另外一位香港高官，

香港前政務司司長許仕仁因涉嫌任職期間接受新鴻基地產（簡稱「新地」）的利益輸送，而受到廉政公署的調查。2014 年 12 月 19 日，香港高等法院以觸犯《防止賄賂條例》和公職人員行為失當罪在內的五項罪名，判處許仕仁入獄七年半，並需向香港政府歸還 1182 萬港元涉案款。新地的聯席主席郭炳江、執行董事陳鉅源、港交所前高級總裁關雄生因串謀公職人員行為失當等罪，分別被判入獄五至六年。因案情複雜，廉署由 16 人組成的專案小組調查了四年之久，庭審又歷時 133 天，被香港律政司稱為「香港歷史上最重要的一宗刑事審訊」。保守估計，這場世紀審判的反貪成本已逾一億港元，是許仕仁涉貪金額的三倍多。[49] 主審法官麥機智在判刑時盛讚廉政公署的工作，他表示：「執法機關在處理漫長而艱巨的檢控工作時，往往會受到批評。本案調查工作之艱辛、準備功夫之繁重、細節之多，均是我從事法律工作 32 年以來前所未見的。廉署和控方處理本案時鉅細無遺、敏感度足，我在此確實要代表香港人感謝他們的努力和付出。」[50]

　　廉署在調查案件中也採取一切可行的措施，盡可能減少案情外洩的可能性。尤其是最初的秘密調查階段，廉署盡力縮小知情者的範圍。如在調查許仕仁案中，負責該案的廉署執行處助理處長余振昌後來透露，包括他本人在內最初只有三人參與調查，因為案件非常敏感，知道的人愈少愈好，涉案文件都由他親自影印和傳送。[51] 這種嚴格保密法對於查清案情意義重大，有人認為至少有兩點明顯作用：第一，以周密嚴格的方法進行廉政調查工作，能夠制服「道高一尺，魔高一丈」的行為。如果廉署不採取暗取證據的方法，而是把一切行動都公開，要獲得充分證據自然就困難得多。第二，對舉報者的保密如果做得不好，可能造成不可估量的損失，也可能影響能否將貪污者一網打盡。[52] 在秘密調查階段，當事人很可能對自己成為廉署調查對象還一無所知，調查工作更容易取得成效。當暗中搜集資料的任務完成後，廉署便會展開搜查嫌疑人住所、約談及拘捕嫌疑人等程序。

　　廉署嚴格的運作程序和習慣使得政府高層也難以隨意干預案件的調查。廉署自始至終奉行「須知便知」的原則，所有案件都會經過分類，再分派予不同調查組別負責。除非必要，否則一個調查組別的人員不會知道其他組別的人

員所調查的案件。[53] 即便是調查人員在廉署的上級也不得隨便過問。2001 年 3 月 18 日下午，香港練馬師簡炳墀因涉嫌賄選而被廉署拘捕，而當天上午，廉政專員湯顯明還和簡一起打高爾夫球。事後湯顯明非常尷尬，因為他對調查一無所知，才會出現廉署首長和一個即將被廉署逮捕的疑犯一起打球的「奇怪現象」。2012 年 7 月 1 日，麥齊光宣誓成為香港特別行政區第四屆政府的發展局局長，7 月 12 日，他就因涉嫌二十多年前不誠實申請領取房屋津貼的醜聞提出辭呈，並被廉政公署拘捕。廉署在這一「閃電式」調查行動中，全程沒有向時任特首梁振英彙報，只是在拘捕半小時前通知了梁振英，令梁措手不及。有人認為這種情況表明外部力量對廉署有滲透，[54] 實際上正是廉署及廉署調查部門的這種獨立性確保了反貪行動可以有效避免外部或內部的干預。

廉署的調查工作除得益於廉署工作人員嚴肅認真的工作態度、避免外界干預的工作程序外，與時俱進地不斷採用新的技術、手法也是廉署工作獲得進步的動力。其中以單面鏡認人、財務調查、採用電腦技術、秘密監控及派出臥底的手法最為突出。

1987 年，香港廉政公署在亞洲地區率先採用了單面鏡認人的設施。在此之前，證人在辨認疑犯時須在疑犯面前走過，然後指出疑犯。這種環境難免會給證人帶來心理壓力，讓一些人在配合調查時心中忐忑。採用新設施後，證人可透過單面鏡看到對方，對方則絲毫察覺不到證人的存在。而且在採用單面反光鏡設施進行認人程序時，單面反光鏡兩邊的活動都會被錄影。為了維護疑犯的合法權利，每次進行列隊認人程序時，疑犯有權要求律師在場陪同，並由一位獨立的太平紳士監察整個過程。[55]

香港作為一個發達的經濟體，貪污案件中涉及複雜金融交易的情況非常多，為了適應這種情況，廉署在 1999 年設立財務調查組，由曾經接受專業訓練的人員組成，專責協助前線調查人員分析相關會計和財務紀錄，以及追蹤資產。僅在 2005 年，該組便進行了 140 項財務分析及資產追蹤的工作，涉及 1160 宗交易，金額達 62.5 億港元。2011 年，財務調查組改組為法證會計組，由專業的法證會計師擴充廉署的調查隊伍。截至 2011 年底，法證會計組審查了 122 宗案件，涉及 300 名人士和公司，經分析的交易共 7581 宗，涉款總額

達 129 億港元。在許仕仁案中，該組審查了超過二百個來自不同金融機構的戶口，涉及七年的交易紀錄。[56]

隨着資訊科技的興起，電腦網絡在人們的日常生活中日益重要，借助先進的電腦技術調查案情也成為廉署必須的選擇。1999 年，廉署成立電腦資料鑒證小組，為前線調查人員提供檢取、保存和分析電子數據等方面的支持。在 2014 年一年中，該小組曾參與 157 項行動，協助處理行動中檢獲的電子裝置內所儲存的電子數據，共 151 兆位元組。[57] 2015 年，維基解密公開一段意大利黑客軟件公司 Hacking Team 的電郵紀錄，郵件顯示廉署曾接觸該黑客公司，表示對超級監控系統「伽利略」感興趣。廉政專員白韞六在回應記者提問時表示，廉署現時正諮詢該公司，以瞭解其產品。他強調，廉署必須有其獨特的偵查手法去打擊貪污活動，亦須掌握市場上最新的科技，以達到偵查的最佳效果。[58]

秘密監控可以提供確鑿的證據，在調查貪污案件中具有特別重要的價值。2000 至 2001 年間，房屋署一名負責新建屋邨的屋宇裝備工程合約和投標事宜的總屋宇裝備工程師，有索賄受賄的跡象。廉署的監視行動證實，他曾向多名與房屋署有業務往來的供貨商及承建商索取和收受巨額賄款。暗中安裝在他辦公室的隱蔽式攝錄機，一次錄得他坐在辦公桌前點算一疊疊貪污得來的鈔票。其後，他因收受 300 萬港元賄款而被捕，經審訊後被判囚七年，並須向政府歸還 260 萬港元。[59]

臥底是廉署對付貪污集團的利器。廉署擁有一批自願參與、經精心篩選、並通過心理測驗和接受密集式培訓的臥底人員，專門插入貪污集團或幫會的心臟。臥底人員在執行任務時，能做到當別人叫自己的真名時不回應，與涉嫌貪污的夥伴相處時不露出破綻。[60] 1991 年，在收到一宗涉及影視及娛樂事務管理處有人受賄發放遊戲機中心牌照的投訴後，廉署決定派出一名臥底調查員，假扮見習牌照主任到影視處工作。該名臥底調查員發現，他的兩名上司都配戴名錶、駕駛豪華房車，且投資內地物業。該名臥底調查員成功獲兩名上司招攬加入貪污集團，在六個月內共收到 30 萬港元的賄款，比其職位的兩年薪金還要多。案件最終被成功偵破，共有 15 人被定罪。[61] 1999 年，廉署展開一項代號

為「鵲橋仙」的臥底行動，調查一名涉嫌貪污的海關人員，懷疑他在一宗跨國犯罪案件中串謀非法取得護照和清洗黑錢。廉署利用與國際執法機關的聯繫，將一名能操俄語的美國海關人員假扮成俄羅斯「黑幫分子」，由參與行動的線人將其介紹予涉案的犯罪集團。行動進行期間，一個非洲國家的首席移民官在私下到訪香港時與該犯罪集團接觸。他在出售一本其國家的外交護照予一名假扮成毒販的廉署臥底人員時當場被捕。該犯罪集團的其他成員亦同樣落網，而該名貪污的香港海關人員則承認所有控罪，並提供證據指證其他同謀，當中包括兩名入境事務處人員。該名海關人員最終被判監四年半，而同案其他被告亦被判處入獄。[62]

第 四 節

懲戒貪污犯罪

　　按照香港廉政公署的工作流程，廉政公署完成案件的調查後，會將調查結果提交律政司審議，如認為值得檢控，就會予以起訴。犯罪者並非全部都會被檢控。根據律政司發出的指引，假如罪行性質輕微，而檢控並不符合公眾利益，因為檢控耗時較長且虛耗公帑，便可對當事人施行警誡。如屬於非貪污性質的案件會提交審查貪污舉報諮詢委員會，以便轉交其他部門予以紀律或行政處分。對於起訴中未能定罪的人士，也同樣會交由審查貪污舉報諮詢委員會討論，轉交相關部門予以後續處理。

　　以 2016 及 2017 年上半年為例，根據香港廉政公署網站提供的資料，2016年 1 至 6 月，共有 66 人被廉署檢控，13 人被警誡，59 人被定罪，此外還有 24名政府公務員被指行為失當，經審查貪污舉報諮詢委員會建議，送交公務員事務局局長及有關部門首長考慮作紀律處分或行政上的跟進。2017 年 1 至 6 月，100 人被檢控，74 人被定罪，25 人被警誡，另有 37 人被指行為不當，建議接受紀律 / 行政處分。（見下頁圖表 3-5）

　　從香港廉政公署歷年檢控的人數來看，在廉政公署剛剛成立的幾年中，每年檢控的人數相對較少，1974、1978 年檢控的人數分別只有 108、181 人，1979 年檢控人數達到 284 人，是廉署成立以來到當時為止檢控人數最多的一年。進入八十年代後，檢控人數屢創新高，1981、1987 年都超過了 500 人，1993 年創出了迄今為止最高的紀錄，當年廉署檢控的人數達到 643 人。但在多數年份中，檢控的人數為三四百人。1999 年到 2004 年是整體檢控人數較多的幾年，除 2003 年檢控人數為 421 人外，其他年份基本上都在 500 人左右或以上，2000、2002 年檢控人數均超過了 600 人。2011 年後檢控人數逐漸減少，此後幾年中，每年檢控的人數都只有二百餘人。（見下頁圖表 3-6）

圖表 3-5　2016 及 2017 上半年廉政公署檢控、警誡及建議處分情況統計表 *

	2016 年 1-6 月	2017 年 1-6 月	增長率
被檢控人數	66	100	+52%
已完成的檢控數目	92	87	-5%
被定罪人數	59	74	+25%
被警誡人數	13	25	+92%
建議接受紀律 / 行政處分的公務員人數	24	37	+54%

資料來源：香港廉政公署網站（http://www.icac.org.hk/tc/rc/figure/prosecute/index.html，瀏覽日期：2017 年 10 月 11 日）。

* 不包括與選舉有關的貪污投訴，根據歷年廉政公署年報統計，如檢控數字有修訂，則採用最後修訂數字。

圖表 3-6　1974 至 2016 年因貪污被廉政公署檢控的人數統計 *（單位：人）

年份	數量	年份	數量	年份	數量
1974	108	1988	404	2002	604
1975	218	1989	348	2003	421
1976	259	1990	303	2004	494
1977	272	1991	334	2005	356
1978	181	1992	337	2006	341
1979	284	1993	643	2007	353
1980	333	1994	323	2008	357
1981	509	1995	443	2009	342
1982	403	1996	393	2010	393
1983	466	1997	315	2011	283
1984	410	1998	382	2012	245
1985	302	1999	504	2013	220
1986	276	2000	608	2014	223
1987	514	2001	535	2015	213
				2016	199

* 根據歷年廉政公署年報統計，如檢控數字有修訂，則採用最後修訂數字。

　　在廉政公署檢控的案件中，《防止賄賂條例》第十條收入來源不明罪和公職人員行為失當罪成為針對公職人員貪污犯罪的有力武器。

　　在廉政公署成立初期，經常引用《防止賄賂條例》第十條打擊貪污，因為要證明個別的貪污行為往往困難重重，而制定這條法例的目標，就是要查明和沒收公職人員通過貪污行為所得到，而又未能向法庭作出圓滿解釋的非法利益。1974年，交通事務處一名退休駕駛考官所控制的資產超過100萬港元，而又無法作出圓滿解釋，被判入獄兩年半，並要交還約91萬港元予政府。一名退休刑事偵緝警署警長亦因為所擁有的資產與其公職薪俸不相稱而於1975年12月被裁定罪名成立，判監四年。法庭同時下令他須向政府交還超過600萬港元和繳付罰款。[63] 1980年，廉署就工務司署建築物條例執行處多名高級人員涉嫌貪污的案件展開調查。1981年1月，一名首席政府屋宇測量師被控多項貪污罪名，當中包括控制與其公職薪俸不相稱的金錢資源或財產，違反《防止賄賂條例》第十條。該名官員最終被判監三年，法庭更下令他須向政府交出約30萬港元。[64]

　　「公職人員行為失當」是九十年代後香港廉政公署對待官員貪腐的利器。公職人員行為失當罪涵蓋的貪污舞弊行為比賄賂更廣，涉案的公務員為使自己或他人得益而濫用職權，但又不一定涉及索取或接受利益。前副廉政專員郭文緯指出，從1996年起，廉署開始引用普通法中的「公職人員行為失當」概念來處理公職人員濫用職權以謀取私利的情況。首宗因干犯上述罪行而入罪的案件是政府產業署總產業經理濫用職權案。廉署在1998年接獲舉報，懷疑一名政府產業署總產業經理徇私舞弊，在未有申報下將價值1.56億港元的政府物業管理合約，外判予其親屬的公司。調查發現，該名總產業經理存心偏袒，不當地把一家小型保安公司納入通過投標資格預審的管理公司名單，再把兩份管理合約判給該公司，而該保安公司的持有人原來是該總產業經理的弟媳的兄長。雖然沒有證據證明當中涉及賄款，但他未有申報上述親屬關係，明顯涉及利益衝突。他被控四項公職人員行為失當罪，全部罪名成立，判監九個月。經控方上訴，他的刑期增加至30個月。[65] 第二宗個案涉及當時的酒牌局主席，他在審批過程中支持發牌予某申請人，該申請人聘用、負責申請的代表律師，

原來就是主席的女友，整個過程中，主席亦無申報上述關係。第三宗個案涉及一名公務員事務局的訓練主任，她將一份訓練教材合約批給自己的丈夫，審批過程中同樣沒有申報兩人的關係。這些個案的一個共同點，就是他們全都沒有申報利益，這一點構成「公職人員行為失當」的最重要元素。[66]

自 2000 年至 2015 年，廉署先後提出四十多宗涉及公職人員行為失當的檢控，其中超過 30 宗成功入罪，一些香港著名人士被判入獄。2001 年，廉署落案控告前立法會議員程介南，指他利用議員身份向康體發展局索取機密文件，繼而洩露文件資料，從而取得利益，被區域法院裁定公職人員行為失當等罪名成立，判入獄 18 個月。2009 年，香港大學醫學院前院長林兆鑫承認公職人員行為失當等罪名，侵吞 380 萬港元病人贈予港大的捐款，被判監 25 個月。2012 年，港大醫學院外科學系前系主任黃健靈涉挪用公款 73 萬元，以支付家傭兼司機薪金等，被裁定公職人員行為失當罪名成立，被判罰 240 小時社會服務令。[67] 2014 年，前政務司司長許仕仁也被裁定公職人員行為失當等罪名成立，判監七年半。案中三名同謀則被判監五至六年不等。這也是香港首宗引用串謀觸犯公職人員行為失當罪而被定罪的案件。[68]

不論公私機構，廉署均一視同仁，及時進行調查和檢控。僅 1988 年廉署就拘捕 705 人，包括 128 名公職人員和 577 名私營機構僱員，其中 58 名公職人員和 343 名私營機構僱員被檢控。[69] 廉署執行處在 2014 年共拘捕 560 人，包括 33 名政府人員。在因貪污而被起訴的 223 人中，私營機構僱員為 149 人，政府部門工作人員 24 人，公營機構僱員 30 人，涉及政府部門或公營機構的個別人士 20 人。[70] 幾乎在每一年的拘捕對象中，私營機構僱員均佔絕大多數。在廉署破獲的重大案件中，有不少屬於私營機構僱員涉嫌貪污的案件，如 1988 至 1994 年的香煙走私案、2008 年的珠寶零售商貪污案（一家大型珠寶零售公司的主席、行政總裁、財務董事和總經理等人因干犯貪污及相關罪行而被判五年以下監禁）、2008 至 2009 年的飲食業貪污案（11 名受僱於不同飲食集團、食肆和酒吧的廚師及一名食品供貨商，進行有組織的貪污活動）、2013 至 2014 年買賣窩輪貪污案（一名股票投資者涉嫌向一名銀行執行董事提供 2480 萬港元賄款，買賣俗稱「窩輪」的衍生權證，兩人因非法接受和提供利益，被

判處入獄七年）等。

2003 年，一名高級警司因接受下屬的妻子定期為他安排性工作者提供免費服務，而被裁定公職人員行為失當罪名成立，被判監三年。他其後上訴，獲減刑至兩年。終審法院駁回其定罪上訴時指出，被告身為警務人員，不論事發時是否正在當值，也理應對有組織的賣淫活動採取執法行動，而非從中獲益。被告未有履行其職務，屬嚴重失當行為，理應受法律制裁，而非紀律處分。[71] 前警司黃冠豪於 2011 年擔任灣仔分區指揮官期間，三度拉隊光顧相熟火鍋店，期間收取店方饋贈價值逾千元的洋酒及四千五百多港元的飲食折扣，之後他參與審閱該店的酒牌申請，因而被廉政公署檢控。黃於 2013 年在裁判法院被裁定公職人員行為失當罪成，判監一年，2015 年 3 月經上訴獲減刑至半年，但其定罪上訴則遭駁回。警隊勒令他提早退休。[72] 2006 年，從內地到香港城市大學留學的博士生陳靜被拘捕，起因是她希望得到考試題及答案而向教師行賄一萬港元。廉署接到教師舉報後將其拘捕，判入獄六個月。即使是涉及金額少得多的案件，廉政公署也會予以調查、檢控。如 2015 年 11 月，機電工程署空氣調節男督察涉嫌向一名見習技術員索取 1000 港元賄款，以在撰寫該見習員的工作表現評核報告時給予良好評價，協助對方申請理工大學辦公室助理的職位，而他最終涉嫌收取了 500 港元賄款，違反《防止賄賂條例》而被廉署起訴。[73] 儘管在後來的審判中，法官認為涉案雙方均未有將全部事實說出，故裁定被告罪名不成立，但對小數額貪污案件，廉署絕不會輕輕放過。廉署於 2013 年為收集公眾對貪污情況的看法，聘請市場研究公司調查。任職該公司的兼職問卷調查員許水鵬為騙取 450 港元報酬，虛構九份問卷及訪問三個非目標對象。在法庭審判中，被告承認九項欺詐及三項企圖欺詐罪，2015 年 1 月 13 日被判 200 小時社會服務令。[74] 2015 年 2 月 13 日，一名年輕男子向一名運輸署考牌主任提供 500 港元賄款，以求取得駕駛考試及格，被廉政公署拘控。被告在裁判法院承認控罪，被判入獄兩個月，行賄考牌主任的 500 港元充公。

在廉署的肅貪行動中，任何人，不論擁有何種背景、能力和資源，都無法逃脫廉署的調查和檢控。1994 年，廉署開始調查一宗與 1988 至 1994 年香煙走私案有關的賄賂案，揭發香港一家煙草公司的一名董事收受超過 3300 萬港元

的賄款，而案件更與黑社會有着千絲萬縷的關係。一名轉為控方證人的走私集團成員拒絕加入保護證人計劃，1995 年在新加坡遇害。廉署破獲該案後，罕有地在香港落案起訴數名黑社會成員，指他們在新加坡串謀殺害該證人。有兩人最終分別被判入獄 27 年和終身監禁，而案中其他被告則被控妨礙司法公正和行賄罪。針對此案其他疑犯所發出的拘捕令，至今仍然生效。[75] 1989 年 10 月，律政署首席檢察官兼署理副刑事檢控專員與兩名私人執業律師因涉嫌貪污被捕，令整個法律界為之震驚。該名署理副刑事檢控專員在當時的律政署掌管商業罪案組，而他一直收受該兩名律師的賄款，作為他在一些重大商業欺詐案件中操控或撤銷控罪的報酬。後來他棄保潛逃，利用假護照匿藏在菲律賓，但最終行藏敗露，被遣返香港。調查顯示，他通過各種精心策劃的手法，在香港、台灣、英國、澳洲、新西蘭等地掌控大批來歷不明的資產，價值超過 243 萬新西蘭元和 1600 萬港元，還有三幅新西蘭地皮及果園生意。他被裁定貪污罪名成立，被判入獄八年，並須把非法獲得的 1200 萬港元歸還予港府。後該律政署高官轉為污點證人指證那些曾與他串謀的人，他的刑期獲准縮短一年。[76]

即便疑犯暫時逃脫法網，廉署也會保持足夠的耐心，盡一切可能將貪腐分子緝捕歸案或追討其非法所得。廉署在偵破葛柏案時，發現當時駐守灣仔警署刑事偵緝科的警長張榮樹，曾與葛柏合夥貪污。當時一名督察月薪才一千多港元，而張榮樹擁有超過 318 萬港元資產，遠超其合法收入。但未雨綢繆的張榮樹早在 1973 年就申請提早退休，次年 3 月即離港前往台灣。廉署在 1975 年申請凍結張榮樹的多個銀行戶口，但張早有部署，將財產分予多名其他人士管有。廉署其後經過大量搜證才獲得證據，向法庭申請將該等財產管理人的資產充公。直至 2003 年 3 月，法院下令充公張榮樹的財產，總計約 400 萬港元的外幣及港幣存款，及一批 1976 年時估值 38000 港元的珠寶金飾，終於被納入政府庫房。而廉署至今仍在通緝張榮樹。[77] 葛柏本人貪污的贓款迄今仍未完全追回，因為不知他的行蹤和生死，但他仍在廉署的追討名單上。前執行處總調查主任黃國樑就此指出，「為何（葛柏）七三年的檔案我仍留着？就是因為未知他的生死。即使有消息說他死了，也要肯定是他本人，我們才會封存檔案。廉署成功之處就是堅持、永不放棄。」[78]

第 五 節

香港廉政風暴對澳門的影響

　　香港廉政公署雷厲風行，廉政風暴席捲香江，反貪成效令人刮目相看。飽受貪污困擾的澳門從香港的成功經驗中看到了希望，要求學習香港經驗、成立獨立反貪機構的呼聲此起彼伏。在強大的社會壓力下，澳葡當局從 1987 年開始正式就廉政問題進行立法。

　　1987 年 3 月，澳門立法會成立臨時委員會，商討制定「賄賂處分制度」和「撲滅貪污獨立委員會」法案。經過多次討論、修改，當年年底「賄賂處分制度」獲得立法會及澳督通過（即 14/87/M 號法律），「撲滅貪污獨立委員會」法案則被否決。澳門有了反貪法律，卻沒有執行反貪的部門。「賄賂處分制度」對非法行為的受賄、合法行為的受賄、主動行賄、利用影響力或虛假信用索賄、受賄等罪行進行了具體規定。該法律第七條「不合理的富有表象」規定，「倘現職或退休公務員本身或假借居中人擁有與其所收受或聲明的薪酬不相稱的財物或收益，而不提出如何擁有該等資產或收益的滿意解釋時，將按情況而定受革職或喪失退休金的處分」；「對維持超過其職級薪酬所容許之生活水平的現職或退休公務員，倘不能證明其所有的資產或收益之合法來源時，亦將受同樣處分」。明顯可以看出該條文有香港《防止賄賂條例》第十條收入來源不明罪的影子，處罰的輕重卻明顯不同：澳門只需革職或剝奪退休金，而香港則要視不同情況監禁三至十年、罰款 10 至 50 萬港元。

　　1988 年澳門立法會重啟建立反貪機構的立法工作，克服重重阻力後，1990 年 7 月，「反貪污暨行政申訴高級專員公署」法律草案獲立法會表決通過。兩個月後，該法案刊登政府公報（即第 11/90/M 號法律），反貪機構的正式名稱改為「反貪污暨反行政違法性高級專員公署」。市民寄予厚望的反貪公署成立後，澳門的反貪形勢並未發生根本變化，貪污問題仍然日趨嚴重。在

香港行之有效的反貪機構為何在澳門無法發揮效力？原因主要在於，澳門反貪公署模仿了香港廉政公署的外在形式，卻沒有獲得香港廉政公署那樣的權力。反貪公署沒有獨立的犯罪調查權，無權拘捕任何貪污嫌疑人，無權扣留貪污嫌疑人的護照及其他旅行證件，也無權阻止貪污嫌疑人處置其財產，更無權決定是否拘捕和起訴這些嫌疑人。1992 年年中，反貪公署高級專員薛克向澳門法庭提交申請，要求調查負責經濟事務的某前政務司的銀行賬戶。但法官拒絕了這一請求，聲稱反貪公署只有權調查「行政性質的事務」，而「不能干涉個人的私生活」。[79] 有學者指出：「澳門反貪公署成立前，立法會就拔除了它反腐敗的牙齒。它修訂了反貪公署組織法，不許它檢查嫌疑人的銀行賬戶，也不允許它擁有拘留權、搜查權和扣押權。這些權力是香港廉政公署獲得成功的重要因素。反貪公署不得不與警察合作來拘捕疑犯，而警務部門是一個可能的貪污單位。」[80]

澳門反貪公署之所以沒有獲得香港廉政公署那樣的權力，主要原因在於澳葡當局及政府、立法會中的上層人士自己就與貪腐行為脫不了干係，一旦賦予反貪機構較大權力，他們擔心自己可能成為調查的對象。因此，在制定廉政法律的過程中，一些人質疑即將成立的反貪機構權力過大，原來的草案賦予反貪機構類似香港廉政公署那樣的重要權力，包括獨立的犯罪調查權、直接獲取機密金融資料權及搜查、拘捕權，「但是這些有爭議的權力由於更加保守的立法議員的強烈反對而很大程度上被削弱。」[81] 政府及立法機構人員自身不廉潔，便不可能下決心反貪，不會制定將足夠的權力授予反貪機構的法律。

這種情況在澳門回歸後發生了變化。新成立的澳門特區政府和立法機構順應市民的要求，在很短的時間內，通過了擴大澳門廉政公署權力的法律。[82] 2000 年 8 月 7 日，澳門立法會在不足一小時的時間內，一致通過了《廉政公署組織法》，全程沒有異議，沒有棄權或反對票。[83] 組織法賦予廉政公署前所未有的權力，包括賦予調查員刑事警察的身份，以及增加了拘留、搜查、搜索、扣押、配槍等權力，允許廉署增聘更多人員以調查貪污活動。澳門廉署自此由以往人們所稱的「無牙老虎」變成了有尖牙利齒對付貪官的「有牙老虎」。[84]

同香港廉政法律賦予廉政公署的權力相比，澳門廉政公署獲得的法律授

權仍嫌不足。如廉政公署檢查疑犯銀行賬戶的權力仍受到限制，廉署未經同意不能調查涉案公務員的賬戶，而調查範圍以往只處理政府內部的貪污行為，並未擴展至私人商業領域。[85] 在後來發生的澳門運輸工務司司長歐文龍巨貪案中，澳門廉政公署本來已經接獲與該案有關的線索，但受制於調查權限，無法掌握匯款確實的最終地點和收款人身份，導致無法追查。儘管澳門廉政法律對廉政公署的授權不像香港那麼充分，卻仍然對澳門廉政形勢的改善發揮了重要作用。2000 年 2 月，一項由澳門大學進行的民意調查顯示，接近 70% 的市民認為，澳門回歸前貪污情況非常嚴重。2000 年到 2005 年間的幾次民意調查顯示，自從澳門回歸後，澳門市民有三分之二以上的人認為澳門整體上廉潔，多數官員能廉潔自律；對反貪機構的評分從回歸前的 45 分上升到 65 分左右。「透明國際」2006 年首次將澳門納入評價範圍，澳門清廉指數在亞太區 25 個國家及地區中排第六名，僅次於新西蘭、新加坡、澳洲、香港及日本；在全球 163 個國家及地區中，排第 26 名。2007 年受歐文龍事件的影響，在全球 180 個國家及地區的排名中，澳門從 2006 年的第 26 位降到第 34 位，但在亞太區 25 個國家及地區，澳門依然保持了第六位的排名。澳門治貪的經驗也印證了香港廉政法制和反貪機構的有效性。[86]

註釋

1　H. J. Lethbridge, *Hard Graft in Hong Kong: Scandal, Corruption and the ICAC*, Hong Kong; New York: Oxford University Press, 1985, p.226.

2　香港廉政公署：《執行處　反貪歲月 40 載：與民攜手　共建廉政（1974-2014）》，第 16-17 頁。

3　Lethbridge, op. cit., p.128.

4　Lethbridge, op. cit., p.126.

5　張俊峰：《反貪停不了 ── 廉政公署啟示錄》，香港：三聯書店（香港）有限公司，2010 年，第 70-71 頁。

6　Lethbridge, op. cit., p.124.

7　同註 5，第 72 頁。

8　Lethbridge, op. cit., pp.134-136.

9　Lethbridge, op. cit., pp.137-139.

10　Lethbridge, op. cit., p.141.

11　Lethbridge, op. cit., p.142.

12　同註 5，第 78 頁。

13　Lethbridge, op. cit., pp.143-144.

14　同註 5，第 80-81 頁。

15　同註 2，第 21 頁。

16　Lethbridge, op. cit., pp.151-152.

17　徐家傑：〈廉署浪漫的歲月：歷任專員之一　姬達〉，《太陽報》，2001 年 8 月 18 日。

18　香港廉政公署：《總督特派廉政專員 1978 年年報》，第 2 頁。

19　Lethbridge, op. cit., p.150.

20　同註 5，第 86 頁。

21　同註 5，第 75 頁。

22　Lethbridge, op. cit., p.140.

23　同註 5，第 83-84 頁。

24　Lethbridge, op. cit., p.124.

25　〔英〕諾曼 · J · 邁因納斯（Norman Miners）著，伍秀珊等譯：《香港的政府與政治》，上海：上海翻譯出版公司，1986 年，第 103 頁。

26　香港廉政公署：《總督特派廉政專員 1986 年年報》，第 13 頁。

27　香港廉政公署：《香港特別行政區廉政公署 2014 年年報》，第 41 頁。

28　同註 2，第 96-97 頁。

29　同註 2，第 97 頁。

30　香港廉政公署：《總督特派廉政專員 1989 年年報》，第 22 頁。

31　同註 2，第 15 頁。

32　香港廉政公署：《凝聚群力　共建廉政（廉署三十週年特刊）》，2005 年 2 月，第 67 頁。

33　香港廉政公署：《總督特派廉政專員 1981 年年報》，第 80 頁；《總督特派廉政專員 1989 年年報》，第 65 頁。

34 香港廉政公署：《香港特別行政區廉政公署 2004 年年報》，第 32 頁。

35 香港廉政公署：《香港特別行政區廉政公署 2013 年年報》，第 18 頁。

36 《信報財經月刊》，1985 年第 9 卷 9 期，第 128 頁。

37 香港廉政公署：《總督特派廉政專員 1985 年年報》，第 13 頁。

38 香港廉政公署：《總督特派廉政專員 1981 年年報》，第 18-19 頁。

39 香港廉政公署：《總督特派廉政專員 1992 年年報》，第 11 頁。

40 香港廉政公署《香港特別行政區廉政專員 2001 年年報》，第 31 頁。

41 同註 35，第 35 頁。

42 同註 27，第 14 頁。

43 香港廉政公署：《總督特派廉政專員 1979 年年報》，第 50-51 頁。

44 同註 27，第 25 頁。

45 香港廉政公署：《香港特別行政區廉政公署 2011 年年報》，第 33 頁。

46 〈廉署佳寧案內幕大解密　鍥而不捨追查 17 年　多項紀錄創廉署之最〉，香港《文匯報》，2005 年 5 月 3 日。何亮亮：《零容忍 —— 香港廉政公署 40 年肅貪記錄》，北京：中國友誼出版公司，2012 年，第 62 頁。

47 何亮亮：《零容忍 —— 香港廉政公署 40 年肅貪記錄》，第 58 頁。

48 同註 2，第 113 頁。

49 〈香港打虎記：廉署歷時四年調查前政務司長貪腐案〉，《中國新聞週刊》，2015 年 2 月 6 日。

50 同註 2，第 114 頁。

51 Emily：〈查許仕仁案　廉署高層自己影印〉，《明報》，2015 年 3 月 11 日。

52 東方淳：〈廉政工作貴在堅持〉，《大公報》，2008 年 5 月 25 日。

53 同註 2，第 14 頁。

54 紀碩鳴：〈北京秘密報告　揭英國勢力滲透廉署〉，《亞洲週刊》，2013 年 6 月 2 日，第 44-46 頁。

55 香港廉政公署：《執行處　反貪歲月 40 載：與民攜手　共建廉政（1974-2014）》，第 89 頁；張俊峰：《反貪停不了 —— 廉政公署啟示錄》，第 26 頁。

56 同註 2，第 100-101 頁。

57 同註 2，第 102 頁。

58 〈白韞六稱廉署要掌握新科技〉，《大公報》，2015 年 7 月 20 日。

59 同註 2，第 39 頁。

60 同註 5，第 69 頁。

61 同註 2，第 36 頁。

62 同註 2，第 36 頁。

63 同註 2，第 17 頁。

64 同註 2，第 24 頁。

65 同註 2，第 37-38 頁。

66 郭文緯：〈論利益衝突和公職人員行為失當〉，《星島日報》，2013 年 8 月 14 日。

67 〈廉署打貪不乏高官名人入罪〉，《東方日報》，2015 年 10 月 6 日。

68 同註 2，第 45 頁。

69 聶振光、呂銳鋒、曾映明：《香港廉政》，廣州：廣東人民出版社，1991 年，第 150 頁。

70 同註 27，第 42、93 頁。

71 同註 2，第 38 頁。

72 〈黃冠豪勒令提早退休〉，《東方日報》，2015 年 12 月 28 日。

73 〈機電署督察涉索賄 500 元〉，《太陽報》，2015 年 11 月 18 日。

74 〈假填廉署問卷　調查員判服務令〉，《明報》，2015 年 1 月 14 日。

75 同註 2，第 32 頁。

76 香港廉政公署：《執行處　反貪歲月 40 載：與民攜手　共建廉政（1974-2014）》，第 28-29 頁；香港廉政公署網頁：《律政高官受賄案》，載自：http://www.me.icac.hk/new/4436/case09.html（瀏覽日期：2017 年 10 月 11 日）。

77 廓文祖：〈葛柏手下張榮樹 400 萬財產歸庫房〉，《成報》，2003 年 6 月 4 日。

78 同註 32，第 58 頁。

79 Lo Shiu-hing, Bureaucratic Corruption and Its Control in Macao, *Asian Journal of Public Administration*. Vol.15, Issue1, 1993, pp.46-47.

80 Eilo Yu Wing-yat, Corruption and Anti-Corruption in the Macao Special Administrative Region, The 2nd Cross-Strait Conference on Public Administration Policy Challenges in the 21st Century, organized by the University of Macau, 12-13 May 2006. 載自：http://umir.umac.mo/jspui/bitstream/123456789/12596/1/832_0_Corruption%20and%20Anti-Corruption%20in%20Macao%28up-dated%29.doc, p.12.（瀏覽日期：2017 年 10 月 11 日）。

81 羅文強：〈過渡期香港和澳門對貪污腐敗的遏制〉，見余振編：《雙城記 —— 港澳的政治、經濟及社會發展》，澳門：澳門社會科學學會，1998 年 7 月，第 176 頁。

82 澳門回歸後在原反貪公署的基礎上組建了新的反貪機構 —— 澳門廉政公署。

83 〈特府游說奏效　議員疑慮全消　廉政公署法案獲一致通過〉，《華僑報》，2000 年 8 月 8 日。

84 〈廉署今具條件成有牙老虎〉，《澳門日報》，2000 年 8 月 8 日。

85 Sonny Lo Shiu-hing, Ethical Governance and Anti-Corruption in Greater China: A Comparison of Mainland China, Hong Kong and Macao, paper presented at The 2nd Cross-Strait Conference on Public Administration: Policy Challenges in the 21st Century, 13 May 2006. 載自：http://www.cpsa-acsp.ca/papers-2006/Lo.pdf, pp. 4-5.（瀏覽日期：2017 年 10 月 11 日）。

86 有關澳門廉政制度發展、演變的詳情，參閱孟慶順：《澳門廉政制度研究》，北京：中國方正出版社，2013 年。

貪污賄賂行為發生頻率較高的地方，通常存在着較為嚴重的制度和程序上的漏洞，為營私舞弊提供了方便。有鑒於此，香港廉政公署將預防與執法、教育並列為三管齊下的反貪策略。廉署在建立完善的防貪工作程序、構建政府與公營機構的反貪制度及為私營機構提供防貪策略諮詢方面都有自己的獨到經驗。

4

堵塞貪污漏洞

第 一 節

香港防貪工作的管理與程序

香港負責防貪工作的機構是廉政公署的防止貪污處。根據《廉政公署條例》第十二條的規定，廉政專員的職責中包括下列三項與防貪有關的內容：

一、審查各政府部門及公營機構的工作常規及程序，以利便揭露貪污行為，並確保廉政專員認為可能助長貪污的工作方法或程序得以修正；

二、應任何人的要求，就有關消除貪污的方法向該人提供指導、意見及協助；

三、向各政府部門或公共機構首長建議，在符合政府部門或公共機構有效執行職責的原則下，就其工作常規或程序作出廉政專員認為需要的修改，以減少發生貪污行為的可能性。

審查工作程序、提供防貪諮詢、提出防貪建議這三項工作就成為防貪處的法定職責。

防貪處由一名處長執掌，轄下有兩名助理處長協助執行職務。每名助理處長各領導三個審查工作組，負責多個政府部門及公營機構的審查工作。此外防貪處設有私營機構顧問組，應私營機構的要求提供防貪建議。

與規模龐大的執行處相比，防貪處的人員編制要精簡得多。1999 年底，香港廉政公署在職人數為 1299 人，其中防貪處只有 58 人，在整個廉署中的比例只有 4.45%，是廉署三個處中規模最小的處。[1] 2014 年，廉署在職人員共1358 人，其中防貪處工作人員為 61 人，佔所有工作人員的比例仍為 4.45%。[2] 儘管工作人員數量不多，但均為在不同領域具有高深素養的專業人員，包括專業會計師、核數師、工程師、測量師、信息科技專業人員，以及具備廣泛公共行政經驗的前任公務員等。

香港是世界上第一個設立防貪機構的地區，之所以成立防貪處，是因為香

港反貪部門認為在打擊貪腐工作中，預防勝於治療，有效的防貪措施可以堵塞貪污漏洞，不僅會降低成本，而且具有良好效果。香港防貪工作的成果也證明了這一點。

香港防貪策略依其主要職責體現在相互聯繫的三個方面：

首先是對政府和公營機構工作程序進行深入的防貪審查，設法堵塞潛在的貪污漏洞。防貪處會優先跟進從以下途徑發現的貪污風險：

一是貪污舉報或執行處調查的案件，如果在某一段時間有關某一領域的問題較為集中，負責這一領域相關工作的政府機構及其工作程序就會成為防貪處優先審查的目標。任職香港廉政公署三十多年的前防貪處處長陳志新，曾談到他印象最深的防貪工作：在七十年代時，香港市民為了學車考牌拿駕照，經常會有人向考官行賄。廉署防貪處對這種情況進行了調查，在審查交通部門考牌的程序之後，發現其中存在貪污漏洞：一方面考官的權力很大，另一方面考場與考官的信息會提前公之於眾，為駕校與考官私下聯絡提供了方便。防貪處建議，不能預先公開考場的考官名單，每天考官去哪個考場主考，由抽籤決定。這些措施彌補了以往的不足，再加上嚴厲規範了考場紀律，行賄考官的現象就大幅減少。[3] 警務處的特別職務隊專責打擊毒品、賣淫及非法賭博等犯罪活動，往往成為經營者提供賄賂以換取警方行動情報的目標。防貪處對相關案件進行研究並審查了該隊的工作程序後，提出了一系列防貪建議：特別職務隊的指揮官應在行動進行前一刻，方可讓隊員知曉掃蕩地點和行動細節；不應指派同一隊員在同一地區作臥底行動超過兩至三個月，以防其身份洩露。倘若區內賣淫及毒品問題嚴重，警隊應安排其他警區的特別職務隊執行跨區掃蕩行動。防貪處還建議警隊應禁止特別職務隊隊員在執行行動期間使用私人手提電話。[4] 1998 年及 1999 年初，香港公務員宣佈破產的個案大幅上升，使人擔心嚴重負債的公務員或會因急於清還債務而不惜貪污舞弊。有見及此，防貪處挑選了七個政府部門進行研究，發現它們在監督和輔導嚴重負債的公務員方面，有不同的標準和做法。防貪處建議公務員事務局檢討有關的《公務員事務規例》及政策，以便更有效地管理嚴重負債的公務員。各部門也應主動行動，向嚴重負債者提供適當的輔導，並密切監察他們的工作表現和操守。防貪處也

建議各部門向其員工提供審慎理財的教育，公務員事務局則應密切注視公務員的負債問題及監察各部門處理負債員工的方法。[5]

二是某些新近發生的案件，雖然數量不多，但有可能成為一類新型、多發的貪腐行為，防貪處也會非常重視。如二十世紀九十年代末，香港製造和售賣盜版光碟的非法活動甚為猖獗。在一名海關高級官員因向外洩露行動情報而被檢控後，防貪處就光碟製造商申領牌照的制度，以及調查盜版光碟罪行的監視和掃蕩程序進行審查研究。防貪處建議，海關應將投訴組接獲的所有電話投訴錄音，而分組指揮官應確保所有投訴個案均獲迅速跟進和處理。為防止製造商生產盜版光碟，海關應加強對持有牌照的工廠進行突擊檢查。其他的建議包括要求在突擊搜查行動簡報會後所有領隊及組員必須留在一起及禁止使用私人手提電話，以防有人通風報信。[6] 1993、1995 及 1996 年，廉署執行處先後調查了三宗與懲教署善後輔導相關的案件，案件表明有關工作程序存在貪污漏洞。按照規定，在教導所、勞教中心及戒毒所服刑的人士在某些情況下可提早獲釋，但在獲釋後的一段指定時間內須接受懲教署的善後輔導主任監管，並須遵守監管令的條款。倘若受監管者違反了監管條款，就要返回懲教所繼續服刑，直至刑滿為止。善後輔導主任須定期在受監管者的住所、工作地點或附近地方與他們單獨會晤。這三宗案件顯示，一案中的善後輔導主任曾濫用職權，向一名受監管者借貸，而另兩案中的善後輔導主任則向受監管者的女朋友索取性服務。防貪處審查了懲教署的相關工作程序並提出了改進的建議：建議懲教署向善後輔導主任發出指引，提醒他們不得向受監管者或其親屬索取或收受禮物及奢華的款待。輔導主任若需與受監管者的女友會面，應盡可能使用懲教署的輔導中心或在一名女懲教署人員陪同下進行。防貪處同時建議，倘若善後輔導主任需要更多時間去尋找與他失去聯絡的受監管者的下落，或要考慮豁免受監管者就業的要求，都必須事先向高級懲教主任提交充分理據並取得其書面批准。至於懲教署為檢查受監管者有否重染毒癮而進行的尿液測試，防貪處建議高級懲教主任應隨機收集受監管者的尿液樣本，以核對善後輔導主任所收集的樣本。[7]

其次是向各政府部門或公營機構首長提出防貪的建議。

防貪處一直監察公共政策、法律和政府措施的發展，向政府決策局、部門

及公營機構提供適時的建議，以確保在制定有關政策之初已預設防貪措施。防貪處與政府部門、公營機構的官員會進行定期會晤，交流防貪信息及意見，防貪處會將發現的問題通報對方，以引起有關部門的注意，政府部門也會將他們的疑慮及問題告知防貪處，尋求防貪處的幫助。如有一年，廉署執行處發現外國駕駛執照轉換為香港駕駛執照的程序存在貪污機會，運輸署長請求防貪處就這一問題提供防貪建議。防貪處經過詳細調查，發現有人利用外國駕照可以轉換為香港駕照的漏洞，藉機在國外短暫停留，以獲取外國駕照，有人甚至在香港購買偽造的外國駕照，換取香港的駕駛執照，以避免長時間的輪候和考試失敗。人民入境事務處檢查了200位此類可疑駕照的持有人，結果發現竟有129人在此前一年中從未離開過香港。防貪處工作人員在三個月內完成了審查報告，提出了堵塞漏洞的建議。該報告經防貪處不同職級官員的審閱，再送交防止貪污諮詢委員會審查，最後向立法機構提出修訂法案。在防貪處接受該任務18個月後，新法例正式生效，海外駕照不能自動獲准換領香港駕照，這個貪污漏洞被堵截了。[8]

防貪處不僅留意已有的貪腐行為，而且未雨綢繆，特別注重防範因社會環境、政府政策、法例的轉變及科技的發展而可能出現的潛在貪污機會。像赤鱲角新機場核心工程和換領智能身份證這類投資巨大的計劃，一開始便能夠在完善和高度透明的制度下運作，把貪污風險減到最低。[9]大型基建項目涉及巨額資金，特別容易誘發腐敗行為，廉政公署會採取「案前預防」、「同步預防」的策略，從工程開始籌劃、招標、定標、施工等環節，全程介入及協助、監督有關部門和工程承建商建立防貪機制。在造價高達2000億港元的香港新機場建設項目中，廉政公署自始至終介入該項目的防貪工作，結果該工程未曾發現過一宗貪污舞弊案件，受到「透明國際」的高度肯定。[10]

再次，是為有需求者提供防貪諮詢。任何人，不論是公營機構還是私營機構都可以就防貪問題尋求廉署防貪處的幫助，防貪處十分樂意協助它們改善機制及程序，杜絕貪污。

政府部門在擬訂新法例、籌劃新政策或大型基建項目時，會主動向防貪處諮詢。如在2010年內，由防貪處提供防貪諮詢服務的政府大型發展項目就

包括了啟德新郵輪碼頭、屯門淤泥處理設施、荷李活道前已婚警察宿舍活化項目及私立醫院發展的土地編配等。為確保這些項目的招標程序符合公平的原則，防貪處提供全面的防貪服務，不單就招標文件和評標程序給予意見，並在適當情況下，派代表以觀察員身份出席有關項目的投標書評審委員會，在評標過程中提供防貪意見。[11] 政府決策局和其他部門在草擬新法例時，也會諮詢該處，以確保法例不會引致貪污機會。2000 年，防貪處曾進行 278 次該類諮詢工作。[12]

　　私營機構同樣也受到貪污問題的困擾，不少私營公司也就貪污問題尋求防貪處的幫助。如在 2014 年一年中，防貪處共向私營機構提供 460 次防貪建議，並按照服務承諾，在兩個工作日內回應所有服務要求，分別為私營機構的採購職能、建造業和飲食業編製三套防貪培訓教材。[13] 防貪處還針對私人企業經常出現問題的範疇編製多套《防貪錦囊》，以減少貪污的機會。1999 年，防貪處共編製了八套新的錦囊，範圍包括建造業工作程序原則、質量控制測試、零售促銷計劃、處理合約索償程序、電訊服務供應商客戶資料的保密、付款程序、銷售收入及銀行貸款程序等。連同 1998 年製作的《防貪錦囊》，在 1999 年底，防貪處共有 19 套可供私營企業索閱的《防貪錦囊》。《防貪錦囊》手冊免費派發予公眾，自推出後一直廣受歡迎，尤以一些缺乏資源或能力設立內部監管系統的中、小型企業為甚。[14]

　　在上述三項工作範圍內，防貪處做了大量工作，有效防範了可能發生的貪污風險。防貪處每年都會做許多審查工作，為眾多防貪諮詢者提供防貪建議。以 1999 年為例，防貪處就公營機構的工作程序等共完成 106 項詳盡的審查研究，包括六個與機場及十個與建造業有關的項目；向有關機構提供防貪建議 259 次。[15] 2000 年，防貪處共完成 106 項審查研究，其中 71 項與各政府部門的工作有關，35 項與公營機構有關。審查研究的內容包括公共採購程序、員工管理、執法工作、合約管理、發牌及監管制度。[16] 2014 年防貪處完成 68 項審查工作報告，當中 36 項關乎政府決策局和部門的工作，其餘 32 項則與公營機構、政府資助機構和其他機構的運作有關。審查範圍包括執法、公私營機構的採購制度、外判服務、公共工程項目、政府資助計劃和規管制度等。據防貪

處前處長陳志新提供的數據，從七十年代到 2008 年廉署一共做了三千多宗審查，檢查政府工作程序，提出改善建議，減少貪污機會。平均每個報告有七至八條建議，加起來有數萬條建議，超過 90% 的建議在一年之內落實。[17] 有效的防貪工作成為香港廉政公署獲得成功的關鍵因素之一。

第二節

香港政府與公營機構防貪網絡的構建

由於掌握較多的權力和社會資源，政府部門和公營機構成為香港廉政公署防貪工作的重點，廉政公署投入大量精力用於審查這些部門的工作程序並提出改進的建議。雖然防貪處在防貪工作中具有豐富的經驗，並發揮着主導防貪工作的作用，但政府部門與公營機構並不是被動等待廉政公署的指導，在防貪工作中防貪處與政府部門和公營機構通過不同層面的關係共同構建起一個有效的防貪網絡。

在防貪工作中，廉政公署與政府部門、公營機構的管理層建立起密切的夥伴關係。廉政公署認為，各個部門尤其是其管理層對本部門的防貪負有不可推卸的責任和義務，同時他們對本部門可能存在的貪污漏洞認識更深，因此發揮各部門的積極性對於防貪工作具有重要意義。1978 年廉署完成了香港首份《公務員責任承擔報告書》，強調上級須對下屬重複或嚴重的失誤承擔責任。多個部門以此為綱，加強問責和監察機制，希望在剷除集團式貪污之後，重新建立公務員隊伍的正面形象。[18] 具體措施就是廉署與各政府部門及公營機構成立防止貪污工作小組，找出各部門容易引致貪污的範疇及制定防貪策略。防止貪污工作小組由部門首長任主席，廉署高層定期與其開會，確定近期的審查重點；同時每個部門都設有一位「誠信主任」，由副職首長擔任，其職責就是推動部門誠信意識培訓。「我們的策略，是要部門擔起責任，防貪也是部門的責任，他們要確保自上而下的防貪策略。廉署當顧問，問責在你。」[19]

反貪防貪的責任、義務促使政府部門採取主動行動，與廉署攜手防貪。據廉政公署提供的資料，近年政府部門和公營機構設立的防貪策略小組不斷增加，其成員與廉署人員定期會面，擬定工作範疇。各部門推行防貪工作均非常積極，以警務處為例，不但許下「絕不姑息貪污」的承諾，更成立了反貪污策

略督導委員會，邀請廉署派員參加，合力制定警隊的反貪策略。[20]

　　廉政公署與政府部門合作防貪具體表現在兩個方面：一是對所有公共服務的主要範疇，如執法工作、發牌及監管制度、採購、合約管理、人事管理及工務工程等，進行防貪審查研究，並提出改善建議。到目前為止，防貪處幾乎對所有政府部門及大部分公營機構的主要工作程序進行過防貪審查研究。二是為政府部門和公營機構僱員舉辦研討會和工作坊，提高他們的防貪意識及推廣最佳工作常規。內容包括部門直接採購事宜、公共樓宇管理、合約管理、處理欠債職員等。

　　廉政公署在相關部門的密切合作下，就各部門的工作程序提出防貪建議。以茶餐廳發牌程序為例，廉政公署發現，經營一家茶餐廳需要經過衛生、防火、屋宇安全等多道程序，往往兩三年都拿不到牌照，導致從業者要向有審批權限的官員行賄，以期早日滿足經營條件。廉政公署提出，有關部門應該集中「一站式」辦公，審批時間就會大幅縮短，一般六個月就可以拿到牌照。經過一段時間的試驗，廉署認為這個措施仍未足夠，還可進一步改善，他們建議政府簽發臨時牌照，只要符合主體要求，就可以先行開業。過程簡化之後，貪污機會也隨之減少。因此，廉署在提出改善措施時，除了強調公平、公正、公開三個原則，還將簡化程序、減少官僚主義放在重要位置。[21]

　　廉署的防貪建議既要堵塞貪污漏洞，又要避免增加政府部門的負擔，做到效率與防貪的統一。防貪部門發現，找到政府工作程序中的問題相對容易，但要提出恰當的建議更為困難。如果不能在防貪、部門工作效率和市民訴求之間保持平衡，提出的建議有可能導致程序複雜化，延誤政府施政，降低效率。如為了防貪，凡事都要首長同意、簽字，必然會影響效率。[22] 為防止這種情況出現，廉署一方面提高對本部門工作人員的要求，防貪處聘用了工程師、會計師等專業人士，有能力找到問題所在並提出切實可行的對策建議，另一方面也通過與相關部門的溝通改善防貪建議。

　　防止貪污諮詢委員會在協調廉署與政府部門、公營機構及私營機構的關係，改善防貪建議方面發揮着特別重要的作用。作為就防貪工作向廉政專員提供意見的機構，委員會轄下有七個專責小組，負責監察防貪處六個審查工作組

及私營機構顧問組的工作。防止貪污諮詢委員會有三項職能：一是聽取及要求廉政公署報告有關政府部門、公營機構及私營機構在工作常規及程序上可能助長貪污的地方，並向廉政專員建議應予以審查的項目及審查的先後次序；二是研究根據審查結果而提出的各項建議，並就進一步行動向廉政專員提供意見；三是監察根據諮詢委員會的意見而提出的建議的實施情況。每年諮詢委員會都會有很多活動，以 1999 年為例，當年委員會共舉行 12 次會議，審閱了共 106 個由防貪處提交的詳盡工作報告，內容涉及 77 個政府部門及 29 個公營機構的工作。委員會對每個工作報告都詳加研究及考慮，以確保所提建議可加強監察有關機構的工作程序，促進良好管理及有效地杜絕貪污舞弊的機會。小組委員會負責就審查工作的優先次序提供意見，並監察工作的進展，檢討受審查機構推行防貪建議的實施情況。[23]

以近年廉政公署較為關注的建造業的防貪以及廉署在防範公職人員利益衝突的努力，可以看出防貪處的工作模式。

隨着香港經濟、社會的發展，進入二十一世紀後香港迎來了建造業的飛速發展時期，高鐵、港鐵沙田至中環線等十大基建工程相繼展開，政府每年的基建項目支出大幅飆升，2005 至 2006 年度只有 290 億港元，2012 至 2013 年度就激增到 620 億港元。估計到 2023 年前，香港建造業每年開支會達到 1800 億港元。建造工程不但涉及龐大資金，而且過程複雜，既涉及政府部門的監管和公帑的支出，又牽涉到眾多私營建造商之間激烈的行業競爭，容易出現貪污舞弊，嚴重者甚或影響建造質量和公眾安全。[24] 香港建造業舞弊的情況確有增長的趨勢，1999 年涉及建造業的貪污投訴，幾乎佔了私營機構舉報總數的 10%。多宗公屋打樁工程不合標準的貪污案引起市民廣泛關注，也成為當年廉署集中調查的大案。[25] 因此，如何保證香港公共工程的廉潔成為廉政公署的一個工作重點。

因為公共工程一直是廉政公署關注的問題，防貪處在工程之前就透過審查研究和諮詢服務向相關的政府決策局、部門和公營機構（例如香港鐵路有限公司）提供適時的防貪建議，確保在公共工程合約的管理程序中已經做好足夠的防貪措施。在重大工程中，防貪處還派員參與投標委員會擔任觀察員，以確保

投標程序進行得當，並在有需要時即場提供防貪意見。[26]

　　針對正在進行的各類工程，廉政公署根據不同情況提出有針對性的防貪建議。由於發生眾多公屋貪污案件及涉及地盤人員串謀承建商偷工減料的投訴，防貪處向負責監管的房屋署提出從樁柱工程、地盤視察到新樓宇驗收等不同環節的防貪措施。在樁柱工程方面，廉署建議委任獨立試驗所進行承重測試，並對有關測試加強監察；在房署的稽核程序中加入突擊巡查和樁柱測試。在地盤視察方面，防貪處建議工程監督人員抽查及核實監工所呈交的巡視報告，防止出現質量低劣或不符合規格的工程；結構工程師和建築師應作更頻繁的地盤巡視，以監察工程質素和地盤人員的工作。在驗收樓宇方面，防貪處建議房署應確保有足夠人手進行最後的驗收，以及要求工程監督和屋宇裝備督察覆核部分的驗收結果。[27] 發展局承擔了很多大型公共工程的建設任務，工程招標階段很容易出現貪腐問題，防貪處協助發展局採用了一套公共工程承建商誠信管理系統，供公共工程項目招標時使用。名冊內的承建商如觸犯不當行為，將會被除名，在指定期限內不得重新記入名冊。承建商如欲在指定期限過後提出重新記入名冊的申請，便須按照發展局的要求，先建立和推行一套誠信管理系統，作為重新記入名冊的條件。防貪處協助制定了公共工程承建商誠信管理系統指引，指引的內容涵蓋多個不同範疇，包括管理人員在防貪工作上的責任；提供培訓以提升員工的防貪意識；制定、推行和檢討貪污風險處理計劃；及進行誠信審查等。[28]

　　防貪不僅要着眼於工作程序，還要落實到建造業的從業人員。防貪處從三個方面加強對公共工程合約顧問和承建商僱員的防貪教育：一是舉辦提高從業人員誠信水平的培訓教育。從 2008 年起，防貪處與發展局合作，在工地現場為相關公司的僱員舉辦誠信培訓工作坊，介紹反貪法例，以及與地盤的監督有關的貪污漏洞與防貪措施。2012 年共為約 1900 名工程監督人員舉辦 55 個工作坊；2014 年共舉辦 72 個工作坊，接觸約 2800 名工程顧問和承建商的僱員。[29] 二是舉辦相關領域防貪研討會。如 1999 年發生了多宗在建築工程中偷工減料的貪污案件，表明建造業有需要改善其工作程序，加強防貪措施。廉政公署於當年 12 月聯同建造業的主要承辦商及專業人士舉辦了「邁向千禧　共建香港」

研討會,為一百八十多名建造業人士就業內所面對的問題及專業操守,提供了交流意見和分享經驗的機會。研討會的成功,為防貪處繼續協助業界加強防貪意識及提高專業操守的工作,奠定了良好基礎。[30] 三是編寫相關領域的防貪教材,協助進行專業教育。防貪教育不僅要針對現在的從業人員,而且要面向未來的從業人員。鑒於大學中土木工程及建築設計等專業的學生很可能將來會投身於建造行業,幫助他們瞭解業內潛在的貪污風險,協助他們掌握防貪要訣就顯得非常重要。防貪處與香港五所大專院校合作,將防貪教學內容納入這些院校與建築工程相關的學位課程中。防貪處每年為超過 800 名學生講授防貪課程,並協助大學擬訂相關試題或日常課業的內容並進行評分工作。[31] 2014 年防貪處與香港建造業議會、發展局和香港房屋委員會合作編製了一套建造業防貪培訓教材《風險管理 誠信建設》,教材內容涵蓋了建造過程常見的貪污問題和相應的防範措施,幫助業界人士,特別是參與判授和管理工程合約的管理和監督人員提高防貪能力和誠信意識。防貪處其後向業界相關機構派發教材,供相關機構用於誠信管理工作坊的培訓。[32]

利益衝突是公職人員走向貪腐的重要誘因,香港廉政公署積極吸取國際先進經驗、不斷完善防範公職人員利益衝突的制度。

早在 1981 年,香港布政司署銓敘科發佈的第三號《接受利益及款待通告》就告誡公務員,假如他們索取或接受任何利益,即便該等行為「為《接受利益(港督許可)公告》所准許接受者」,只要導致或可能導致其私人利益與職務或所任政府職位之間出現實際或明顯利益衝突,亦可能遭受紀律處分。[33] 此後,隨着香港社會經濟的發展,在收受利益類型的明顯腐敗現象遭到遏制後,公職人員的利益衝突可能引致貪污問題受到社會的關注。

回歸以來,香港發生了多宗涉及公職人員、影響較大的利益衝突事件,促使香港特區政府和廉政公署加強對公職人員利益衝突的防範與規管。其中有四個代表性的事件,即黃河生事件、梁錦松事件、梁展文事件和曾蔭權事件。

黃河生從 1996 年起擔任香港稅務局局長,業績受到廣泛好評。1999 年 6 月 17 日,在他赴北京公幹期間,香港報紙登出一則有關他的爆炸性新聞,披露他作為稅務局局長負責打擊逃稅活動,其妻卻開設專門協助私人公司報稅和

避稅的公司。公司設於黃氏夫婦名下的物業，有人質疑黃河生有利益衝突之嫌。6 月 24 日，時任公務員事務管理局局長林煥光和黃的上司庫務局局長俞宗怡召開記者招待會，公開表示，黃河生隱瞞利益衝突的表面證據成立，立即通知黃河生馬上離開工作崗位，休假一個月。同時，由審計署對黃河生展開工作調查。調查結果顯示，黃河生任職局長期間共處理過七宗由其妻子的公司擔任有關納稅人的稅務代表或顧問的個案。在已完成的個案中，並無發現公帑的徵收曾受到損害或有違反有關法例規定的情況。但報告指黃河生未有避免直接參與處理這些個案，違反稅務局人員應避免處理其配偶以專業人士或代表的身份擬備報稅表有關聯的檔案的內部規定；他亦未有根據現行《公務員事務規例》的規定，申報其擁有的私人公司股份，及申報或避免可能出現的利益衝突。1999 年 8 月 19 日，香港特區政府決定，即時中止委任其為稅務局局長的合約，也不會發放約 90 萬港元的約滿酬金。[34]

　　2003 年 3 月 5 日，時任香港特區財政司司長梁錦松公佈財政預算案，其中一項內容是宣佈大幅提高汽車首次登記稅。四天後，《蘋果日報》揭發梁錦松當年 1 月已預先購買一輛房車，並且沒有申報利益，有逃稅之嫌。梁錦松其後解釋，他 1 月份買車時政府尚未決定加稅，聲稱 2 月才決定加車稅。他承認預先買車令他少付五萬港元稅項，並坦承當時應「避嫌」不買車，同時決定將加稅前後車價差額的兩倍即十萬港元，捐予慈善機構。3 月 10 日，有汽車業人士指稅款差額應為 19 萬港元，梁錦松將捐款改為 38 萬港元，希望能平息事件。其後，梁向行政長官董建華提出請辭。董建華經過調查，認為梁錦松在汽車首次登記稅積極考慮階段購入新車並且未申報利益，違反了《問責制主要官員守則》的相關條款，行為極不恰當。但認為他是無心之失，並非有意為之，因而毋須請辭。[35] 3 月 16 日，已停職高級督察劉國輝向廉政公署舉報梁在加稅前買車涉嫌以權謀私，廉署隨即跟進調查。7 月 15 日，廉署完成調查，將報告交予律政司研究處理。16 日晚，梁錦松再度請辭，並獲董建華接納。負責該案的刑事檢控專員、資深大律師江樂士在研究相關證據並聽取法律專家的意見後，得出結論：「根據整體證據，控方未能在確立罪責方面達到所需的提控標準。控方不能證明梁先生買車是為了逃避汽車首次登記稅。」律政司因而決

定不予起訴。[36] 梁錦松擔任財政司司長前曾擔任摩根大通亞太區主席、香港教育統籌委員會主席、大學教育資助委員會主席等公私要職，被認為能力出眾，曾擁有較高民望，棄商從政後其年薪為 245 萬港元，較原有薪金減少近 2000 萬港元，顯示其並不重視金錢，惟其最終因這一事件被迫中斷了從政之路。

2008 年 8 月 1 日，香港新世界中國地產有限公司宣佈，聘請 2007 年 1 月正式退休的前任香港房屋及規劃地政局常任秘書長（房屋）兼房屋署署長梁展文為該公司執行董事及副董事總經理。該項宣佈引起輿論嘩然，原因是新世界中國地產是新世界發展有限公司的附屬公司，而新世界發展旗下另一附屬公司新創建集團有限公司，擁有添星發展有限公司 50% 的股權。添星發展是紅灣半島私人機構參建居屋計劃發展項目的發展商，而梁展文在任職期間曾參與制定或執行當時的重大房屋或土地政策及根據該等政策作出的決定，包括處理紅灣半島私人參建計劃單位等。因此儘管梁展文離職後從事工作的申請獲得公務員事務局局長的批准，但其中是否存在利益輸送和官商勾結成為公眾質疑的焦點。2008 年 12 月 10 日，香港立法會通過決議委任專責委員會，調查梁展文離職後從事工作及相關的事宜。委員會經過調查，認為梁展文在處理紅灣半島單位的過程中，擔當了主導及統籌者的角色；梁展文受聘到新世界中國地產工作，明顯存在利益衝突問題。因此，梁展文接受聘任到新世界中國地產工作是不恰當的。委員會還認為梁展文向公務員事務局提出的離職後從事工作的申請沒有坦誠提供與其申請有關的所有資料，亦沒有持守《公務員良好行為指南》所載的公務員在離職後從事工作時應秉持的良好行為，而負責審批申請的官員手法粗糙，態度有欠認真及過分依賴信譽制度。這一事件引起香港特區政府和公眾關注高官在退休或離任後從事私營機構工作時是否存在「延後利益」問題。[37]

曾蔭權事件即前已提及的前任行政長官曾蔭權在搭乘富豪私人交通工具外出遊玩及低價租住富豪豪宅中涉嫌收取不當利益一事。在這一事件中，可能存在利益衝突也是輿論關注的一個重點。據 2012 年 2 月的媒體報道，曾蔭權擬在卸任特首職務後，以僅約八萬元人民幣超廉價租金，租住商人黃楚標持有的面積逾 6000 平方呎的複式豪宅單位，而黃為裝修該單位支付費用估計達 1400

萬港元。在曾蔭權出任特首期間，黃楚標旗下的數碼電台曾獲得發牌，而負責裝修曾蔭權擬租住單位的建築設計師何周禮也曾被曾蔭權提名加入授勳考慮名單中。鑒於輿論的強烈質疑，曾蔭權宣佈成立由退休終審法院首席大法官李國能任主席的防止及處理潛在利益衝突獨立檢討委員會，檢討現行特首、行政會議成員及問責官員接受利益或款待的規定。[38] 經過三個月的諮詢與研究，委員會於 2012 年 5 月 31 日向行政長官提交了檢討報告並向公眾公開報告書，報告書參考香港行之有效的公務員制度以及其他國家與地區的經驗，結合公眾的意見，對改善行政長官、行會成員及問責官員防範利益衝突的制度提出了 36 項建議，以實現香港最高公職人員要以身作則、同樣受到嚴格的防貪制度所規管的目標。[39]

這些事件一方面突顯了利益衝突已經成為香港公職人員捲入貪腐案件的一大因素，防貪處在防範普通公務員的程序性貪污方面比較有效，但在預防高級官員陷入利益衝突的問題上則應對不足，另一方面也促使特區政府作出更多努力完善制度，填補防貪漏洞。如在黃河生事件發生後，特區政府庫務局採取了一系列預防措施，以減少該局員工陷入潛在的利益衝突，包括擴大申報利益人員範圍，將須填寫申報利益表格的人員，由 37 人增至 75 人；稅務局長和副稅務局長，須與填報者作面對面的交談；七百多名評稅主任職級的人員，若認為其配偶所從事的工作或行業與稅務有關，須向公務員事務局申報，再由其通知他們的直屬上司，稅務局將避免分發或會產生利益衝突的工作；稅務局與廉政公署舉行一系列座談會，聽取防貪處的防貪意見。[40]

防範利益衝突的制度逐漸趨於成熟。2013 年 5 月 15 日，時任公務員事務局局長鄧國威在立法會接受議員提問時表示，特區政府已表明原則上認同防止及處理潛在利益衝突獨立檢討委員會報告的建議，並會就各項實質建議，考慮如何跟進落實。「政府至今已經落實接近一半的建議，包括修訂《政治委任制度官員守則》，就處理政治委任官員涉及利益衝突及其他事宜作出規定等行政上的安排。當局現正積極跟進餘下的建議，包括獨立檢討委員會提出有關修訂《防止賄賂條例》的建議。」[41] 2013 年 8 月，特區政府公佈了《行政長官處理政治委任官員涉及潛在利益衝突和接受利益及款待個案的指引》，首次訂

明「私人利益」的定義涵蓋家人、親屬、私交好友及曾經「欠下人情」的人，特首有權不讓有關官員參與可能有利益衝突的工作，及要求官員放棄投資或利益。[42] 2014 年 10 月，廉政公署經研究本地和海外公營機構採用的紀律守則，決定加強公職人員的利益衝突管理，重新修訂兩套十多年前分別為公營機構成員和僱員編製的紀律守則範本，並向《防止賄賂條例》下的所有公營機構發出該兩套新修訂範本，協助個別公營機構修訂其內部紀律守則。[43]

經過特區政府的努力，香港防範公務員利益衝突的制度不斷完善。根據香港公務員事務局通告第 2／2004 號，利益衝突是指公務員的「私人利益」與政府或該員本身公職的利益出現矛盾或衝突。有些利益衝突情況雖不涉及金錢利益，卻可左右公務員在執行職務時所作的判斷，或令人有理由相信會影響其判斷。因此，公務員須避免或申報的不單是牽涉金錢的利益衝突，還包括金錢以外的其他各種利益衝突。

在處理利益衝突問題上，廉政公署與公務員管理部門堅持「可避則避、明確申報、加強監察」的基本準則。[44]

「可避則避」要求公務員在履行公務時，首先必須避免任何可能會影響其個人判斷力或令其操守受損（或看來受損）而引致利益衝突的情況。他們應避免獲取任何可能與其公職有利益衝突的投資、財務或其他利益；避免參與任何可能與其私人利益有衝突的討論、決策、調查或執行工作；避免欠下人情，特別是當對象是下屬或與他們有或可能有公事往來的公司／機構或人士時；拒絕向親友提供與其職務有關的協助、意見或資料，以免令他們比別人佔有不公平的優勢，確保公共行政方面維持一個公平公正的環境；避免從事任何可能與其公職產生利益衝突的外間工作或外間活動；及向上司報告任何有可能會影響他們履行職務或判斷的私人利益。

「明確申報」是要求對個人利益衝突的情況和投資嚴格申報。如公務員無法防止利益衝突情況的出現，他們應盡快向上司申報一切可能或可見會與本身公職產生衝突的利益。如被指派參與涉及其私人利益事宜的討論、決策、調查或執行工作等，均應作出申報。除非獲上司批准，否則公務員在作出申報後應避免參與跟該等事宜有關的任何工作。公務員如對處理利益衝突有任何疑問，

應立即徵詢上司意見。在任何情況下，公務員都不得利用因其公職身份或從公務上獲得或管有的機密或市場敏感資料，作出私人投資或相關活動。涉及處理敏感資料的指定職位公務員（包括所有首長級公務員）須定期申報其私人投資及配偶的職業。當局會衡量他們可能遇到利益衝突情況的機會，採取適當的管理或防範措施。高層人員在獲委任時和其後每年，也須登記其投資和權益，供市民查閱。

「加強監察」要求各級管理及督導人員應時刻保持警覺，留意下屬有可能遇到的利益衝突情況。如發覺可能有利益衝突情況出現或收到下屬有關利益衝突的申報，他們應考慮涉事公務員的職務及在事件中所擔當角色的重要性等因素，從而評估該員在履行職務時會否引起尷尬或處事不公。管理及督導人員在瞭解事件後，應作出合適的決定及安排，例如免除有關公務員參與可能產生利益衝突的工作，或令該員放棄引致利益衝突的私人投資等。[45]

公務員如未能避免或申報利益衝突，可能會遭受紀律處分。在某些利益衝突的情況下，該員甚或可能被刑事檢控，包括被控以普通法中的公職人員行為失當罪。這一制度運作良好，如能堅持實施，基本可避免香港公務員陷於利益衝突的境地。

第 三 節

為私營機構提供防貪建議

　　防範私營機構出現貪污賄賂也是廉政公署的重要工作。儘管私營機構不掌握公共權力，但是香港作為一個繁榮的自由經濟體，私營經濟構成香港經濟的主體，香港還存在各種各樣的私立教育機構、文化機構及社會團體等，如果防貪工作只限於政府機構和公營機構，私營機構可能飽受貪腐行為的侵蝕，而整個社會也難以保持廉潔。因此，廉政公署防貪處也透過轄下的私營機構顧問組，就私營機構的要求提供免費和保密的防貪顧問服務。

　　私營機構顧問組成立於 1985 年，截至 2015 年該組已向超過 7000 間機構或人士提供防貪建議。在成立三十週年之際，該組重新命名為「防貪諮詢服務」，進一步優化服務。[46] 私營機構顧問組主管利逸修將私營機構顧問組協助公司找出貪污風險的工作形象地比喻為對企業的「免費體檢」。他具體介紹了該組的工作流程：「根據法例，私營機構顧問組只會按企業的要求提供服務。我們在接獲邀請後，便會安排公司探訪、與公司高層管理人員會面、檢討公司指引，以及研究其工作程序與系統等。從我們的經驗所得，採購、維修工程、銷售與市場推廣、貨倉管理等職務，往往較容易出現貪污勾當。私營機構顧問組人員會視乎個別公司的需要，建議具體的防貪措施以強化內部監控、協助制定紀律守則、訂立最佳工作常規，以及提供培訓以推行防貪措施和提高員工的防貪意識。」[47] 如若接獲私營公司的邀請，廉政公署職員就會積極主動向有需要的機構提供防貪服務。以 1999 年為例，私營機構顧問組向不同行業的私營機構和商界人士提供 260 次防貪服務。而所有私營機構提出的查詢均會在兩個工作日內獲得回應。私營機構顧問組還接觸一千多間建築承建商和顧問公司，向它們提供防貪諮詢服務。此外，該組聯絡了全港所有電訊服務供貨商，協助它們制定防貪指引，防止客戶資料被濫用。[48] 在 2000 年，為了達致向強積金

計劃下所有註冊服務提供者提供防貪顧問服務的目標，私營機構顧問組探訪了所有註冊信託人，就如何制定員工紀律守則及處理敏感和機密商業資料向他們提供意見，並建議他們在與投資經理、託管人、行政管理人等服務提供者簽署的合作協議中加入誠信條文。私營機構顧問組還接觸了在「租者置其屋」計劃下成立的全部 12 個業主立案法團，就會計及現金處理程序、物料及服務的採購和利益申報等範疇，向他們提供防貪建議。[49]

在樓宇維修、飲食業、內地在港企業以及採購方面，廉政公署為私營企業提供的防貪諮詢服務成為防貪處與私營機構合作防貪的範例。

近年來，涉及樓宇維修的貪污投訴數字一直高踞各範疇之首，這一領域的防貪工作自然也受到防貪處的重視。2012 年前的數年間，為了提高有關機構在樓宇維修時的防貪意識，防貪處與香港房屋協會和市區重建局共合辦 25 次地區簡介會，又進行了六十多次實地探訪，接觸超過 1000 名參加「樓宇更新大行動」的業主立案法團成員。2012 年 6 月，香港政府部門推出「強制驗樓計劃」，樓宇翻新工程此後會大幅增加。六個月後，防貪處製作完成一套供業主、法團和相關樓宇管理公司使用的培訓短片，幫助他們預防貪污。短片內容包括簡短的情境故事，闡釋法團進行樓宇翻新工程時可能遇到的貪污問題和違規行為，藉此指出常見的貪污行為，並建議提前採取相關的樓宇維修防貪措施。短片光碟透過民政事務總署各區民政事務處、房協的物業管理諮詢中心、市建局的市建一站通資源中心，以及屋宇署為法團舉辦的強制驗樓計劃地區簡介會，派發給有興趣的業主、法團和相關的樓宇管理公司。[50] 2013 年底，防貪處推出新版《樓宇維修實務指南》，為有關機構在樓宇維修時做好防貪措施提供指引。2014 年，防貪處與民政事務總署和市區重建局等機構合作，舉辦約四十場地區研討會，共接觸二千多名業主和業主立案法團成員，推廣相應的防貪措施。此外，防貪處應個別業主、法團和物業管理公司的要求，就判授樓宇維修合約、監管維修工程，以及法團成員和物業管理公司職員的誠信管理事宜，當年共提供逾五十次防貪意見。[51]

《樓宇維修實務指南》由香港廉政公署與香港房屋協會合作編纂，並得到了香港屋宇署、消防處、民政事務總署、市區重建局等政府機構和香港建築師

學會、香港工程師學會、香港測量師學會等專業團體幫助，可以說是香港樓宇維修經驗的總結。該指南於 2008 年 3 月推出第一版，2013 年 11 月經過更新修訂推出第二版，詳細分析了樓宇維修不同階段可能出現的問題以及應該如何做好防貪工作。如在準備階段要瞭解樓宇維修保養工程的主要步驟，成立業主立案法團，做好誠信管理工作；在聘任顧問及承建商階段，應該根據聘任顧問和承建商的主要程序，制定顧問服務、維修工程的範圍，進行招標，並在嚴格審核的基礎上判授顧問合約／工程合約；在維修工程的監督及合約的管理階段，應依照合約監督進度，加強質量檢查，按照合約付款，進行工程更改和工程驗收。如果樓宇維修中出現問題，指南也提供了求助的途徑，既可以向民政事務總署、市區重建局、香港房屋協會等官方、半官方機構求助，如涉及貪污和刑事案件，也可向廉政公署和香港警務處投訴。在每個階段，防貪措施都是指南強調的重點，如指南列舉了下述進行樓宇維修時常見的觸犯《防止賄賂條例》的例子：

- 一名管委會成員接受顧問公司提供的回佣，向業主立案法團推薦該顧問公司成為大廈維修工程的顧問。
- 顧問公司的一名董事向承建商索取賄款，作為在大廈維修工程招標時偏袒後者的報酬。
- 一名建築公司董事行賄業主立案法團主席，作為協助前者取得翻新工程合約的報酬。
- 顧問公司的一名經理行賄物業管理公司僱員，以協助顧問公司誇大翻新工程的範圍或規模，增加顧問費。
- 顧問公司的一名工程監督向承建商索取利益，作為寬鬆處理後者不合格工程的報酬。

而指南對管委會成員和業主立案法團職員提出了下列誠信要求：
- 在代表法團執行任何與樓宇相關的事務，包括樓宇維修工程時，管委會成員和職員應以法團的利益行事；

- 決不利用處理法團事務的便利，在未得法團的許可下從中索取或收受任何利益；

- 對於任何利益衝突，盡可能避免；如果不能避免，則作出申報；以及按管委會發出的指示，避免參與那些存在利益衝突的事項的討論和決策過程；

- 法團應為其管委會成員和職員制定包含誠信要求的紀律守則。[52]

　　指南列舉了樓宇維修過程中有關事項的法律規定、對有關法律規定的具體解釋、相關的實例以及遇到困惑時應該求助的部門，因而保證了相關人員不會因為對法律的無知而陷於貪腐。

　　與樓宇維修類似，飲食業在數年時間內名列最多貪污投訴的五個行業之一。飲食業與香港的經濟發展和市民的日常生活息息相關，從業員多達二十萬人左右。由於食肆運作複雜，存在不少貪污漏洞。時任廉署防貪處私營機構顧問組組長麥吳韻儀在 2007 年 3 月表示，在過去三年，涉及食肆的貪污舉報平均每年約 50 宗。廉政公署曾揭發多宗高檔食肆職員涉嫌收受供貨商賄款案件，也有卡拉 OK 員工涉嫌受賄，套取顧客信用卡資料的情況。香港飲食業聯合總會會長張宇人稱，食肆每年營業額高達八億元，其中一半用於購買食物，若有人貪污，投資者和消費者都要承受損失。常見的貪污行為有：在訂購肉食及蔬菜時缺斤少兩，或灌水加重份量；員工與供貨商、上級與下屬一起賭錢來輸送利益。[53]

　　面對業界的貪污風險，提升飲食業從業員的防貪意識顯得尤為重要。2006年，防貪處編寫了《食肆營運管理》防貪錦囊，為餐飲機構從業人員提供防貪知識。該錦囊提醒人們注意業內最常見的四大貪污漏洞，包括員工在採購食物時收受利益、盜竊或濫用存貨、侵吞食肆收入及洩露顧客信用卡資料，針對每一種情況廉署均列出相應的防貪措施。如餐飲公司在採購、處理高價食物時容易出現貪污行為，因為像魚翅、燕窩、鮑魚乾等產品依質量和產地的不同價格差異很大，不法員工或廚師可能會乘機串通供應商，以次充好，欺騙食肆經營者。此外，盜竊或偷換此類高價商品等行為，也會導致食肆經營者蒙受損失。防貪處針對這些舞弊情況提出了食肆經營者應該採取的六項預防措施：

一、由中央統籌集中購買高價食品，然後分發予集團其他食肆使用；

二、限制個別食肆只可自行向指定海鮮供應商訂貨，並指派一個由酒樓經理、店舖和廚房職員組成的小組，嚴密監察貨品的質量、數量和重量；

三、委派一名沒有參與採購工作的管理人員見證和監察認收食物，並記錄任何次貨或貨量不足的情況，以便跟進；

四、密切監察廚房職工使用這些食品的情況，並定期與集團其他食肆的毛利比較，查察任何不尋常情況；

五、進行突擊嚐味測試，並搜集顧客對食物質素的意見；

六、設立機制，在貨品運抵後立即進行存貨檢查，以查察和防止偽造訂單和送貨量不足等舞弊情況。[54]

這個防貪錦囊是廉政公署總結食肆經營正反兩方面經驗的結果，對飲食機構健康營運有重要幫助。根據形勢的發展，防貪處不斷推出新的食肆防貪措施。在 2014 年，除繼續推廣《食肆營運管理》防貪錦囊外，還為業界編製和派發了一套名為《誠信管理　星級餐飲》的防貪培訓／自學教材，包括共有五集培訓短片的光碟和防貪指引等材料。[55]

幫助內地在港企業防貪也是廉署的一項重要工作。香港與內地保持着密切的經貿關係，內地向來是香港最大的貿易夥伴。2015 年，香港與內地的雙邊貿易佔香港貿易總額一半以上。香港則是內地第二大貿易夥伴，同年約佔內地貿易總額的 9%，僅次於美國。內地是香港第二大外來直接投資來源地，佔香港外來直接投資總額近三分之一，而香港長期保持內地第一大外來投資地的地位。數以千計的港資工廠在內地營運，也有愈來愈多的內地公司來到香港投資。截至 2015 年，內地企業在香港設立了合共 1091 家地區總部、地區辦事處或本地辦事處，比十年前的 710 家增加三百多家。[56]

由於香港與內地政治文化和習慣的差異，兩地企業在異地經營中或會陷於貪污的誘惑。港資企業進入內地時間較長，對於內地的肅貪情況相對瞭解較多，但內地企業則不一樣，即使像廣東省這個最能與香港文化融合的地方，對香港如何界定肅貪範圍和行為，通常也所知有限。前廉署防止貪污處處長謝萬誠認為，香港近年成為內地國企將業務擴展至境外的重要立足點，但內地講

究「派利是」的習慣和看重「關係」的商貿文化容易對香港造成衝擊。廉署防止貪污諮詢委員會主席區嘯翔也指出，內地涉及利益衝突情況最嚴重，「內地看重生意關係，可想而知營商環境和取態與本港不同」。[57] 再加上兩地政治、法律制度的不同，內地在港企業會遇到較多防貪盲點。香港廉政公署曾調查過一宗案件，有四名港人合股經營一間公司，其中一人駐守內地，負責採購原材料，他以幫補公司開支為理由，向其他兩名股東收取 5% 回佣。這種情況在內地並不違法，但依照香港法律，因為一個股東不知情，合約亦沒訂明，因此，收取回佣的股東便構成了損害不知情股東的利益，即構成了貪污。2008 年之前，粵港跨境貪污案件每年大約六十宗左右。[58]

為了幫助港商和廣東商人瞭解兩地法則，減少貪污，2008 年香港廉政公署與廣東省檢察院推出了為粵港中小企業而設的防貪指引。指引內容簡明易懂，什麼利益可以收取，什麼情況下會涉及罪責行為，甚至詳細到老闆在採購、處理人事及行政、存貨管理、會計、數據系統管理時，什麼該做什麼不該做都羅列清楚，可謂一書在手，萬事皆通。粵港合作共印製了 14000 冊防貪指引，6000 本交廣東省檢察院代為發出，8000 本透過香港 19 個商會向中小企業派發，希望減少兩地間出現的因為不瞭解對方肅貪規則而墮入各種貪污陷阱的情況。[59] 2015 年，防貪諮詢服務（即私營機構顧問組）專門為在港經營業務的服務業、零售及貿易、以及物業管理等行業的內地企業「度身訂造」防貪指引。[60]

貨品及服務的採購是公司運作中不可或缺的一環，涉及金額通常也較大。根據廉政公署以往處理貪污弊案的經驗，採購是最容易出現貪污舞弊和人為操控的業務範疇之一。因此，香港廉政公署對採購防貪給予特別關注，因為公司在採購過程中出現貪污，不但會招致財務損失，更會嚴重影響其商業聲譽。為協助私營機構在進行採購時減低有關風險，2014 年 6 月，防貪處與香港兩個主要專業採購學會 —— 英國特許採購及供應學會（香港分會）和香港物資採購與供銷學會攜手推出《誠信採購　防貪有法》培訓教材，供私營機構採用，以加深管理和採購人員對採購過程中常見的貪污陷阱和防範措施的認識。教材包括短片光碟及小冊子，適合作培訓和自學用途。防貪處還為此舉辦兩場研討

會，向 400 名與會的私營機構管理及採購人員推介教材。[61]

　　防貪處編寫的採購防貪錦囊清晰界定了採購的程序，根據採購物品與服務的不同列舉了不同階段的貪污風險，並針對各個階段容易出現的問題提出了相應的對策。廉署認為，採購職能中特別要注意五大貪污風險：

　　一、缺乏清晰政策導致員工收受業務夥伴的非法回佣；

　　二、利益衝突成為員工利用程序漏洞以謀取私利的誘因；

　　三、欠缺採購政策和程序的清晰指引，前後不一的做法令員工有機會操控採購過程；

　　四、沒有適當分工，員工容易掩飾採購中的不當行為；

　　五、管理人員監管不善，未能查察違規行為。

　　對於常見的貪污漏洞，廉署提出了細緻的防貪建議。比如在收取報價或標書程序方面最容易出現的漏洞就是洩露報價和標書資料，廉署提出的防貪建議是禁止職員在限期前開啟報價單或標書，及採取保安措施防止有人篡改報價或標書資料。而在認收貨品或服務程序方面，容易出現的一個漏洞就是供貨商送貨不足或提供不合規格的物品或服務，廉署建議的預防措施就是根據購貨單或服務合約上的資料，檢驗收訖貨品或服務的數量和質素是否符合要求；有需要時可利用清單協助核對；記錄缺失或不符合標準等情況，並與有關供貨商或承辦商跟進。[62]

　　作為香港廉政公署三管齊下策略中的一個重要方面，防貪部門與肅貪部門的強力打擊貪污相配合，採取得力措施防範已有的或可能出現的貪污漏洞，有效遏制了政府部門、公營機構和私營機構的貪污活動。

註釋

1　香港廉政公署：《香港特別行政區廉政專員 1999 年年報》，第 21 頁。

2　香港廉政公署：《香港特別行政區廉政公署 2014 年年報》，第 25 頁。

3　劉韜：〈防貪 30 載 香港廉政公署權威人士披露預防貪污絕招〉，人民網—港澳頻道，2008 年 10 月 10 日，載自：http://hm.people.com.cn/GB/42273/8154649.html（瀏覽日期：2017 年 10 月 11 日）。

4　同註 1，第 42 頁。

5　同註 1，第 40 頁。

6　同註 1，第 39-40 頁。

7　同註 1，第 41 頁。

8　聶振光、呂銳鋒、曾映明：《香港廉政》，廣州：廣東人民出版社，1991 年，第 140-141 頁。

9　香港廉政公署：《凝聚群力　共建廉政（廉署三十週年特刊）》，2005 年 2 月，第 34 頁。

10〈港廉署公共工程防貪經驗豐富〉，《澳門日報》，2007 年 7 月 26 日。

11　香港廉政公署：《香港特別行政區廉政公署 2013 年年報》，第 55-56 頁。

12　香港廉政公署：《香港特別行政區廉政專員 2000 年年報》，第 41-42 頁。

13　同註 2，第 55 頁。

14　香港廉政公署：《香港特別行政區廉政專員 1999 年年報》，第 38-39 頁；香港廉政公署：《香港特別行政區廉政專員 2000 年年報》，第 41-42 頁。

15　同註 1，第 38 頁。

16　同註 12。

17　同註 3。

18　同註 9，第 24 頁。

19　同註 3。

20　同註 9，第 33 頁。

21　同註 3。

22　同註 3。

23　同註 1，第 39 頁。

24　香港廉政公署：《香港特別行政區廉政公署 2012 年年報》，第 58 頁；香港廉政公署：《香港特別行政區廉政公署 2014 年年報》，第 58 頁。

25　同註 1，第 43-44 頁。

26　香港廉政公署：《香港特別行政區廉政公署 2012 年年報》，第 58-59 頁。

27　同註 1，第 43-44 頁。

28 同註 26，第 60 頁。

29 香港廉政公署：《香港特別行政區廉政公署 2012 年年報》，第 60 頁；香港廉政公署：《香港特別行政區廉政公署 2014 年年報》，第 59 頁。

30 同註 1，第 39 頁。

31 同註 26，第 59-60 頁。

32 同註 2，第 59 頁。

33 林興：〈香港與內地防止利益衝突制度比較〉，《湛江師範學院學報》，2008 年第 5 期，第 133 頁。

34 蕭徐：〈香港稅務局長未避嫌遭解聘始末〉，《炎黃春秋》，1999 年第 10 期；〈黃河生被指三違反　中止合約取消九十萬元酬金〉，《香港商報》，1999 年 8 月 20 日；〈處理妻子公司七個案犯利益衝突　黃河生遭即時革職〉，《星島日報》，1999 年 8 月 20 日。

35 段龍飛、任建明編著：《香港反腐敗制度體系研究》，北京：中國方正出版社，2010 年，第 138-139 頁。

36 江樂士：〈定罪機會低　決定不告松〉，《香港經濟日報》，2003 年 12 月 18 日。

37 李莉：〈廉實力建設與利益衝突管理：香港個案的啟示〉，《廉政文化研究》，2016 年第 1 期，第 10-11 頁。

38 〈李國能復出檢討特首高官利益衝突〉，《信報》，2012 年 2 月 27 日。

39 《防止及處理潛在利益衝突獨立檢討委員會主席開場發言》，香港特別行政區政府新聞公報，2012 年 5 月 31 日，載自政府新聞網：http://www.info.gov.hk/gia/general/201205/31/P201205310284.htm（瀏覽日期：2017 年 10 月 11 日）。

40 〈將與廉署舉行一系列座談會　稅局採措施防利益衝突〉，《天天日報》，1999 年 8 月 21 日。

41 《立法會十八題：防止潛在利益衝突及管制酬酢開支的規管機制》，香港特別行政區政府新聞公報，2013 年 5 月 15 日，載自政府新聞網：http://www.info.gov.hk/gia/general/201305/15/P201305150315.htm（瀏覽日期：2017 年 10 月 11 日）。

42 〈高官利益衝突設新指引〉，《太陽報》，2013 年 8 月 8 日。

43 同註 2，第 55 頁。

44 同註 9，第 25 頁。

45 公務員事務局品行紀律事務部：《規管公務員防止利益衝突制度摘要》，載自：http://sc.csb.gov.hk/gate/gb/www.csb.gov.hk/tc_chi/admin/conduct/files/CofI_tc.pdf（瀏覽日期：2017 年 10 月 11 日）。

46 香港廉政公署：《香港特別行政區廉政公署 2015 年年報》，第 59 頁。

47 〈公司營商重防貪　有利保持競爭力〉，《廉政快訊》，2012 年 9 月第 13 期，第 1 頁。

48 同註 1，第 48 頁。

49 同註 12，第 53 頁。

50 同註 26，第 61-62 頁。

51 同註 2，第 60 頁。

52 香港廉政公署：《樓宇維修實務指南》，2013 年 11 月，第 21、24 頁。

53 〈廉署錦囊助食肆防貪〉，《太陽報》，2007 年 3 月 19 日。

54 廉政公署防止貪污處：《食肆營運管理》，2006 年，第 10-11 頁。

55 同註 2，第 60-61 頁。

56 香港特別行政區政府新聞處：《香港 2015》，第 36 頁。

57 〈廉署「度身訂造」助內地企業防貪〉，《太陽報》，2015 年 11 月 30 日。

58 杜可風：〈建立兩地肅貪互動關係〉，《大公報》，2008 年 7 月 5 日。

59 同上註。

60 同註 57。

61 同註 2，第 60 頁。

62 香港廉政公署防止貪污處：《採購》（防貪錦囊），載自：http://cpas.icac.hk/UPloadImages/InfoFile/cate_43/2016/79cad17b-f306-4a52-85ff-029517a40022.pdf（瀏覽日期：2017 年 10 月 11 日）；《採購人員防貪培訓教材》，載自：http://cpas.icac.hk/UPloadImages/InfoFile/cate_43/2016/4a7be47a-32b0-4546-95a0-1ff1562a2fc0.pdf（瀏覽日期：2017 年 10 月 11 日）。

加強對貪污舉報的調查、嚴厲懲處貪污犯對遏
制貪腐現象意義重大，但它並非消除腐敗的治本之
策。即便是加強工作程序的審查，將發生貪污的機
會減小到最低程度，同樣無法根除腐敗。只有改變
人們的觀念，在全社會建立廉潔文化，才能從根本
上遏制腐敗現象。因此倡廉與肅貪、防貪一起並列
為香港廉政公署三大策略。倡廉就是普及、推廣反
貪知識，幫助人們建立廉潔意識及誠信意識，鼓勵
人們向不誠信、不廉潔的言行說「不」，最終建立起
一個貪腐行為無法容身的廉潔社會。

5

建立廉潔文化

第 一 節

廉政公署的倡廉策略

從香港廉政公署建立之日起，倡廉就成為其最重要的工作職能之一。這一新生的反貪機構的發起者和領導者認識到，香港的反貪工作面臨重重障礙，不僅存在眾多有組織的貪污集團，而且普通市民也有意無意容忍或默許各種形式的不法行為。這種認知不足成為廉政工作有效進行的攔路虎，而只有通過堅持不懈的努力，改變人們的觀念，廉政工作才可能獲得成功。

由於歷史的原因和傳統的影響，部分港人曾將明顯的貪污行為視為可以容忍的正常行為。早在 1946 年 8 月 2 日，香港行政局討論香港貪污問題時，警務處長麥景陶（Duncan Macintosh）就在會議上表示，他從來沒有在其他地方見過如此普遍的貪污情況，而他把這種惡劣的狀況歸咎於本地人甘願花錢送禮、行賄以解決問題的態度。[1] 這種情況此後更加嚴重。到廉政公署成立前夕，百里渠爵士在其第二份報告書曾提到：「香港的華人較傾向於行賄而不想到道德問題。事實上對於本港大部分華人來說，各式各樣的規例和限制大都全無道德的，是以他們不覺得用買通他人的手段來方便自己有何不妥。」[2]

作為一個工商業發展蓬勃的商業城市，香港工商界甚至曾將行賄、受賄作為正常的行規。百里渠爵士在其第二份報告書中指出：「據說本港的工商行業裡流行貪污。正如一名向我提供消息的人說，『整個香港的活動，都是以佣金為基本。』這句話有很大的真實性；我有很好理由相信香港絕大部分的商人都是如此。……商行僱員收受『回佣』是日常事情，即使僱主不聲言許可，亦加以默許。」[3]

正因為市民不能認清貪污對社會的危害，部分人甚至錯誤地將貪污看作正常現象，他們在舉報貪污方面不可能積極、主動，反貪機構也很難得到市民的配合。沒有市民的支持，只靠反貪機構的單打獨鬥，反貪效果勢必大打折扣。

曾任香港廉政公署審查貪污舉報諮詢委員會主席的胡紅玉曾談及市民的支持對於建立廉潔文化的重要性:「社會的廉潔文化,須靠市民對堅守誠信的認同,以及有勇於舉報的準備,方可建立。我們要知道,貪污罪行本質就是秘密的,授受雙方定不會舉報,也不會舉證。廉署最終還得倚靠市民的支持,才能剷除貪污。」[4]

香港的反貪機構在很長時間內處在市民不願配合的尷尬處境中。警方的反貪機構得不到市民的信任,市民對調查工作也不願提供相應的配合。六十年代初的港英總督柏立基(Robert Black)曾希望通過改組貪污問題常設委員會、增補三名行政局非官守議員進入委員會的方式,吸引市民舉報貪污。多年後,他在一個訪問中解釋了他的改革構思:「我希望(透過引入行政局非官守議員後)那些不會走入警局舉報貪污的人,會向議員作出投訴和告訴他們所知的事。議員有自己的辦公地點和秘書,他們自己有專門的辦事機構——兩局非官守議員辦事處。這是在缺乏選舉和代議制下提高公眾參與和透明度的一種辦法。我希望在無需改動當時沿用於英國政府所採用的由警隊刑事偵查部處理貪污投訴的做法,以透過議員的參與,去鼓勵那些不願向警務人員作出舉報的市民,挺身而出檢舉貪污。」[5]這一嘗試顯然不成功,百里渠爵士在調查葛柏貪污案時面對的仍然是相關人士的冷漠,他在第一份報告書中寫道:「雖然通過報章向市民呼籲,可是沒有人願意協助委員會調查葛柏先生如何離港。我獲悉有人曾致電葉錫恩女士,並把相信是曾協助葛柏先生離港的某人的姓名和地址告知葉女士,當按址企圖與這位證人接觸的時候,發覺這地址是假的,那裡只是一處荒蕪的山邊。」[6]他在第二份報告書談到香港很多人因怕麻煩不願意舉報貪污,「他們深信舉報一名官員貪污會遭受報復。即使該貪污官員受到懲處,告發人的生意或申請可能被列入黑名單內,而同一部門的其他人員將會把握種種藉口去控告他。據說除非那人有意結束他的生意,否則與貪污官員作對是極其不智之舉,因為通常貪污是有組織的。」[7]即便人們對貪污深惡痛絕,但由於擔心自己利益受損,寧願選擇不去舉報。

有鑒於此,香港廉政公署從成立伊始就將引導市民認識貪污的危害作為重要任務。在1973年10月17日決定成立廉政公署的立法局會議上,港督麥理

浩指出:「本港的貪污問題歷史悠久,而且部分社會人士對這問題有根深蒂固的成見。廉政專員因此將特別設立一個部門,從事引導市民認識貪污的禍害,使他們明瞭責任不單在受賄者,而亦在行賄者身上。」[8] 這個特別部門就是專責廉政教育與宣傳的社區關係處。1974 年 1 月 30 日,布政司在動議廉政公署法案二讀時指出:「廉政公署將會有一個社區關係處,由一位處長主理,負責肅貪倡廉的宣傳及社會教育工作,和鼓勵市民參與撲滅貪污。上述任務將涉及借助公共傳播媒介,向市民傳遞肅貪倡廉的訊息,及在學校和各種有代表性的團體展開教育性工作。」[9]

廉政公署希望,通過倡廉教育改變市民對貪污的態度,實現移風易俗的目的,根治貪污現象屢禁不止的問題。首任廉政專員姬達指出,在貪污問題上有人認為每過 20 年就有一個輪迴:貪污達到人們不能容忍的程度時,社會要求政府嚴厲肅貪,政府的肅貪行動也得到市民的大力支持;但過了五年,市民就開始厭倦,對反貪開始漠不關心,社會風氣又回復到過去的情況,再過 15 年,貪污又再次肆虐,甚至比以往更加嚴重。他認為香港不會出現這樣的循環,與其他地方只注重偵查和懲罰的反貪方式不同,香港首創了三管齊下對付貪污的方法,從多方面着手根除貪污;除了調查部門外,廉政公署還設有在可能範圍內杜絕貪污機會的防止貪污處,和負起移風易俗重任的社區關係處。它們和調查部門同等重要,但負起較有積極意義的任務。[10] 廉政公署第二任廉政專員陸鼎堂同樣認為,要真正根除貪污,培養個人的廉潔品德比恐懼受懲罰的心理更加重要。1979 年 12 月 8 日,他在教師研討會致辭時指出:「我深信,着重個人品德、廉潔不阿的人士,當然不會貪污枉法。貪婪 —— 現今香港眾多貪污問題的基因 —— 只能受制於個人的廉潔及誠實等美德;害怕被繩之於法及受懲罰的恐懼心理亦未足以掣肘之。」[11]

相對於當時雷厲風行的執行處來說,社區關係處的工作較晚才轉入正軌。1975 年初,社區關係處才正式開始工作。當時該處只有 28 名職員,部分還在受訓中。至當年 3 月,該處才略具雛形,初步成立了負責傳媒和個人聯絡的中央工作部門。由於政府財政緊縮的關係,一些本該成立的機構,如一些地區擬議中的分處等被迫擱置。但是,從長遠來說,廉署負責人堅信社區關係處在反

貪工作中具有無可替代的巨大作用。時任廉政專員姬達指出：「執行處及防止貪污處必須有相當的成就，社區關係處的工作方能展開。這是一項重要的工作，因為假如不能改變部分社會人士對貪污的成見，『肅貪倡廉』的工作是得不到徹底的成功。缺乏信心的人士認為公署所負起的任務，有如精衛填海，永無成功之日。誠然這是一項任重道遠的工作，惟本人堅信成功是可期的。正如港督所說：香港市民的熱誠以及真摯的期望去建立一個新的社會風範是撲滅貪污工作的最有力的後盾，尤其是年青的一代更表現出要有一個廉潔美好的香港的決心，這也是公署正全力以赴，務求達到的目標。」[12]

社關處的工作得到港督麥理浩的堅定支持，社區關係處得以逐漸完善組織架構。麥理浩在 1975 年 10 月立法局的首次會議上指出：「廉政公署應獲得所需的撥款，使它能依照各議員已核准的方針發展其防止貪污處及社區關係處。」[13]克服財政緊縮的影響後，社關處大幅增添人手。1976 年初，社區關係處共有職員 111 人，編制人數 206 人。當年 6、7 月間，職員人數增加到 150 人。1975 年社區關係處開設了九龍城美東分處、荃灣福來分處、深水埗鴻裕分處，次年 4 月成立了港島區第一間分處 —— 順華分處。與廉政公署其他部門相比，社關處的人員缺額最大。截至 1976 年底，執行處 533 人的編制中，在職人員達 486 人，91.18% 的職位已經填補；防止貪污處 105 人的編制中，在職人員 81 人，77.14% 的職位已經填補；行政總部的 53 人的編制中，在職人數已達 46 人，86.79% 的職位已經填補；社區關係處編制人數 249 人，在職人數 150 人，懸缺 99 人，所有職位在職比例只有 60.24%。[14]

隨着肅貪工作的順利進展，廉政公署逐漸將防貪、倡廉工作放在更加重要的位置上。1976 年 10 月 6 日，港督麥理浩在立法局會議致辭時指出：「相信在座各位都會同意，肅貪工作仍需繼續進行，絕不可鬆懈或中止，直至貪污問題完全克服為止。可是，這項揭發和懲罰貪污分子的工作，必須與防止貪污和教育市民的工作加強配合，如今既已充分證明政府決心肅清貪污，這些防範性的工作，收效必定更大。因此，姬達專員今後將更着重廉政公署內社區關係處和防止貪污處兩個部門的工作。」[15]1979 年初，社區關係處的在職人數增加到 235 名，而編制擴大到 306 人。由於該年內廉署行政總部、社關處及防貪處均

遷到同一大廈辦公，一些行政、訓練及輔助性的服務可以集中管理，社關處的編制由 306 人調整為 274 人。至當年年底為止，社關處在職人數為 212 人。[16]

截至 1980 年，社區關係處的規模基本成型，該處的職能、規模、組織結構趨於穩定。由於社區研究組從社關處劃歸行政總部管轄，該處編制調整為 268 人。當年年底，該處在職人數共 225 名。社關處的倡廉工作主要從兩方面推進：一方面借助大眾傳播媒介及教育活動與市民廣泛接觸，另一方面則致力與個別市民或團體作直接聯絡。[17]與這兩方面的工作相適應，社區關係處的組織架構也分為兩個科：傳播及教育科和聯絡科。傳播及教育科包括四個組，即透過新聞傳播媒介宣傳廉政信息的新聞組、負責製作及統籌廉政公署宣傳項目的文教創作組、負責設計電視製作的設計組以及負責學校廉潔教育的社會教育組。聯絡科通過接觸社會不同階層來推進廉政工作，它的工作分兩個層面推行：由總部的社團聯絡組展開全港層面的社團聯絡工作；由各分處展開地區的聯絡工作。當年廉政公署在香港各地開設的分處擴大到九間，包括港島三間、九龍四間及新界兩間。

到 2015 年，社區關係處除工作人員數量及分處有所減少外，其他方面變化不大。具體實施倡廉工作的是處長下屬的兩個科：社區關係科（一）和社區關係科（二）。前者負責透過大眾傳媒和新媒體傳播肅貪倡廉的信息、制定商業道德推廣策略，以及與內地反貪機關和國際機構保持聯絡。下設管理及策略組、傳媒宣傳組、香港商業道德發展中心和國際及內地聯絡組。後者要直接與市民「面對面」接觸，推行倡廉教育，並深入社群，爭取各階層市民支持廉署的工作。下設青年及德育組和各分區辦事處。根據香港社會的變化，分區辦事處由八十年代中期的 11 個縮減為 2015 年的七個，即港島兩間、九龍兩間及新界三間。2015 年，社關處工作人員共 163 人，在廉署全部工作人員 1351 人中所佔比例為 12.06%；與 1980 年的 225 人相比，社關處工作人員減少了 27.56%。

社區關係處人數不多，多的時候有二百多人，少的時候只有一百多人，靠這樣一支單薄的力量，廉政公署成功實現了改變港人觀念的目標。該處的職責非常明確，就是引導市民認識貪污的禍害，及爭取公眾支持肅貪倡廉的工作。

從廉政公署成立的時候起，「這兩項工作的長遠計劃包括促進市民的責任感，推動社會在思想上有基本的革新，摒除對貪污不正確的成見與陋習（changing of public attitudes towardes corruption），以達成總督所說『靜默的社會革命』。」[18] 廉政公署首任社區關係處處長余黎青萍後來回憶說：廉政公署首任專員姬達將廉政公署的使命比作移風易俗的「正義之戰」，而將廉政人員視為「光輝的戰士」。她指出：「廉政公署的使命不單在於『反貪』，而是肅貪倡廉：推進積極、至誠、厚道和正義的社會文化，以建立廉潔自奉，依法守規，誠信至尚的個人操守。」[19] 香港廉政公署採用適當的策略，動員全社會的力量，改變市民的觀念，實現了建立廉潔社會的目的。

首先，廉署採用「全民誠信」策略，為不同服務對象提供適切的倡廉教育項目。在全面教育的同時，又對某些界別予以重點關注，倡廉教育全面推進，點面結合。

社區關係處倡廉教育針對的是全港不同領域的市民，不論是公職人員、商人，還是普通市民，都是廉政教育的對象。以 1980 年為例，新聞組共發表八份新聞公報及 474 份新聞稿，內容涉及廉署工作的方方面面。文教創作組集中製作四個大型宣傳項目 —— 兩套綜合宣傳計劃及兩套供香港電台播出的劇集。設計組則設計製作了種類繁多的窗櫥擺設、海報、幻燈片、展覽板、書籤及宣傳小冊子以至各類電視節目的畫面及道具等，這些都以全港市民為宣傳對象。

社關處還要直接與市民接觸，通過面對面的互動，傳播廉潔信息，解答市民困惑，接受貪污舉報。這種聯絡工作分為全港層面和地區層面，全港層面的聯絡工作由社關處總部負責，地區層面的聯絡工作由廉政公署設在各地區的分處負責。1978、1979、1980 三年中，社關處與政府部門、公營機構、各類學校、宗教團體、青年團體、工廠、商行、商舖、專業協會、行業協會等不同機構舉行的聯絡活動分別為 7148 次、9023 次、9901 次。而各地區分處同一時期與不同機構舉行的聯絡活動分別為 6470 次、8321 次和 9609 次。此外，各分處在這三年中還舉行展覽、按戶探訪、比賽、研討會、會談等各種特別活動分別為 2122 次、3566 次和 6102 次。[20] 到 2014 年，社關處仍然保持以往的工作

方式，針對不同界別全面開展廉潔教育。在公營機構方面，為 75 個決策局及部門的 23083 名公務員舉辦 643 次研討會，為公共運輸機構、公用事業機構、大專院校、醫院等公營機構的 8510 名職員舉辦 204 次研討會；在私營機構方面，為 41504 名工商界不同行業的員工提供防貪培訓；在青少年教育方面，為超過 80000 名中學和大專學生舉辦宣傳廉潔、誠信內容的互動劇場、講座等活動；在社區支持方面，與 778 個來自不同界別的團體合辦宣傳活動。社關處透過一系列地區活動，接觸約 681000 人次，與 2458 個地區團體保持着聯絡。[21]

在全面推行廉政教育的前提下，廉署有針對性地對可能受腐敗影響的界別予以特別關注。社關處要對全港市民進行倡廉教育，但並不是在各個界別之間平均使用資源，而是根據各部門出現貪污現象的可能性的大小、以往開展廉潔教育的頻率、市民舉報的數字等因素綜合予以考慮。政府部門掌握權力較大，發生貪污弊案的可能性較高，社關處就會對相關的政府部門進行較多的廉政教育活動。以 1979 年為例，社關處社團聯絡組一共參加了 558 次敘會，其中 178次是與政府部門舉行的。經常與市民接觸的公務員成為社關處關注的聯絡對象，一些較大的政府部門，尤其是紀律部隊，其訓練及進修課程中，經常都包括有「廉政公署」的科目。「其目的在闡釋《防止賄賂條例》，提倡良好服務態度及討論有關公務員如何協助肅貪倡廉的工作。至於和主管職級有關者，則強調他們應盡的主管職責。」[22]

倡廉教育的工作計劃與香港社會的廉政情況緊密相聯。2012 年香港審計署在審計廉政公署社區關係處工作情況時，該處曾列出制訂工作計劃的基本原則。該處會密切監察貪污情況，並據此優先處理紀律部隊、與工務有關的部門、人數眾多的部門以及貪污數目居於前列的部門。從 2007 至 2011 年，香港警務處、食物環境衛生署、地政總署、房屋署、懲教署是平均每年接獲貪污舉報排名前列的五個部門，2008 至 2012 年，社關處對這些部門的工作人員舉辦了較多的廉政講座。在五年之中，本身只有 7624 名工作人員的房屋署（截至 2012 年 3 月 31 日的數字），參加社關處講座的人員數目多達 9565 人次，聽取倡廉報告的比例高達 125.46%；香港警務處共有職員 32708 人，五年中聽取社關處倡廉講座的人數為 29338 人次，參加廉政講座的工作人員比例也達

圖表 5-1　2008 至 2012 年倡廉教育較多的五個部門

| 涉及最多投訴/舉報的部門 | 平均每年投訴/舉報數目（宗） | 人員數目（人） | 參加社關處講座的人員數目（人次） | | | | | 總數（人次） |
			2008	2009	2010	2011	2012	
香港警務處	311	32708	3958	6670	6523	6488	5699	29338
食物環境衛生署	137	9981	221	682	704	1132	922	3661
地政總署	65	3752	88	246	122	163	174	793
房屋署	63	7624	920	1543	1288	2102	3712	9565
懲教署	42	6669	158	42	224	363	436	1223

資料來源：香港審計署：《審計署署長第六十號報告書：第七章　廉政公署倡廉教育和爭取公眾支持肅貪倡廉》，2013 年 3 月 28 日，第 18 頁。

到了 89.70%。即使參加廉政講座較少的地政總署和懲教署，五年之中也分別有 793 人次和 1223 人次參加了倡廉教育，分別佔其工作人員數目的 21.13% 和 18.34%。（見圖表 5-1）

點面結合的倡廉教育策略既能充分發揮倡廉教育的效用，又能克服廉署人力相對不足的局限。同時結合廉政實際情況制定倡廉工作計劃，則可以保證廉潔教育有的放矢，發揮實效。

其次，倡廉教育注重廉署與社團、機構的合作，在雙向互動中推進廉潔社會的建設。

廉政公署成立初期，廉政教育主要體現為社區關係處主動聯絡各機構、部門、社團，展開各種宣傳活動。一旦各部門、社團認識到廉潔觀念的重要性，倡廉教育就改變了廉署單向輸出的局面，而變為有關機構、社團主動聯絡廉署，提出舉辦廉政活動的邀請，以往的單向輸出變成了雙向互動。廉政公署三十週年特刊描述了這一變化的發展過程：「社會對貪污的態度和觀念出現根本的改變後，各界各階層開始從被動支持，轉為主動參與、推動和策劃倡廉活動，在改善制度、宣傳教育、防貪培訓和建立倡廉網絡方面，成為廉署不可或缺的夥伴。……政府部門、公共機構、私營機構和專業團體漸多主動邀請廉署

共同檢討內部或業界運作，令廉署所提供的防貪建議更具認受性及前瞻性，培訓工作亦更切合服務對象的需要。同時，這些部門、機構和團體亦積極支持並參與廉署的宣傳推廣及教育工作。透過不同社群的人際脈絡發揮連鎖效應，不僅擴闊了肅貪倡廉的接觸面，亦匯聚更多資源，強化活動的成效。」[23]

廉政公署每年都會與各種社團、機構舉行數千次甚至上萬次的各種教育及聯絡活動，其中有很多活動是由廉署與相關機構合作進行。有些是雙方合辦；有些是對方主辦，廉署提供主講人員；有些是廉署策劃與提供人員，對方提供場地、資金。如 1979 年 12 月，社區關係處與國際獅子總會港澳三〇三區合辦一項全港倡廉文藝創作比賽。1987 年，香港建築師學會和香港專業管理協會等專業團體延續以往的傳統，繼續邀請廉署講者出席其主辦的課程，發表演說。香港會計師公會、香港華人會計師公會和特許秘書及行政人員公會（香港分會）也安排其會員參加特別聚會，向其介紹廉署工作，闡釋《防止賄賂條例》，並討論商業道德的問題。[24] 旨在倡廉的聯絡活動大多由社區關係處採取主動行動，其他組織有時也主動瞭解廉署的反貪情況。如 1987 年間，香港北區、屯門區、九龍城區和中西區區議會議員均曾探訪廉政公署，並與廉政專員就若干貪污問題交換意見。廉署地區分處職員定時出席區議會或其屬下委員會和分區委員會會議，向與會者彙報辦事處的工作及諮詢其意見。廉署分處通過與社區領袖和地區組織合辦活動，積極爭取他們的支持。[25]

廉署與社團、機構雙向互動的倡廉教育對增強相關機構人員的廉潔意識產生了積極的影響。這種影響主要體現在兩個方面：第一，在社團、機構的配合下，廉政教育才能順利開展，也更有條件取得良好效果。社區關係處工作人員數量有限，不可能完全掌握香港大量社團、機構的情況，只有各社團積極配合，有效的聯絡、教育活動才有可能。廉署 1979 年年報也談到這一情況：「為加強市民對防賄法例之認識及策動他們合力撲滅貪污而推行之計劃，包括有研討會、訓練營及社區參與活動。在社區團體、志願團體、區內學校及各政府部門分區辦事處之協助下，此等計劃得以順利進行。」[26] 而各社團瞭解本組織的情況，知道本社團最需要哪些廉政知識，他們提出的要求更符合自己的實際情況，也便於廉署人員對症下藥，採取更加切合實際情況的廉政教育策略。

圖表 5-2　2008 至 2012 年獲贊助支持的地區活動

年份	獲贊助支持的活動數目	贊助者數目	贊助額（萬港元）
2008	38	38	370
2009	41	48	210
2010	39	32	250
2011	27	34	240
2012	20	22	90

資料來源：香港審計署：《審計署署長第六十號報告書：第七章　廉政公署倡廉教育和爭取公眾支持肅貪倡廉》，2013 年 3 月 28 日，第 34 頁。

第二，社團、機構的參與可補充廉署相對有限的人力、物力資源，擴大香港廉政教育的規模。很多廉政教育活動獲得社團、機構的物質支持，在 1989 年，「近 1800 個政府辦事處、公共機構及私營機構在社區關係處的肅貪教育及宣傳活動中給予幫助，充分體現社會各方面對廉署的支持。以社區關係處的創新計劃，『倡廉潔、共繁榮』社區參與計劃而言，熱心的主辦機構所申請的經費比預算經費超逾一倍；再者，社區關係處在推廣活動方面每花耗一個人時的工作量，參與機構須提供約 16 個人時以籌辦活動。」[27] 從 2008 到 2012 年，廉政公署獲得贊助的地區活動就有 165 項，贊助者共 174 個，獲得的贊助達 1160 萬港元。（見圖表 5-2）

　　合作夥伴贊助倡廉活動的意義不僅僅是減輕了廉政公署的經濟負擔，更重要的是，贊助廉政教育活動是公眾支持和參與該類活動的重要方式。贊助者的參與及支持有助於加強活動的預期效果，活動的範圍及服務對象也得以擴大。

　　再次，廉潔教育形式多樣，倡廉活動無所不在。

　　廉署通過各種各樣的形式推廣倡廉教育，務求公眾在廉潔教育活動中建立誠信、廉潔意識，不留空白。以 1990 年為例，以其重要性來說，廉署的倡廉教育主要有下面幾種形式：

　　一、直接聯絡。社區關係處每年都會通過座談會、茶敍、個人諮詢等形式接觸大量市民，幫助他們認識反貪污法例以及廉政公署提供的服務，鼓勵市民

支持反貪污工作。1990 年該處共籌辦 16976 次活動，接觸約 365000 人。其中 148 次是特別聯絡活動，與特別對象深入探討有關問題。[28]

二、廉政講座。廉署對公務員、工商界社團及教師、大學生等通常會採取舉辦講座或研討會的形式來傳播廉政信息。如在 1990 年內，約四十個政府部門為 15359 名公務員舉辦了入職或復修訓練課程，社區關係處為其舉行了 529 次講座，內容圍繞反貪污法例及有關問題、管理人員在防貪方面的任務，以及面臨有人行賄應該採取的行動等。[29]

三、透過新聞媒體發放廉政信息。廉署會主動向媒體通報最新的反貪信息，借助媒體的廣泛報道，將肅貪的最新動向向市民傳達，以營造倡廉的社會氛圍。1990 年，社關處共發出 211 份報道廉署法庭案件的新聞稿，並且每週向新聞界發出「廉署案件排期表」，提供未來兩週內提堂的案件資料，為媒體報道相關案件提供便利。此外，該處還發出 92 份宣傳廉署服務及活動的新聞稿，舉行了三個記者招待會介紹社關處的倡廉活動，並經常利用電台及電視台宣傳該處舉辦的旨在宣傳貪污危害的活動。[30]

四、播放宣傳倡廉教育內容的電視、電台節目。自 1975 年 6 月起，廉政公署就開始在電台、電視台播放每週五分鐘的廉政節目，最初採用中國北方傳統的對口相聲，後來改為短劇。當年年底起在電視台播放 13 集的電視劇《靜默的革命》，受到觀眾的追捧。此後，以《廉政行動》命名的廉政劇集在香港長盛不衰，影響了成千上萬香港市民的價值觀。除此之外，社區關係處還每年製作不同的電視短片，如 1989 年廉政公署製作的宣傳短片《舉報熱線》着重宣傳廉署舉報電話號碼 5266366（現已改為 25266366），鼓勵市民舉報貪污。一項評估調查結果顯示，認識廉署舉報熱線的人數比率由 1988 年的 73% 增加到 1989 年 11 月的 89%。[31]

除了上述四種主導的倡廉教育方式外，為了讓廉政信息普及到香港的每個角落，社區關係處還創新教育方式，力求在廉潔教育活動中避免遺漏。

廉政廣告是社區關係處應用較多的一種新式教育方式。廉政廣告通常較短，長的也不過幾分鐘，短的只有幾句話，甚至一句話，或者幾個電視鏡頭，就將反貪倡廉的核心信息概括出來。廉署通過在報紙、電視台、電台、互聯

網、地鐵車廂以及巴士車廂內顯示屏等地方輪番播放廣告的方式，將反貪信息植入聽眾、觀眾的頭腦中。2003 年，為了慶祝次年廉政公署成立三十週年，廉署同巴士「路訊通」合作，在巴士上通過流動廣播媒體播放《經典廉政廣告篇》短訊節目，節目共六集，每集四分鐘。經過廉政廣告的輪番「轟炸」，「香港勝在有 ICAC」這句話在香港已經深入人心。有人認為，廉政公署能在港人心目中獲得獨立公正、不偏不倚的形象，除了廉署肅貪卓有成效外，電視廣告的功效也應記一功。[32]

展覽會也是廉署在廉政教育中探索出的一種有效方式。1976 年 10 月廉署鴻裕分處成立一週年，該處特別舉行一次宣傳分處工作的試驗性展覽會。在舉行展覽會之前，該分處先行致函鴻裕大廈的 350 間住戶及商店，邀請他們前來參觀。該次展覽會參觀人數達數千人，其中包括 450 名鴻裕大廈居民。隨後，分處聯絡人員再次探訪大廈居民及商戶，進一步加強聯絡。這一嘗試獲得良好反應，廉政公署以「鴻裕計劃」為藍本，拓展更多的聯絡計劃。[33] 此後，廉政公署又開拓出更多的展覽會形式，如在 2008 年 8 月，廉署首度推出一輛流動展覽車，逢週末穿梭全港各區不同地點，並於平日到訪各學校，宣傳廉潔信息。市民對這個流動展覽設施的反應甚為熱烈，參觀人數至當年年底已達85000 人次。[34] 而在 2010 年，為了宣傳廉潔選舉的信息，社關處批出一份定額95 萬港元的合約，以提供貨車服務，在合約期內舉辦 135 日的流動展覽。[35]

廉政公署也通過舉辦廉署開放日活動來加強與市民的交流。在開放日，市民可以進入神秘的廉政公署拘留室，參觀廉署請人「飲咖啡」的盤問室，在展覽廳內觀看展示廉署反貪成績的圖片展覽。還可進入廉署舉報中心、單面鏡認人室、證人保護及槍械組參觀，並有專人帶領從旁講解。為增加對市民的吸引力，參觀者可在攝影區與紙板廉署職員合影，小朋友則可跟可愛的廉署卡通人物「智多多」合照。另外，在廉署的電腦鑒證科內，有專人示範如何運用電腦分析破解非法集團的數據密碼。[36] 開放日加深了市民對廉署的認識，提高了市民的肅貪倡廉意識。

為了優化倡廉教育的效果，社關處往往在大型的廉潔教育活動中將多種教育形式同時並用。如從 1981 年起，社區關係處就開始舉辦以「豐盛人生」

為題的大型宣傳活動，以鼓勵市民培養正面的個人及社會價值觀。「豐盛人生『90』」由廉署與國際獅子總會港澳三〇三區、香港電視廣播有限公司和香港商業電台合辦，多間私營機構提供贊助。活動包括了漫畫問答比賽、電台廣播節目及電視節目，整個活動的壓軸節目是電視現場直播節目。共有 42355 人參加了這些活動，有關信息通過大眾傳媒傳達至 220 萬市民。[37] 廉署在 2007 年 12 月 9 日舉行的「國際反腐敗日暨廉政之友十週年嘉年華」活動內容更加豐富，來自 18 區近 4000 名市民參加了多種形式的活動，包括中樂演奏、警務處警犬及海關緝毒犬表演、藝人表演、消防處展覽、攤位遊戲、彈床、填色閣、民間手工藝、電動小型汽車及廉署刊物閱讀等，廉署希望藉此活動呼籲全港市民以行動來支持肅貪倡廉的工作，同心合力打擊貪污，營造廉潔公平的社會風氣。[38]

對於那些在各種教育形式中都可能難以接觸的市民，廉署也想方設法將反貪信息傳遞給他們。如 1979 年，為接觸不屬於任何團體的市民，廉署各分處人員多次探訪公共屋邨及私人屋宇的居民，與他們交換意見，並就近尋找寬敞地點舉行遊藝會及晚會。各分處還推行一項聯絡的士司機的實驗計劃，另舉辦其他活動聯絡問題少年、戒毒者、越南難民、內地移民及傷殘人士，力圖將那些難以接觸的市民也納入倡廉教育的範圍。[39] 1987 年，二萬八千多名內地新移民在金鐘樂禮大廈人民入境事務處作首次登記時，廉署職員為他們播放講解貪污成因的錄影帶。[40] 1990 年，社關處完成一項試驗計劃，利用直接郵遞接觸一些用其他方法難以接觸的特定對象，即向小型企業解釋實施防貪措施可如何使他們得益。廉署認為試驗計劃的反應令人滿意，社關處可更廣泛地用這種方法接觸其他未來的宣傳對象。[41] 1993 年，該處將防貪資料寄給 1267 家食肆及 4481 間小型塑膠廠。[42]

最後，鼓勵市民參與倡廉活動，將市民從廉政教育的被動接受者轉化為主動參與者。

廉署反貪需要市民支持，不僅支持反貪，而且積極投身倡廉活動。香港廉政公署成立三十週年之際，時任廉政專員黃鴻超在紀念特刊的獻詞中指出，廉署所以能「成功控制貪污禍患，究其主因，除了廉署具有肅貪倡廉的無比決心外，市民的全力支持亦至為重要。貪污罪行授受皆悅，搜證異常困難，故廉署

一開始便定下『深入社區，推行廉政』的工作方針，點滴凝聚市民的支持，逐步扎根於社群。廉署雖是獨立運作，但從來絕不孤獨。」[43] 廉署在社區內逐漸形成一重又一重的防貪網絡，「由個人到政府、小孩到長者、家庭主婦到專業人士、學校到地區團體等，全港市民萬眾一心，築起一堵又一堵的反貪城牆，合力維護香港的公平和廉潔。」[44]

香港市民支持反貪、主動參與倡廉活動體現在個人、社區、社會三個層面上。

從個人層面來說，社區關係處為個人自主學習瞭解廉政知識、參與廉政活動提供了便利。在廉署的倡廉教育活動中，港人不是被動的接受者，而可以主動參與相關活動。市民可以通過信函、電話、電郵以及親身接觸與廉署職員進行交流，也可在廉署網站主動瞭解相關信息。廉署舉辦的眾多倡廉活動，如廉政廣告競賽、廉潔歌詠比賽、廉署茶敘活動都為關心廉政建設的香港市民提供了主動參與的機會。

從社區層面來說，廉署通過社區參與計劃將市民納入倡廉教育活動網中。1989 年社區關係處舉辦了「倡廉潔、共繁榮」社區參與計劃，力圖發掘社區資源，動員社區組織傳播肅貪倡廉的信息，在廉署的支持下由它們自行策劃籌辦倡廉活動。當年共舉行倡廉活動 29 項，第二年增加到 59 項。參與機構為舉辦這些活動付出的資源，比廉署職員付出的多出十倍以上。[45] 而在此前的社區參與計劃中，廉署就非常重視招募成年義工如家庭主婦，以協助推行廉署聯絡活動。1987 年共有 190 名熱心義工協助廉署推行多項聯絡活動，包括住戶探訪、展覽、攤位遊戲、綜合表演、營地活動和小組討論等。為便於前任義工與現任義工之間的聯絡，廉署還幫助印製了《義工通訊》，1987 年共出版了四期，受到義工的歡迎。[46]

在香港社會層面，社區的廉署義工逐步擴大為「廉政之友」，將數以千計的市民變為積極投身廉潔社會建設的熱心人。在 1996 年初，社區關係市民諮詢委員會提議加強廉署義工計劃，讓更多市民參與支持反貪工作。綜合了不同形式義工服務的經驗後，「廉政之友」於 1997 年 5 月 18 日成立。成立該組織的目的是鼓勵香港市民透過積極參與倡廉活動，深入認識廉政公署的工作；並

身體力行，協助推廣廉潔信息，共同維護一個廉潔公平、安定繁榮的社會。他們或者在廉署的倡廉活動中協助構思、籌備及推行倡廉活動、負責表演項目，或參與不同類型的會員活動，例如迎新活動、週年聚會及頒獎典禮等，交流義工服務經驗，或參加培訓課程，或透過「廉政之友」通訊《友·共鳴》分享對「廉政之友」或廉署工作的意見。截至 2016 年 10 月，「廉政之友」會員人數已超過 1600 人。僅在 2015 年，超過 470 位廉政之友在廉署各類倡廉活動中貢獻共約 6000 小時的義工服務，其中近 300 位會員在一年一度的獎勵計劃頒獎典禮上獲得表彰。[47]

通過上述策略，廉政公署成功地聯繫起肅貪倡廉的工作與香港社會的每個團體、每個成員，建立誠信社會、廉潔社會不再只是廉政公署的工作目標，而與香港社會的每個人都息息相關。在這個過程中，廉署採用的多媒體廉政宣傳、對青少年的誠信教育以及推動商業道德的努力突顯了倡廉教育的成果。

第 二 節

生動活潑的多媒體廉政宣傳

　　從廉政公署成立之日起，廉署就認識到要減少貪污現象的發生，就要改變貪污賴以產生的社會文化。而要改變社會文化，就需要善加利用各種有助於影響大眾觀念的傳播媒介。當時剛剛興起但前景廣闊的電視劇成為廉署社區關係處關注的一個重點。

　　廉署高層認為，電視是廉署接觸普羅大眾最有效的媒介，因此，一開始就極力網羅電視製作的專業人才，在香港電台拍攝《獅子山下》時嶄露頭角的黃華麒、梁立人等導演、編劇就成為社區關係處第一批負責媒體宣傳的工作人員。黃華麒導演的第一輯廉政劇集《靜默的革命》首創了用電視劇宣傳反貪的新形式，並在以後的幾十年中逐步發揚光大，成為香港廉政文化建設中獨具特色的內容。

　　《靜默的革命》包括了《小販》、《亞銀》、《學校風雲》、《歸來》、《百折不撓》等 13 集系列電視劇，通過普通市民的生活實況，反映了不同領域的貪污對社會的危害，這種危害既表現在警察和政府官員對小販等普通市民索取賄賂，也表現在公立醫院清潔工收取茶錢、採購者向供應商收取回佣等。劇集用寫實的方式，將現實生活中的實例與藝術上的虛構結合起來，通過男主角目睹貪污帶來的不公平，決定放棄原來心儀的職業，投身廉署，成為一名走在反貪第一線的廉署調查員。《靜默的革命》成功利用戲劇形式和電視傳播的威力，向公眾傳遞了肅貪倡廉的信息，在觀眾中產生了重大影響。

　　《靜默的革命》一炮打響，廉署繼而推出由許鞍華執導的廉政劇集第二輯《ICAC》。許鞍華留英回國不久，在無線電視工作期間拍攝了極受歡迎的警匪劇集《CID》，1977 年 3 月被招請到廉政公署社區關係處。《ICAC》包括了《黑白》、《歸去來兮》等七集系列劇，在改編重大貪污案件的基礎上進行藝術加

工，通過貪污犯的感情糾葛和廉署調查員的成長經歷等，反映了人性的貪婪、乖張以及善良、溫馨等不同的側面，從社會關懷、世情描繪中輕輕帶出反腐倡廉的主題。1978 年《ICAC》在當時的麗的、無線、佳視三個電視台播映，根據廉政公署的統計，每集的觀眾超過 200 萬人。《靜默的革命》和《ICAC》奠定了此後幾十年廉政劇集的基本風格，不論是《廉政先鋒》（1981-1989）、《廉政追擊》（2001），還是其他年份的《廉政行動》都是奠基於事實之上的警匪劇模式。[48]

廉政劇集的製作方式隨着時代的變化而變化。據 1982 年起就在廉署社關處工作、後任社關處處長的穆斐文回憶，廉署成立初期，廉署人員編制中只有一個導演的職位，具體製作要通過招標程序從外部的攝製公司選擇合作夥伴。攝製公司提供攝影師、燈光師及攝影設備，廉署負責攝製思路、素材、導演以及提供助理人員，負責協助拍攝事務、聯絡演員、提供服裝等工作。由於製作成本較高，加上廉署沒有演員及考慮到收視等其他因素，從 1994 年起，廉政劇集轉換為另一種模式，即與擁有良好影視製作及播映條件的無線電視合作。但與無線電視的合作每次都要透過招標程序外判，每一輯都會重新招標，招標的原則就是投標者的製作條件以及收視率。[49] 2014 年廉政公署成立四十週年之際，新一輯《廉政行動》每集由過去的一小時增加至一個半小時，每集的製作費也由四百多萬港元增加到八百多萬港元。[50]《廉政行動 2016》是歷來第 16 輯劇集，在劇集形式和播映方式上都有所創新。以往的廉政劇集採用單元劇形式，每集各自獨立。《廉政行動 2016》改由邱禮濤導演個人拍攝五集，由同一批調查人員發展成連續劇，因此更有連貫性和吸引力。在播映形式上，廉政劇集不限於通過傳統電視台接觸觀眾，還在網絡平台和手機程式上同步播放劇集，以配合時代的變遷和社會需要。[51]

廉政劇集逐漸形成自己明顯的特色。首先是大部分劇集根據真實個案改編而成，並且在不同時期有不同的重點。在集團式貪污猖獗的七十年代，葛柏案及同「官職收入與財富不相稱」有關的個案等成為拍攝的素材；八十年代涉及私營機構的貪污案件增加，海外信託銀行事件、中華巴士貪污案等重大案件也被改編為廉政劇集；九十年代後，貪污罪行日趨隱蔽，如在世界各地

開設戶口調動賄款等，廉政電視劇中就包含了一些針對這種情況廉署主動出擊的案件。[52] 其次，除了廉政劇集的初創期及 2016 年後的改革創新期以外，多數情況下每一輯的不同劇集由幾個不同的導演執導。如《廉政行動 2004》由邱禮濤、梁堅、林超賢、章國明導演，《廉政行動 2007》由章國明、林超賢、邱禮濤、馬偉豪執導，《廉政行動 2014》由林超賢、唐基明、邱禮濤、泰迪羅賓、章國明執導。不同的導演可以用自己的風格演繹廉政劇目。以《廉政行動 2009》為例，林超賢編導了股市弊案《造市》，葉偉民執導了詐騙市建局賠償金的《釘子戶》，劉國昌執導了在判出工程合約時攫取非法回佣的《維修大鱷》，邱禮濤執導了詐騙保險金的《死亡保險》，章國明執導了公職人員以權謀私的《公‧私‧車》。五個導演講述了五個故事，以不同拍攝風格帶出打擊貪污的信息。[53] 再次，廉政劇集通過角色、主題等因素形成了穩定的風格。廉署調查員成為廉政劇集的固定角色，肅貪倡廉始終是廉政劇集的固定主題，而廉署調查員夙夜匪懈地將貪污犯繩之於法就成為廉政劇集的固定故事程式。與一般的電視連續劇不同，廉政劇集是系列劇集，每一集講述一個故事，每一集的內容都不同。只是 2016 年的改革向着電視連續劇靠近了一步。在共同的大框架下，廉政劇集允許不同的導演有不同的處理方式和個人風格。[54]

　　廉政公署利用電視劇集進行倡廉教育的努力取得了良好效果，幾乎每一輯廉政劇集都引起了觀眾的關注。如 1989 年製作的 13 集電視劇《廉政先鋒》觀眾數量眾多，平均每集有 213 萬名觀眾收看，位列電視台五個收視率最高的節目之一。[55] 五集電視劇《廉政行動 2009》，每集平均有 137 萬人收看，劇集更首度於內地中央電視台播放。[56] 1989 年社區關係處對《廉政先鋒》的播映效果進行調查，結果顯示，94% 的受訪者認為該劇集具有良好的教育意義，88% 的受訪者認為劇集真實反映了廉署的工作及貪污的問題。[57]

　　廉政劇集作為倡廉教育的一種方式，其目的是通過形象的描繪、生動的情節，告訴公眾貪污對社會的危害，強化公眾對廉政公署的信心，促成公眾支持和配合廉署的反貪活動。具體來說，廉政劇集主要從以下方面進行廉政教育：

　　首先，在廉政劇集中宣傳廉政法例和反貪基本知識。廉政劇集肩負宣傳廉政知識的重任，借助具體戲劇情節講解廉政法律成為該劇的一個特色。尤其在

廉政公署成立初期，市民對哪些行為屬於貪污賄賂沒有清晰的認識，廉政劇集中的每一集都會透過具體案例，不厭其煩地反覆解釋，劇中案犯觸犯了《防止賄賂條例》的哪一條。如《ICAC》第四集《第九條》酒店服務生瞞着僱主替客人安排性服務，向雙方索取金錢，觸犯《防止賄賂條例》第九條。1982年《救星與四房客》中，新界民政署地政督察違反了《防止賄賂條例》第三條。1989年《廉政先鋒III》的第二集題名就是《第十條》，具體闡釋了案犯如何違反了《防止賄賂條例》第十條：收入與官職不符。到市民對廉署和廉政法律有深切認識後，廉政劇集的教育功能逐漸淡出，不再每集都反覆解釋案犯觸犯了哪一條反貪法律。[58] 但在公眾容易困惑的問題上，廉政劇集仍會加以解釋。如《廉政行動2004》第三集《以權謀私》中，一名產業署高級人員多年來把巨額合約判給朋友，表面上沒有受賄現象，但廉署追查下去發現，當事人公然利用自己的職權，剝奪了其他人公平競爭的機會。這也是廉署引用普通法中有關公職人員行為失當的條文提出檢控的一個例子。[59]

其次，回應社會疑慮，建立廉署嚴格執法的正面形象。廉政公署給多數港人帶來了遏制貪污、實現社會公平的希望，但也給不少人帶來了困惑。據《靜默的革命》導演黃華麒回憶說，當時社會上對廉署有很多疑慮：廉署是否權力過大？大家以為辦事送茶錢、給「利是」（紅包）或佣金是潤滑劑，能令事情順暢。現在派「利是」就會觸犯《防止賄賂條例》，大家就很害怕，有人擔心廉署會否搞垮經濟？[60] 如果不能消除人們的疑慮，肅貪倡廉的工作就得不到市民的充分支持，因此廉政劇集就要負起宣傳教育的責任。廉政劇集中扮演調查員、組長等角色的演員，不僅要演技好、外形好，而且一定要通過廉署的審查，以免有不當行為影響廉署的形象。作為正義的化身，廉署調查員在劇中要克服重重困難，將案件查個水落石出，把貪污分子緝捕歸案。在《靜默的革命》中還特意設計了廉署人員在社區中心舉辦講座的場面，插入創作的電視清談節目，由廉署代表即場回應市民對廉署的意見。[61] 劇中的廉署調查員嚴格執法，講究證據和法律程序，入屋調查之前必先表明身份，然後出示搜查令，在整個過程中始終保持禮貌。「透過展現調查行動的細節，除了呈現廉署擁有對付貪污罪行所必需的專業技能外，更多的是回應成立初期，社會人士對其權力

過大的批評，強調所有廉署調查員的行動都是有法可依、按規章辦事，不會濫用權力。」[62]

再次，灌輸廉潔、誠信的觀念。在廉政劇集中，貫穿始終的觀念就是貪腐只會給個人和社會帶來災難和不幸，不論貪污疑犯多麼狡猾，最終也不免落入法網。《歸去來兮》的主角因貪污被查，在感情的漩渦中備受煎熬，多番盤算到頭來還是一場空；《富貴浮雲》的案犯雖然處心積慮騙取他人的信任，收取了回佣，但卻生活在鬱鬱不得志的境況中。《釘子戶》力圖將廉潔與普通市民的生活聯繫起來，用劇情表明：如果沒有定力，在蠅頭小利的誘惑下，也可能陷入貪污的泥潭。《靜默的革命》第一集《小販》最清楚不過地闡述了廉政公署的基本理念，劉松仁扮演的大學落榜生江定邦放棄來年再考大學醫科，決心投考廉署調查員，他在面試時解釋自己棄醫從廉的原因時說：「正確的思想觀念比健康的身體更加重要，如果不肅清貪污，香港就沒有一個健康的社會給下一代成長，廉署工作同樣是救人的工作。」在該劇集的結尾，江定邦走在佈滿陽光的街道上，滿面喜悅地前往廉署報到。這時，屏幕上打出一段字幕：「愈來愈多人加入了反貪污的行列，他們將以狂風掃落葉的氣勢，將香港社會的貪污勢力完全瓦解、徹底根除。廉政公署的成功是社會繁榮安定的先聲，亦是那些正直善良的香港人為自己爭取公平、維護正義的一種勝利。」[63] 廉政劇集以潤物細無聲的方式將廉潔、誠信、公平、正直的理念傳遞給市民。

最後，廉政劇集還注重刻劃在調查貪污弊案時廉署與警方的密切合作關係。廉署成立時，因為集團貪污案大多涉及警方人員，不少警察對廉署持敵視態度。廉政劇集《ICAC》中有兩集《男子漢》、《查案記》涉及警察貪污，1977 年「警廉大衝突」後，有人擔心播放後會激化警察的不滿，這兩集節目在播放前被臨時抽起，直到二十多年後才得以公映。廉署調查的對象是貪污疑犯，而不是警察。如果廉署和警方不能建立合作關係，既不利於調查貪污案件，也不利於香港社會的安定。因此，在廉政劇集中有不少反映警廉合作的電視劇，如《廉政行動 1994》第三集《人肉速遞》中入境事務處發現有人持造假證件入境遂向廉署舉報，由此揭發一宗大案。《廉政行動 1996》第一集《再見大龍鳳》中，在警方幫助下，廉署終於拘捕了警隊中接受賄賂包庇色情場所

的貪污疑犯。一般的模式是，劇中警方會將貪污線索交廉署調查，廉署採取行動時，得到警方全力協助。雙方目標一致，卻又保留各自的特色。最好的例子是 1989 年《廉政先鋒 III》的《億萬追蹤》，警探鄭浩南與廉署調查員吳岱融合作調查詐騙案，兩人因辦案作風和手法不同而產生芥蒂，最終冰釋前嫌，合作破案。[64]

廉署還會利用廉政劇集的轟動效應採用輔助的廉政教育活動。如 1989 年《廉政先鋒》極受歡迎，廉署便在該劇播映的三個月期間舉辦一項宣傳活動，在《東方日報》刊載該 13 集電視劇的故事內容，每集均佔用半版篇幅，連同一個有關該集內容的問答比賽，配合其播映日期刊登；該項問答比賽吸引逾三萬份競猜表格。[65] 多種形式相互配合，增強了廉政宣傳的複合效果。

與一般電視劇相比，廉政劇集有一些劣勢：題材單一，情節圍繞着調查貪污案這一主題來進行；廉政劇集的主角 —— 廉署調查員主要從事調查工作，文質彬彬，西裝革履，很少有警匪片中的激烈槍戰場面，缺乏一般人感興趣的強烈戲劇性；廉政劇集大多是單集片，一集一個故事，缺乏多集電視連續劇的吸引力。作為負有廉潔教育義務的廉政劇集，能讓觀眾看下去就不錯，香港廉政公署拍攝的廉政劇集還做得讓觀眾看得津津有味，廉政劇集的吸引力表現在何處？

廉政劇集建立在改編真實個案的基礎上，這是該劇集最大的吸引力之所在。從《靜默的革命》開始，改編真實個案就成為廉政劇集的一個準則。據該劇導演黃華麒回憶，當初改編真實個案遇到很大阻力，主要是執行處擔心改編會偏離事實，洩露涉案者私隱，導致被控誹謗；二是擔心洩露廉署的調查方法，罪犯會預加防範，增加調查的困難。經請示律政署，改編真實案件的法律問題獲得澄清，但劇中要加上一句話「根據真實個案改編，如有雷同，實屬巧合」。[66] 最初幾部廉政劇集播映後輿論反應正面，執行處的疑慮逐漸消除，也願意提供真實大案的材料。廉署在挑選個案方面形成了三個貫徹始終的基本原則：1. 司法程序全部完成的案件才列入考慮之列；2. 考慮對公眾利益和民生的重要性；3. 有關案件能否帶出調查員在調查過程中面對的挑戰。廉政劇集不會公開改編自哪一宗真實案件，因為署方的目的是教育公眾，帶出貪污禍害，希

望市民引以為鑒,而不是再懲罰已經接受法律制裁的人士。[67]

　　廉政劇集的真實性體現在三個方面:個案真實、實景拍攝以及調查方法的真實。一旦導演決定改編某案件,要先看與案件有關的檔案,包括大量的剪報、內部文件及執行處的調查資料。之後還要同案件調查員交談,瞭解調查的具體情況,以及調查員及犯案者的心態,以便導演在拍攝時給演員以適當的指導。然後在大綱擬定、劇本編寫、劇情演進等不同階段,導演都要就重點問題與編劇討論,先寫大綱,提出方向,確定故事如何開始。在劇本編寫階段要與執行處溝通,重大問題由執行處把關。查閱檔案的劇組成員要簽一份文件,承諾離開廉署後也不能將這些資料向外界公佈。[68] 在可能的情況下,廉署劇集拍攝時爭取實景拍攝。一般電影製作難以借懲教署、機場禁區等場地來拍攝,但廉署拍攝的電視劇就能獲得其他政府部門的配合。如在拍攝《廉政行動2014》時,政府產業處特別提供美利道停車場大廈,即舊廉署執行處總部拍攝,重塑當年境況;懲教署借出羅湖女子監獄、瑪麗醫院的羈留病房;並將前北九龍裁判法院、現時的薩凡納藝術設計學院,還原成舊法庭的模樣。實景拍攝,大大加強了真實質感。[69] 為了增加劇集的吸引力,自然需要加入曲折的情節和角色之間複雜的感情衝突,但有一個原則就是犯罪手法、調查手法要盡量忠於事實。電視劇拍攝時,廉署的監製要保證調查手法不違反廉署的指引,不可以有違反法律和廉署規定的行為。[70] 市民對真實發生的案件興趣濃厚,而廉署的調查「一向都是『廉署保密,密密實實』,外界無從得知內情。現在觀眾能夠透過劇集,去窺視廉署抽絲剝繭的查案過程,自然能夠滿足觀眾的好奇心。」[71]

　　廉政劇集的吸引力不僅在於其真實性,而且在於其高超的藝術性。香港《大公報》在評論廉政劇集的文章中寫道:「廉政公署的劇集,尤其是上世紀七八十年代推出的早期作品,可以說是台前幕後精英雲集,可觀性不下於同期任何電視劇集。幕前我們可以見到晚年的張瑛,以及初出道的劉松仁、吳鎮宇,以至曾江、喬宏等好戲之人。而幕後,在1979年播出的第二輯廉政劇集,更是網羅了許鞍華擔任導演,嚴浩、陳韻文、倪匡擔任編劇,甚至金庸這樣的重量級人物也出任其中一集的編審。而近年除了有任職該署高級編導的新浪潮導演章國明外,像林超賢、邱禮濤等名導亦有為這些劇集執導,在商業電

視台流水作業生產模式的今日香港，這樣的導演陣容可能只有政府機構出資才可能見到。」[72] 與追求速度的一般香港電視劇不同，廉政劇集每一輯的準備、製作都需要兩年時間，對質量有較高的要求。梁朝偉、劉德華、郭富城、梁家輝、任達華、黃秋生、鄭裕玲、李修賢、呂良偉、苗僑偉、羅家英、米雪、廖啟智、古天樂、張智霖、狄龍等知名藝人都曾在劇中出演角色。廉政劇集的導演們吸取國際先進手法，極力在拍攝過程中表現出更多的創新性和藝術性。在拍攝《死亡保險》等劇時，邱禮濤導演採用了美劇《24》的倒數敘事方式，重現廉署人員如何在 48 小時內搜尋證據，以快速的剪接、緊湊的情節，使平淡的調查過程既具有真實感，又充滿戲劇性。[73] 許鞍華導演的《ICAC》更注重在罪案實例和查案過程中作人性的解剖，描繪人性的複雜性而不作簡單的道德判斷。有論者甚至認為，「如果不打上《ICAC》的片名，觀者不會覺察《黑白》是廉署拍的宣傳片。」[74] 廉政劇集對質量更加重視，「大多啟用電影導演執導，在鏡頭運用、場面調度、演員演出等方面，都極具電影感，與電視劇的製作大異其趣。說是電視劇，其實製作規模更接近電視電影。」[75] 不少廉政劇集的導演屬於注重社會批判的新浪潮導演，如許鞍華、嚴浩、章國明等，將電視用作反映現實、批評社會的藝術表達媒介。廉政劇集雖然是廉署的宣傳工具，但在導演的心目中，他們要在廉政題材上拍出反映人性的好電視。如同章國明導演所講：「這裡的製作模式跟電影圈一樣，且資源充足。題材雖然只是表揚廉潔和反對貪污，但故事說的其實是人性。」[76]

廉政劇集在體現真實性、藝術性的同時，也反映了時代變遷中港人的喜怒哀樂。廉署選擇改編個案的一個原則就是與民生有關，因此，廉政劇集的內容大多與港人的實際生活有密切關係。1982 年《廉政先鋒 I》中的《救星與四房客》敘述了新界民政署一名地政督察收受四戶人家的賄賂，答應安排他們入住公屋，而其他住戶則需要輪候八年才得以「上樓」入住公屋。《廉政行動 2004》第五集《短樁》則反映九十年代後香港發生的眾多因建築公司賄賂工程人員、偷工減料而出現的短樁問題。《廉政行動 2009》中的《維修大鱷》和《釘子戶》分別探討了與普通市民聯繫密切的樓宇管理維修中的貪污以及市建局收購舊樓重建時遇到的「釘子戶」問題。隨着香港與內地的關係愈來愈密切，廉

政劇集也着眼於跨越兩地的貪污犯罪，如《廉政行動 2009》中的《死亡保險》講述了跨越香港與內地的一宗以假死騙取人壽保險賠償金的案件，廉署調查員在內地幫助下終於破案。《廉政行動 2011》的《黃金噩夢》主要圍繞着一對來自內地的新移民兄妹以虛假買賣訛騙銀行而展開。廉政劇集與時俱進地記錄了香港的民情與普通市民的生活，自然會引起港人的高度興趣，而廉政劇集中給人留下深刻印象的鏡頭已經成為香港集體回憶的一部分。[77]

第 三 節

形式多樣的青少年廉潔教育

　　青少年代表着社會的未來，培養具有廉潔意識的青少年，才能保證廉潔社會的可持續發展。香港廉政公署成立後將對青少年的廉潔教育放在重要位置，1975 年 12 月成立的社區關係處社會教育組肩負起聯絡教育機構、推進學校廉潔教育的重任。青少年年齡不同，境況差異較大，有的在上小學，有的在讀大學，還有的已經就業。分層次、多形式成為香港青少年廉潔教育的突出特點。

　　大學生擁有相對較高的知識水平，自主意識較強。針對大學生進行的廉潔教育不像對中小學生那樣強調趣味性，而更注重學生的參與，通過學生參與討論、教育活動以及廉潔交流活動激發他們的廉潔意識。

　　舉辦廉政講座與培訓活動是大學生廉潔教育的常規方式。社區關係處一開始就注重聯絡大專院校，在學校及教師的協作下對學生進行倡廉教育。如1977 到 1979 的三年間，廉署分別與大學 / 專上學院舉辦了 102、111、98 次聯絡活動。[78] 而在 2007 年 8 月至 2011 年 12 月期間，社關處每年都要接觸 11 所大專院校（八所獲政府資助的院校和三所財政自給的院校），為就讀一年級和最後一年的學生舉辦個人及專業道德講座。[79] 針對大學生舉辦的廉潔教學活動注重學生的主動參與，並幫助他們成為廉潔精神的典範。以 2006 年為例，廉署為大專院校學生舉辦了 162 次課堂討論，探討個別學科與肅貪倡廉工作的關係。近 5000 名來自法律學系、醫學院、牙科系、工程學系、建築 / 建造系、工商管理學院、社會學系、社會工作系、政治科學與行政學系、歷史系及經濟學系的大學生參加了上述討論。學生們對反貪個案研究很感興趣，而對討論其本學科相關道德問題態度更加積極。[80] 同年，社關處還聯同六個專業團體及青年機構合辦了一項「建誠信　創未來」青年培訓計劃，目的是通過舉辦工作坊、體驗日營、個案研習比賽等活動，為香港、內地和海外大專學生的交流

提供平台，將他們培養為誠信領袖。該計劃共吸引了約 1500 名來自香港、內地、澳門及海外的大專學生參與。[81] 2009 年暑假期間，廉署舉辦了 14 項大學生交流活動，包括法律教育信託基金「法律學生培訓計劃」、中文大學「新紀元行政管理精英培訓計劃」，以及專為大學生而設的廉政講座等，共有六百多名來自香港、內地、台灣及海外 39 所大專院校的學生參與，共同分享香港廉政公署成功的反貪經驗。[82]

廉政大使活動是大學生廉潔教育的第二種方式，這種方式可以發揮學生的主動精神，便於學生進行自我教育。2008 年，社關處推出廉政大使計劃，招募大學生成為廉政大使，負責在校園內定期為同學舉辦倡廉活動，加強肅貪倡廉文化。為便於現任和前任廉政大使保持聯繫，社關處牽頭在 2010 年成立了一個名為「愛·廉結」的組織，並定期為成員舉辦活動。截至 2012 年 12 月，社關處已在 17 所大專院校中的 11 所推行該項計劃。[83] 廉政大使身為學生，瞭解學生的困惑和需求，便於向其同輩友伴推廣更加切合需要的倡廉信息。廉署工作人員會為來自不同院校的廉政大使舉辦訓練營，為他們提供基本的培訓。在 2014 至 2015 學年，約 120 名來自 16 間大專院校的廉政大使籌劃了 55 項校園活動，向 87000 名同學宣傳廉潔信息。2015 年 6 月，社關處舉辦「愛·廉結」五週年聚會，對會員的貢獻予以肯定。這一由前任及現任廉政大使組成的倡廉組織已擴大到 800 人，當日的聚會約有 200 名青年人參與。[84]

編纂防貪教材是大學生廉潔教育的第三種方式。大學畢業後有不少人會選擇直接就業，走上不同的工作崗位。廉政公署根據社會上不同行業出現貪污的情況，為特定專業的大學生編製防貪教材，提早為他們打好預防針，避免他們走上社會後落入貪污的陷阱。如 1996 年社關處為大學生編製了兩套專業道德參考教材，一套以修讀法律的學生為對象，另一套的對象則是建築、工程及測量學系的學生。[85] 一般來說，社關處的教材並非全面性的教材，而只是教材中的一個單元，主要傳遞防貪知識。像 2009 年，社關處編撰的防貪單元被納入與建築工程相關的大學學位課程，2010 年防貪處再編製三個全新的防貪單元，以納入酒店及旅遊管理、物業管理及屋宇設備工程的學士學位課程內。截至 2010 年，防貪處共編撰了 11 個防貪單元，並於當年協助五所大專院校向

一千一百多名學生教授有關單元，及參與擬定試題和評分等課程評審工作。[86]

除此之外，廉署也會舉辦一些能體現大學生參與精神的廉潔戲劇宣傳活動。如 1986 年，社區關係處社會教育組為 10 所院校舉辦了一項戲劇比賽活動。活動分三部曲：第一部分是以「金錢以外」為主題進行劇本創作比賽；第二部分是演出獲獎劇本；第三部分是選擇一些劇本編印，供各中學使用。[87] 2015 年，社關處舉辦了青少年誠信微電影製作計劃活動，五所大學的一百多名學生製作了 12 部宣傳廉潔價值觀的微電影。市民通過網上投票參與選出最喜愛的微電影。[88] 這種活動激發了大學生參與廉潔教育活動的熱情，參與投票活動及觀看微電影也相當於在市民中進行了一次廉潔教育。

與大學生相比，中小學生的教育程度、對社會的瞭解程度要相差很遠，而中小學數量眾多，顯然無法依靠廉政公署負起進行廉潔教育的重任。因此，中小學生的廉潔教育主要依靠各學校來進行，廉政公署則擔當推動、籌劃、指導等角色。廉署社關處的工作也相應分為兩個層面：一個層面是對學校教師的培訓、幫助與支持；一個層面是與學生面對面進行廉潔教育活動。

廉政公署在中小學的倡廉工作得到政府教育部門及學校德育教師的配合與支持。從 1976 年 1 月起，教育司署委派一名助理教育司出席廉政公署社區關係市民諮詢委員會屬下的社會教育小組委員會的活動。教育司署也邀請廉政公署派代表參加中學社會教育科小組委員會、小學社會教育科小組委員會及中學經濟科小組委員會、中學經濟及公共事務科小組委員會、教育電視中學社會教育科節目委員會，期望在學校相關課程的教學活動中納入廉潔教育的內容。[89] 此後，教育部門與廉政公署形成了密切合作關係。廉署也與在各學校直接負責教學的德育教師或通識科教師建立起密切的工作網絡。在 2005 年，廉署編製了聯繫 116 所中學及 151 所小學的《德育教師聯絡名冊》，並與 37 所中學和 118 所小學建立了超連結。這些教師成為廉署「德育資源網」的通訊訂戶，而近 7000 名德育通訊訂戶均可第一時間接收廉署的德育訊息。[90] 雙方攜手合作，共同推進中小學的廉潔教育。

正因為中小學教師是負責對學生進行廉潔教育的主力，廉署要通過舉辦研討會、交流會等方式，強化教師對廉潔教育的認識，交流廉潔教育的經驗。如

1979 年 2 月，社區關係處舉辦了兩次名為「明日的公民」的研討會，主要討論教育界在塑造青少年的社會觀及德育方面的責任。兩次研討會共有 120 名中小學教師參加。當年 12 月，廉署又為 120 名現職教師及教育學院學生舉辦一連串研討活動，就如何加強香港學生的公民責任感及廉潔誠實思想問題進行研討。[91] 廉署不僅注重發揮現職教師的作用，而且非常重視未來的教師在倡廉教育中的角色。2006 年，社關處社會教育組為德育教師舉行了兩次研討會，向他們介紹適用於高中生的「開拓人生路」社會德育課程。同時，該組還通過研討會、推介會接觸了 2000 名在職教師和 900 名師範學院、大學教育學院接受師資訓練的學生，宣傳肅貪倡廉的重要性。[92] 2006 年，為加強與教師的聯繫及鼓勵德育教學的交流，社關處舉辦了兩場「品德聯線」教師研討會，邀請專家就價值教育作專題演講及分享經驗，並透過定期出版《拓思》德育期刊與教師保持聯繫及交流德育教學的經驗。[93]

　　社關處為中小學德育教師提供的最大支持，是為他們編製適合不同學生需要的教材和輔助材料。早在 1976 年廉署成立初期，社關處社會教育組就為中小學編寫了兩套體現廉潔教育的參考教材：《政府與你》、《肅貪倡廉》。每套教材包括聲帶旁述、幻燈片、講義、教學提要、問答、參考資料及課室活動建議。社會教育組還將《靜默的革命》片集製成錄影帶，方便學校在課室放映。[94] 此後廉署提供的教材和參考資料日益豐富，遍及高中、初中、小學等不同層次。高中有 2005 年廉署製作的《高中個人成長通識影片及教材套》，該教材配合「通識教育科」的教學，引導學生確立人生目標及建立明辨是非的判斷能力。[95] 初中有社關處在 2006 年製作的一套包含 12 個單元的初中德育教材套，內容以「廉潔社會」及「豐盛人生」為重心，協助學生探討有關反貪的課題及鼓勵他們建立積極的人生態度。[96] 小學有 1986 年廉署製作完成的《想一想》高小學生輔助教材及其補充教材 —— 一套名為《四千分》的錄像短劇。[97] 1979 年，社會教育組還編妥一套共十本的畫冊，講述中國古代清廉官吏的故事，免費派送給各小學、志願機構及圖書館。[98] 此外，廉政公署製作的「德育資源網」包含了中小學德育教學的文字、動畫、圖片等各種信息，可供中小學教師隨時查詢、選用。

　　除通過學校正規課程對學生進行倡廉教育外，廉署還通過面對面的方式直接參與中小學的廉潔教育。與學校進行的常規性、制度化的教育方式不同，廉署參與的教育活動主要表現為課餘活動，形式多樣，內容豐富，廉署在其中發揮着籌劃、指導與協助的作用。

　　廉署與中小學保持着經常性的聯繫，幫助相關學校舉辦廉政講座及進行其他聯絡活動。因中小學生年齡較小，講座並非最有效的教學方式，廉署的聯絡活動更多地表現為舉辦互動劇場、參觀廉署及其他活動上。1977、1978、1979三年中，廉署與中小學舉辦的聯絡活動分別為 1729、2482、2609 次。[99] 1986年，先後共有 253 所小學及 89 所中學的公益少年團訪問廉政公署各分處，實地瞭解廉政公署的工作場所及反貪情況。[100] 從 2015 年起，社關處每年舉行一次「高中 iTeen 領袖」計劃，從 90 所中學招募約 750 名的「iTeen 領袖」，協助教師籌辦約 75 項校內誠信推廣活動以及安排同學到廉署參觀。社關處透過這些活動接觸約 23000 名學生。當年，社關處為約 78000 名中學和大專學生舉辦了由專業劇團演出的互動劇場，及有關個人誠信和反貪法例的廉政講座等多項宣傳及教育活動，以宣揚誠信和解釋貪污的禍害。[101]

　　廉署在中小學參與舉辦的大型活動具有較大的吸引力，受到學生的歡迎。廉署舉辦的倡廉歌詠比賽、書法比賽、繪畫比賽、填詞比賽及戲劇彙演等活動吸引了眾多學生的積極參與。廉署往往在一次活動中採用多種教育形式，用不同的內容吸引更多的學生。1998 年廉署在推廣「香港是我家‧齊心共倡廉」的全港性主題活動中，專門為學生量身訂做了一些活動。如在小學舉辦幫助學生認識公平的重要性及貪污的害處的「倡廉週」活動，在中學舉辦「香港是我家‧齊心共倡廉」展板創作比賽和《校園直擊》——學校廉潔實況分析測試等活動。最後一項活動緊密結合學生的實際生活，就「班長受賄，誰護綱紀」等學生中存在的與廉潔相關的問題瞭解學生的態度，並進而強化他們的廉潔、誠信意識。深水埗區共有 30 所中學，其中 25 所中學的 12000 名學生參加了這個分析測試。[102] 在 2015 年香港書展上，廉政公署重點推出適合中學生和小學生的兩本漫畫書：《假波風雲》和《智多多奇幻星空之旅》。《假波風雲》屬於《重大案件漫畫系列》的一種，以真實案件為藍本，講述了一些年輕球員在金錢誘

惑下違反誠信，踢「假波」（假球）並招致嚴重後果的故事。《智多多奇幻星空之旅》以卡通人物智多多作主角，講述地球的「公平」、「誠實」及「愛心」能量水平極低，智多多需要完成不同任務提升三種能量，可讓年幼小朋友明白這三種價值的重要性。廉署還在書展中配合發佈倡廉手冊和舉辦倡廉活動，如《智多多親子活動冊》包括了填色、連線、配對、康樂棋遊戲；同時還舉行智多多急口令比賽、卡通大彙演及講故事活動等，參加者可獲智多多產品，包括衣服、文具等。[103]

在數碼科技日新月異的時代，廉署也將電子、網絡技術用於對中小學生的廉潔教育。2002 年 11 月，廉署將以往在電視台播出的德育教育卡通人物「智多多」改編為《智多多電子報》，除刊載智多多的動畫故事外，還製作了一些關於故事內容的問答遊戲及一個名為「你我齊來寫金句」的遊戲。電子報寓教於樂，透過信息及遊戲，直接與小朋友溝通，讓他們在潛移默化中接受品德教育。[104] 2010 年廉署推出了受到學生歡迎的倡廉教育網站「iTeen 大本營」（www.iteencamp.icac.hk）。開設網站的出發點是希望利用青少年瀏覽互聯網的習慣，將廉潔觀念滲透到網站內容中。為了滿足中小學生的需要，廉署特意邀請一批青少年組成智囊小組，從「用家」角度出發，設置網站的內容和欄目。網站既有關於廉署發展歷程的文字介紹，也可以通過與 iSir 和智多多對話來瞭解廉署的秘聞。動漫館提供了緊張刺激的動漫版《廉政行動》和活潑有趣的智多多漫畫精選，遊戲特區則包括了大量益智好玩的網上遊戲。網站還設有互動環節，用戶可以做心理測驗，在論壇發表觀點，將自己的漫畫、影音或文字創作在站內展示。「iTeen 大本營」以輕鬆活潑的形式，增強青少年對貪污禍害的認識，藉此培養青少年建立誠信守法的正面觀念。[105] 社關處還利用廉署網站（www.icac.org.hk）、社交媒體及手機應用程式向年輕一代宣傳反貪信息。2015 年，廉署及其夥伴的網上平台累計錄得共 450 萬瀏覽人次。[106]

廉政公署在中小學進行的廉潔教育活動得到各學校及相關教育團體的配合與支持。例如廉署與香港教育城小校園合作製作「智多多廉政頻道」、與香港城市大學創意媒體學院製作「三維智多多動畫」、與香港浸會大學合力推動「廉證歲月」口述歷史計劃等。廉署策劃的眾多青少年廉潔教育活動，如以中學生

為對象的「生命快拍」德育短片以及邀請多所小學製作的錄像短片教材都是廉署與各學校合作的成果。[107]

除大學生、中學生外，還有一些青少年已經離開學校、走上社會，這些人也應該包括在廉潔教育的範圍內。

社區關係處認為向已離校年青人傳達廉署信息非常重要，因此透過不同途徑向他們施加影響。以 1986 年為例，廉署主要通過三種途徑聯絡社會青年：一是在這些年青人的工作或聚會地點，如工廠、成人教育機構、青年團體、志願及宗教團體，舉行討論會，並播放幻燈片或電影，以傳遞廉政訊息。二是舉辦生活營及各類比賽等教育和康樂並重的活動，以提醒青年人要奉行正確的工作態度、積極的人生觀和追求物質享受時應堅守公正不阿的立場。三是在廉署各分處為展開社區參與計劃而招納義工，當年有二百二十多名年輕人熱心協助廉署籌辦社區教育活動。[108]

當有跡象顯示青年人的廉潔意識存在問題時，廉署會採取特別的補救措施。二十世紀九十年代中期，幾年間的廉署民意調查顯示，年紀愈輕的受訪者對貪污的容忍度愈高。而一項有關青年道德的調查也發現，青年人的道德意識不足，並預料會進一步惡化。有見及此，社區關係處在 1996 年採取特別措施來處理這個問題。在各工商機構、商會、專業團體、教育機構及青年志願機構的鼎力支持下，社區關係處舉辦了一次「青年職業道德會議」，討論如何提高香港青年的職業道德水平。約有 400 名工商界行政人員、大學講師、社會工作者及校長與會。按照會議提出的建議，社關處在當年 7 月推行了一項「青年職業道德齊推廣參與計劃」，鼓勵青年機構及工商機構向在職青年宣傳職業道德。計劃共有 15 家機構參與，舉辦了宿營、研討會、比賽、展覽、出版刊物及問卷調查等 16 項活動，參與的青年約有 12 萬之多。[109]

考慮到青年人的特點，廉署會與其他團體合作舉辦一些符合青年人興趣的宣傳活動。如 1999 年 1 月，廉政公署聯同公民教育委員會、青年事務委員會和國際獅子總會港澳三〇三區，共同舉辦了「倡廉潔　覓理想」全港青年活動。活動包括太陽行動日、電台節目、攝影、海報設計、徵文、廣告短片製作、話劇巡迴表演、巡迴展覽等。希望透過不同類型的活動，鼓勵青少年放眼

世界，建立積極進取、平衡健康的人生態度。[110] 早在 1979 年，社區關係處一名職員就設計、製作了一款符合青少年興趣的圖版遊戲，將娛樂與傳達公民責任及反貪信息結合起來，寓教於樂。該款遊戲曾引起香港及海外報界的興趣，予以報道。在九龍西區扶輪社的幫助下，社關處共印製了 1300 份圖版遊戲，分發給各青年中心、社區中心及其他地區性青年機構。[111] 2008 年 6 月，廉政公署主辦了「財富與人生」錄像短片創作比賽，希望青年人透過錄像短片創作去思考財富與人生的關係，建立健康及正確的人生觀，加強廉潔意識。除了中學生可以按學校校隊形式參與外，二十五歲以下在學或在職青年人也可以個人或小組形式參加。合資格的參賽隊伍可獲 800 港元製作費資助。[112] 這些不同形式的活動符合青年人的愛好與興趣，可以較好地發揮廉潔教育的作用。

第 四 節

廉政公署與工商界共同推廣的商業道德

香港是一個工商業發展蓬勃的地區，工商活動與經濟利益密切聯繫在一起。商界深受貪污之苦，就意味着全社會不可能將廉潔奉為行動的準則。從廉政公署成立之日起，商界對倡廉活動經歷了一個從牴觸、接受，到作為合作夥伴積極推進的轉變過程。

由於工商界將收受佣金視為正常，廉政公署在成立初期打擊非法回佣的做法受到很多業界人士的質疑，認為是干擾自由貿易。《防止賄賂條例》第九條明確規定了涉及商界不法行為的「代理人貪污罪」，清楚訂明，凡私下向任何僱員或代理人提供佣金，而有關僱員或代理人並未獲其僱主或主事人授權而接受該等佣金，則提供或接受佣金者均屬違法，但商界主流仍對廉政公署的嚴厲反貪態度不以為然。1975 年底，即廉政公署成立一年多時，廉署執行處處長仍然發出這樣的感歎：「不只是小公司，就連大企業都對『枱底交易』這種違法行為視若無睹，有時甚至鼓勵這種行為，實在令人沮喪。」1976 年因有商界人士提供或接受秘密佣金受到廉署調查並被判刑，使整個商界感到不安。他們採取各種行動向廉署施加壓力，先是 50 名商人與廉署官員會面，隨後說服立法局和行政局的非官守議員就佣金問題向政府說項，接着又由中華廠商會出面以影響經濟為由要求廉署不要將收受佣金作為犯罪來查，最後又舉行 306 個團體的 700 名代表參加的集會，要求不要將某些商業佣金定為非法回佣，即使要調查私人企業的問題，也應由警方來查而不是廉署來查。[113] 港英當局拒絕了這些要求。時任廉政專員姬達明確表示：「儘管商界認為提供或接受佣金是商業慣例，又或在某程度上是營商所『必需』的手法，這些論點都是不能接受的。縱使有人認為私營機構貪污較可容忍，但無論是與私營機構的員工，或是與公務員進行『枱底交易』，同樣應該受到譴責。」[114]

　　商界人士的困惑很大程度上是出於對法例和廉署工作的誤解，因誤解產生抗拒。曾任廉署分區總廉政主任的黃潔梅早年遇到過一件給她留下深刻印象的事情，她探訪一間貿易公司時，該公司總經理誤會其為查案而來，態度冷淡。後明白探訪只是為推廣肅貪倡廉信息，馬上變得熱情有加。雙方道別前，對方還交上參加研討會的職員名單，以表支持。[115] 為了釋除商界疑惑，廉政公署針對人們關心的問題加強宣傳工作。1976 年 4、5 月間，由於廉署成功檢控一些商行的賄賂行為，媒體對案件大肆報道，其中包含一些失實、誇張之處，令有些私人機構人士對《防止賄賂條例》第九條感到非常困惑。廉署社區關係處特意在 1976 年下半年製作了闡釋該條內容的簡章，並在電力公司及煤氣公司的幫助下，隨用戶賬單寄給市民。廉署既通過傳播媒介進行廣泛宣傳，也安排眾多研討會及座談會，一再闡釋法例，幫助市民理解，法例旨在禁止秘密佣金，即禁止商業上的賄賂行為，以保障正當的商業交易及確保公平競爭，若接受佣金方面之委託人或僱主同意收取該項商業佣金，此項佣金之授、受即屬合法。[116]

　　此後幾年裡，廉政公署與工商機構密切聯繫，設法讓他們瞭解防貪對於建立公平市場的重要性。廉署與工商機構舉辦聯絡活動成為社關處傳遞倡廉信息的重要渠道。以 1980 年為例，廉署共舉行 3063 項聯絡工商機構的活動，較 1979 年高出 45%。聯絡員透過討論、訓練課程、研討會及研習營，幫助工商管理人員及僱員認識法律的相關規定，並與他們一同探討誠信貿易的必備條件。同時，廉署特地與有關機構共同編印適合工商機構需要的防貪書籍。1980年，社區關係處為商界印製了兩部小冊子：其一是廉政公署與香港總商會合作出版的《摒除商業貪污》，其二為廉政公署與香港管理專業協會合編的《管理責任承擔》。兩份刊物均廣受歡迎。[117] 1986 年，廉署與工商界舉辦了 8900 項聯絡活動，接觸了 12000 名經理及 13000 名工人。社關處向工商機構派發了數千本小冊子，指導私人公司、市民如何預防貪污及遇到索賄現象時應如何應付。此外，廉署還通過熱線電話接獲逾千宗電話諮詢。[118]

　　廉署的努力逐漸取得成效。到 1979 年時，廉署發現愈來愈多工商業機構對倡廉活動態度積極，「工商業機構愈來愈贊同鼓吹忠誠買賣，並公開反對

非法回佣的收受。此外，亦有不少機構安排公署的聯絡人員，於其辦公時間或公司贊助的戶外及聯誼活動中，與其僱員會面並討論反貪污法例及其他有關貪污的問題。」[119] 進入八十年代後，伴隨香港經濟起飛，不少僱主認識到僱員私下收取回扣會對公司營運產生不良影響，同時也損害了公司的商業信譽，一些商會公開表示提倡忠誠貿易，呼籲業界及會員機構遵守商業道德。其後，更多僱主向廉署親身舉報「枱底交易」，並着手改善監察系統和建立更完善的管理制度。[120] 香港建築師學會、香港專業管理協會等專業團體主動邀請廉政公署派員在其各項課程中主講討論商業道德的內容。1988 年底，據廉署對製造業、進出口業、建造業、金融業等八個行業的 525 名高級行政人員的調查，超過 70% 的受訪者認為所屬公司需要制定某些防貪措施，而超過 80% 的受訪者認為正確推行這些措施可推廣業務。雖然約 60% 的受訪者的公司仍未訂立任何有關公司職員收受利益的政策，但有近半數公司聲稱已實行某些形式的管制措施，以預防商業舞弊行為。[121] 顯然，廉政公署的反貪理念已為多數商界人士所接受。

從八十年代末起，廉政公署接獲的舉報中對私營機構的舉報超過了政府部門，進入九十年代這種趨勢愈發明顯。工商業界也認識到這種情況的嚴重性，他們變得更加主動，積極邀請廉署人員透過講座、研討會及其他倡廉活動向公司員工灌輸防貪信息。廉署認為，只有建立業界共同遵守的道德標準，香港才可能成長為建立在公平競爭基礎上的國際商貿及金融中心。業界接受廉署的建議，開始制定專業守則，工商機構的反貪防貪進入制度化階段。

在 1993 年的施政報告中，港督正式宣佈發起「商業道德推廣運動」，目的是提高香港的商業道德水平，維護香港作為國際金融中心的良好形象。主要做法是廉政公署積極聯絡工商企業，游說他們制定紀律守則。在商業道德推廣運動的第一期（1993-1996）裡，廉署接觸了二千六百多家商會、工商專業團體、上市公司及規模超過百人的非上市公司。截至 1996 年底，三分之二以上的機構已制定紀律守則。[122]

1996 年 4 月，商業道德推廣運動進入第二期，即從制定守則轉向公佈守則並向職員提供誠信培訓。社關處製作了一套《管理有道》的參考指南，強

調在企業管理中宣傳紀律守則、加強系統控制及進行職員培訓的重要性。在
1996 年，該處共為 400 家工商機構的 40659 名僱員舉辦了培訓講座。廉署還發
起一項「商業道德齊推廣參與計劃」，鼓勵企業將商業道德運動從管理層推廣
到職工階層。工商機構自主設計推廣職業道德的活動，社區關係處予以配合，
為活動提供小額資助和專業意見。200 家公司參與了該項計劃，參加研討會、
問答比賽及職業操守獎勵計劃等活動的僱員有七萬五千多人。[123]

　　進入二十一世紀，廉署與不同行業及專業界別攜手推廣商業道德與誠信工
作。2001 至 2003 年，在銀行界和建造業推行專業誠信推廣計劃。2003 至 2005
年，在上市公司推行「商業道德推廣計劃」；在旅遊業推行「誠信旅業　致勝之
道」誠信計劃。從 2003 年到 2006 年，廉署社區關係處為來自各大企業、跨國
公司、中資機構及中小型企業二萬多名管理人員和十萬名前線員工，舉辦超過
4200 次防貪培訓講座。[124] 誠信計劃完成後，廉署會繼續為相關公司推行防貪
教育。如上市公司為期兩年的「商業道德推廣計劃」於 2005 年結束後，社關
處的防貪工作沒有停止。除繼續同已上市公司舉行聯絡活動外，還會在公司新
上市後三個月內主動聯絡公司管理層，提供防貪服務。截至 2006 年底，社關
處共接觸了 767 間上市公司，當中 75% 已採納廉署的防貪服務，包括制定或
修訂公司紀律守則及為員工安排防貪講座。社關處還透過監管機構、商會及專
業團體的培訓項目，接觸內地來港上市公司的高層管理人員，向他們提供防貪
服務，例如應香港交易所的邀請兩次派員前往北京向 265 名來自 136 間未能在
香港接觸到的上市公司高層管理人員講解如何管理貪污風險。[125]

　　對於發展較快、較為興旺或出現問題較多的行業，廉署會將其商業道德
推廣問題放在優先位置。2006 年 8 月，廉政公署聯同地產代理監管局及六個
業內主要商會，為市道恢復暢旺的地產業約 20000 名持牌地產代理推出一項為
期兩年的「地產代理專業道德推廣計劃」。除制定一套誠信管理原則及員工紀
律守則範本供地產公司使用外，又將防貪講座列為地產代理監管局為地產代理
舉辦的持續進修計劃的核心科目，並將《防止賄賂條例》的內容納入地產代理
資格考試範圍。截至 2007 年底，已有 104 間地產公司及專業團體採納防貪措
施，包括為員工安排防貪講座及頒佈公司紀律守則。同時，社關處為 4600 名

管理人員及前線地產代理舉行了防貪培訓，並為全港 20000 名持牌地產代理製作防貪手冊。廉署還徵得地產代理監管局同意，由 2008 年初開始，把廉署的培訓講座納入其「新獲發牌地產代理初級研習精修課程」內。[126] 社關處在 2006 年底為銀行及金融服務業管理人員，推出一套《「誠」本管理　生「才」有道》金融服務業實務錦囊，協助提高員工的誠信操守。廉政公署的努力獲得業界的認可，2006 年，香港旅遊業議會將廉署的培訓講座納入為導遊及領隊申領牌照的必修課程。

　　工商界出現的貪污賄賂現象影響了公平競爭，影響了香港作為國際金融中心和自由港的形象。為減少這種現象，從九十年代中期起，香港商界在反貪問題上態度更加積極主動。1995 年，香港六大商會倡導成立了「香港道德發展中心」，組成諮詢委員會負責決策並由廉署擔任秘書處的實務工作。據 2010 年時任諮詢委員會主席、香港工業總會名譽會長丁午壽說，由商會代表組成的諮詢委員會，負責督導道德發展中心的工作，在各個行業和專業界別推廣道德誠信。從 1995 年到 2010 年，中心已為超過 16000 人提供顧問服務，當中包括二千五百多名來自四十多個國家的海外人士。中心為公司董事和中小企業提供誠信培訓，並透過持續發展課程，向專業人士推廣誠信。每年參與培訓的管理及前線人員約有 36000 人。[127] 到 2015 年，中心重新命名為「香港商業道德發展中心」，以更能體現其使命。中心諮詢委員會的成員商會現已擴大至全港十個主要商會。

　　商業道德發展中心與社關處密切配合，透過講座、探訪、研討會等方式向商業機構推廣誠信營商手法和防貪服務，向各類企業傳遞防貪信息，為香港企業提供免費誠信管理顧問服務，並與來自世界各地的訪客交流反貪經驗。近十年來，中心與社關處的倡廉活動主要集中在加強董事誠信活動、開辦專題網站及加強跨境企業的防貪工作上。

　　2007 年 9 月，香港廉政公署舉辦了公司董事誠信培訓計劃揭幕活動 ——「卓越領導　誠信為綱」。這一計劃與 2006 年香港的廉政形勢有密切關係。廉署對該年貪污舉報的分析表明，涉及私營機構的貪污舉報，佔香港整體貪污舉報的 61%，比例為廉署成立以來最高；而在私營機構貪污案件中，有 66% 的

被告為專業人士或公司高級行政人員。[128] 鑒於公司董事在企業管治方面的重要性，廉署決定聯同監管機構、專業團體及多個商會，首先從公司董事着手強化誠信意識，並為香港會計師公會和香港董事學會的會員舉辦了兩次研討會。2009 年初，廉署發佈了一套《重誠信　強管治》企業管理指南，協助企業高層加強誠信管治及強化公司內部監控制度。指南分為「董事誠信實務指南」及「上市公司防貪指引」兩部分。「實務指南」提出了四項綱要，即洞察有據、評估有道、實踐有法及求助有門，以協助管理層推行誠信管治。「防貪指引」建議企業設立嚴謹的內部監控制度，減低貪污風險，妥善管理利益衝突。[129] 此後，道德發展中心一直與社關處一道聯絡相關企業，促使企業通過實踐誠信領導完善企業廉潔文化。2015 年，商業道德發展中心針對公司董事的實際需要，在吸收相關監管機構、專業機構及商會意見的基礎上，推出一套《「香港優勢—夥伴共建誠信營商」董事誠信實務指南》。新指南主要收集了有關董事誠信的最新法律和規管要求、檢查清單及指引，並以 14 個個案研究作為案例，以協助公司董事解決誠信管治實務中所面對的挑戰。[130]

　　為配合香港社會經濟與科技的發展，廉署也透過互聯網促進公司商業道德的提升。香港商業道德發展中心設立了專題網站（www.hkbedc.icac.hk），提供有關商業道德的資源，以及加強與本地和海外相關機構的聯繫。網站自 2001 年推出到 2015 年，已錄得約 162 萬瀏覽人次。[131] 網站可為企業提供培訓課程，協助商業機構制定和審查紀律守則，並提供切實可行的建議，以堵塞不同工作範疇內常見的貪污漏洞。廉署還透過網上電子平台，為多個行業推出度身設計的倡廉教育活動。以銀行業為例，廉署已建立一個業內防貪網絡，成員包括來自約 80 間銀行及接受存款公司二百多名從事內部審計和人力資源工作的行政人員。此外，廉署也在銀行業推行為期兩年的誠信管理計劃，包括為防貪網絡成員舉辦交流會，以探討最新的貪污趨勢和業界關注的事宜。[132]

　　隨着「內地與香港更緊密經貿關係安排」、「粵港合作框架協議」的實施，粵港澳三地之間的經濟往來變得更加緊密。鑒於三地在法例與監管上各有不同，可能會給三地中小企業帶來經營上的困惑，2013 年初，香港廉政公署與廣東省人民檢察院和澳門廉政公署合編了一套名為《誠信守法可創富》的防

貪指引，重點介紹粵港澳三地的反貪法例，並提供誠信管理方面的實用守則。社關處工作人員聯絡香港近 70 個商會，向其轄下 34000 間會員機構推介該指引，並為它們舉辦研討會。[133] 跨境經營不僅是香港企業面對的重要工作，香港的外資企業同樣有這樣的需要。香港商業道德發展中心的十個主要成員商會中，有五個是外國商會。為配合外國投資者的需要，該防貪指引出版了英文版本和光碟，經外國商會分發給轄下會員公司。同時，為了便於香港企業及在港外資企業查閱有關資料，該指引的中英文版也已上載香港商業道德發展中心網站。使用智能手機和平板電腦的人士隨時可瀏覽中心的網站，瞭解自己所需的材料。[134]

第 五 節

廉潔文化建設的成效

　　廉政公署的倡廉努力與社會各界的密切配合，香港廉潔社會的建設結出了豐碩的果實。在廉政公署成立三十週年特刊中，香港廉政公署對香港廉潔文化的建設作出這樣的總結：「廉署不斷結集各界力量，推動學校德育，培養青年正面價值觀，並因應社會發展推動誠信文化及商業道德，先後推出包括『豐盛人生』、『商業道德齊推廣』、『公務員廉潔守正計劃』等大型活動，經過三十年的努力，公義與誠信已經與香港的社會文化渾然一體。」[135]

　　與廉政公署成立前相比，香港社會最重要的變化就是廉潔、誠信成為香港社會的主流價值觀，絕大多數市民對貪污持不容忍的態度。據香港廉政公署進行的民意調查，以零分代表對貪污「完全不可以容忍」及十分代表「完全可以容忍」，從 2013 到 2016 年的四年中，香港的廉潔評分分別為 0.8、1.0、0.6 和 0.7 分；完全不可以容忍貪污的受訪者分別為 82.4%、76.6%、82.4% 和 79.1%；而同期認為完全可以容忍貪污的受訪者分別只有 0.1%、0.3%、0.3% 和 0.1%。四年中願意舉報貪污者的受訪者分別為 80.6%、76.7%、78.8% 和 78.1%，而不願意舉報的受訪者分別只有 4.9%、6.7%、5.7% 和 5.1%。結合具體問題，認為不能接受貪污行為的受訪者比例更高。以 2016 年的民意調查為例，93.8% 的受訪者認為「公司職員誇大公事應酬支出，並以誇大的數額向公司申領開支」不可接受；就「公務員知道部門就某工程項目招標，向由親屬經營的承判商提供內部資料，協助其投標」這種情況，97.3% 的受訪者認為不能接受；而針對「政府前線執法人員向商戶索取節日利是」，98.5% 的人不能接受；更有高達 99.4% 的人認為「酒吧東主向政府人員提供利益，要求檢查走火設施時寬鬆處理」不可接受。[136]

　　從一些具體事例中，也能看出港人對待貪腐的不容忍。曾有人坐的士，與

司機聊起剛剛向別人行賄的經歷，結果這位司機調轉車頭，直接把他拉到了廉政公署。電影《2046》拍攝的時候，一個娛樂記者為了進入拍攝現場拍照，塞給保安員 300 港元，結果被判入獄三個月。2009 年，一名來港定居的內地婦女在被分配了一個公屋單位後，寫信給房屋署的一名助理文書主任表示感謝。她在信封裡夾了一張 100 元的港幣，讓這名主任「買水果吃」，結果因行賄被判入獄三個月。[137]

顯然，與幾十年前人們將回佣作為正常的貿易手段相比，港人的廉潔觀念已發生了巨大變化。因此，香港《大公報》在一篇評論香港廉政成就的社評中指出：「今天如果要說廉政公署成立三十年的最大成就，還不僅僅是捉了多少貪官、破了多少大案」，「更在於成功在社會上確立了貪污難逃法網、貪污見不得人的正確觀念。反貪思想深入人心，是廉政三十年最重要的成就，也是最值得政府和市民引為自豪的地方。」[138]

作為專責反貪的機構，廉政公署贏得了市民的支持。在廉政公署剛剛成立時，港人對待廉署的態度因人而異，基層市民和有理想的年青人將廉署看成未來的希望；利益可能受損的人將廉署看成蓋世太保、秘密警察；還有些人採取觀望態度，看廉署能否維持下去。正如前任廉政專員衛理欽（Peter Williams）所說，有三類人對廉政公署的工作抱有不同的態度：第一類是對公署滿懷敵意的貪贓枉法、心存不軌者；第二類是對公署的肅貪工作存有畏懼心理者；第三類是敬重並鼎力支持廉政公署的大部分市民。[139] 據廉署社關處首任負責人余黎青萍講，廉署剛剛成立時，有一次她與廉政專員姬達步行經過中環遮打道等過馬路時，一輛警車上的警員向廉署職員一行吐口水。但也有市民在碰到他們時鞠躬致意，甚至曾有一位女士看見她和姬達時當即跪倒，好像看見包青天。[140] 廉署堅持不懈的反貪努力和倡廉教育改變了香港的社會風氣，香港不論哪個階層，不論哪個黨派，都一致支持廉署的反貪工作，都將維持社會廉潔視為香港不可或缺的重要工作。據香港廉政公署所做的民意調查，從 2013 到 2016 年的四年中，分別有 99.1%、98.7%、99.0% 和 99.2% 的受訪者認為保持社會廉潔對香港整體發展非常重要或頗重要；認為不太重要或非常不重要的受訪者同期分別只有 0.1%、0.5%、0.3% 和 0.2%。認為廉政公署的反貪工作非常有效或頗有

效的受訪者分別為 79.9%、80.6%、80.3% 和 80.1%，認為不太有效或非常無效的受訪者分別為 14.2%、12.4%、12.4% 和 12.7%。儘管有一成多受訪者對廉署的工作不太滿意，但幾乎所有人都表示支持廉政公署，四年中分別有 95.6%、96.9%、97.0% 和 96.2% 的受訪者認為廉政公署值得支持，認為不值得支持的受訪者分別只有 1.8%、1.4%、1.0% 和 1.7%。[141] 從這些調查數據也能看出公眾對廉署的普遍支持。

作為國際金融中心和貿易中心，香港的廉潔與否與外商是否願意前來投資有密切關係。有人曾談到廉政公署為香港創造一個公平的營商環境的作用：「香港要建成國際大都會，吸引外商前來投資，此點非常重要。反之，如果外商覺得受到歧視，遭到不公平待遇，無法可依，法紀混亂，就會望而卻步。公平競爭，依法辦事，是國際城市成功的兩個要素，廉政公署在這方面擔當的角色之重要，不言而喻。」[142] 而在相關的國際性調查中，香港的廉潔度都得到了好評。自國際反貪機構「透明國際」1995 年公佈「清廉指數」以來，香港一直保持在全球最廉潔的 20 個經濟體內。據 2017 年 1 月 25 日公佈的「2016 年清廉指數」，香港的廉潔程度在全球 176 個國家／地區中排名第 15 位。2016 年香港的整體評分較 2015 年上升兩分，由 75 分升至 77 分。多年來香港在亞洲地區的清廉指數調查中，基本上保持僅次於新加坡名列亞洲第二的地位。[143] 根據瑞士洛桑國際管理發展學院發表的《2016 年世界競爭力年報》，香港在 61 個國家和地區當中，被評為最具競爭力的經濟體。其中政府廉潔程度的評分，香港由 2015 年的第 15 位躍升八位至 2016 年的第七位。以零分（最腐敗）至十分（最廉潔）的評分方法衡量，香港的得分由上年的 7.31 分升至 8.04 分。[144] 而世界經濟論壇發表的《全球競爭力 2015 年至 2016 年報告》顯示，只有極少數（0.2%）受訪者認為「貪污」是在香港營商「最成問題的因素」。香港擁有公平廉潔的營商環境，營商者完全不用擔心要靠「走後門」或「枱底交易」才可成事。根據上述及另外 15 個因素，該報告將香港在 140 個經濟體中評為第七個最具競爭力的地區。[145] 傳統基金會剛發表的「2017 年經濟自由度指數」報告，對全球 180 個經濟體的經濟自由度作出排名，香港連續第 23 年獲評為全球最自由的經濟體。報告論及香港的廉潔程度時指出：「香港的反貪工作一向

成績斐然」,「對貪污極不容忍,高透明度的體制有利於政府保持廉潔」。[146] 而根據 2016 年底公佈的「全球商業賄賂風險指數」報告,香港在全球 199 個地方中繼續位列第四最低風險的地方,在亞洲更是名列首位。[147]

港人及國際機構的好評表明,香港的廉政建設穩步推進,成就斐然。

註釋

1 葉健民:《靜默革命:香港廉政百年共業》,香港:中華書局(香港)有限公司,2014 年,第 38 頁。

2 《百里渠爵士調查委員會第二次報告書》,香港政府印務局印,1973 年,第 20 頁。

3 同上註,第 23 頁。

4 香港廉政公署:《凝聚群力 共建廉政(廉署三十週年特刊)》,2005 年 2 月,第 61 頁。

5 同註 1,第 47-48 頁。

6 《百里渠爵士調查委員會第一次報告書》,香港政府印務局印,1973 年,第 2 頁。

7 同註 2,第 22 頁。

8 香港廉政公署:《總督特派廉政專員 1974 年年報》,第 17 頁。

9 香港廉政公署:《總督特派廉政專員 1975 年年報》,第 34 頁。

10 香港廉政公署:《總督特派廉政專員 1976 年年報》,第 6 頁。

11 香港廉政公署:《總督特派廉政專員 1979 年年報》,第 36 頁。

12 同註 8,第 24-25 頁。

13 同註 9,第 35 頁。

14 同註 10,第 49 頁。

15 同註 10,第 32 頁。

16 同註 11,第 38 頁。

17 香港廉政公署:《總督特派廉政專員 1980 年年報》,第 43 頁。

18 同註 8,第 17 頁。

19 張俊峰:《反貪停不了 —— 廉政公署啟示錄》,香港:三聯書店(香港)有限公司,2010 年,序言。

20 同註 17，第 88-89 頁。

21 香港廉政公署：《香港特別行政區廉政公署 2014 年年報》，第 63-68 頁。

22 同註 11，第 41 頁。

23 同註 4，第 31 頁。

24 香港廉政公署：《總督特派廉政專員 1987 年年報》，第 47 頁。

25 同上註。

26 同註 11，第 42 頁。

27 香港廉政公署：《總督特派廉政專員 1989 年年報》，第 41 頁。

28 香港廉政公署：《總督特派廉政專員 1990 年年報》，第 35 頁。

29 同上註，第 37 頁。

30 同上註，第 38 頁。

31 同註 27，第 40 頁。

32 聞峰：〈廉署破案多　廣告應記功〉，《新報》，2003 年 6 月 25 日。

33 同註 10，第 41 頁。

34 香港廉政公署：《香港特別行政區廉政公署 2008 年年報》，第 11 頁。

35 香港審計署：《審計署署長第六十號報告書：第七章　廉政公署倡廉教育和爭取公眾支持肅貪倡廉》，2013 年 3 月 28 日，第 29 頁。

36 〈廉署禁地並不陰森〉，《星島日報》，2000 年 10 月 1 日。

37 同註 28，第 37 頁。

38 〈國際反腐敗日　透過遊戲瞭解廉潔公平可貴〉，《明報》，2007 年 12 月 29 日。

39 同註 11，第 43 頁。

40 同註 24，第 45-46 頁。

41 同註 28，第 40 頁。

42 香港廉政公署：《總督特派廉政專員 1993 年年報》，第 21 頁。

43 同註 4，第 4、31 頁。

44 同註 4，第 4 頁。

45 同註 28，第 37 頁。

46 同註 24，第 46 頁。

47 〈「廉政之友」二十年的足跡〉、〈廉政之友獎勵計劃週年頒獎典禮 2016〉，《友·共鳴》（「廉政之友」通訊），2016 年 10 月號，第 3、6 頁。

48 澄雨：〈自成一格的廉政劇集〉，見李焯桃、陳耀榮等：《靜默革命：廉政劇集四十年》，香港：香港國際電影節協會，2014 年，第 136 頁。

49 李焯桃、陳耀榮等：《靜默革命：廉政劇集四十年》，第 13 頁。

50 Emily：〈狂舞派導演拍廉署奶粉案 《廉政行動》新一輯製作費倍增〉，《明報》，2014 年 3 月 25 日。

51 胡慧雯：〈《廉政行動 2016》創新 單元劇變連續劇〉，《香港經濟日報》，2016 年 4 月 14 日；〈新《廉政行動》「星」勢夠強勁〉，《星島日報》，2016 年 4 月 13 日。

52 〈專訪廉署創作主任 談肅貪劇《廉政行動 2004》取材準則〉，《香港經濟日報》，2004 年 4 月 16 日。

53 〈五個貪污的故事〉，《明報》，2009 年 9 月 24 日。

54 同註 48，第 135 頁。

55 同註 27，第 40 頁。

56 〈《廉政行動 2009》收視勁升三成〉，《星島日報》，2010 年 1 月 20 日。

57 同註 27。

58 同註 48，第 135 頁。

59 同註 52。

60 同註 49，第 20 頁。

61 劉嶔：〈官民配合的《靜默的革命》〉，見李焯桃、陳耀榮等：《靜默革命：廉政劇集四十年》，第 142 頁。

62 小偉：〈變與不變 —— 廉政劇集的調查員形象〉，見李焯桃、陳耀榮等：《靜默革命：廉政劇集四十年》，第 153-154 頁。

63 同註 61，第 141-142 頁。

64 同註 48，第 138-139 頁。

65 同註 27，第 40 頁。

66 同註 49，第 21 頁。

67 同註 51。

68 同註 49，第 41 頁。

69 鄺素媚：〈《廉政行動 2014》頭炮 追查走私奶粉主腦 影視精英助陣〉，《香港經濟日報》，2014 年 4 月 5 日。

70 同註 52。

71 沙壺：〈廉政劇集四十年〉，香港《文匯報》，2014 年 4 月 18 日。

72 行光：〈廉政劇集 40 年見證社會變遷〉，《大公報》，2014 年 2 月 27 日。

73 鄺素媚：〈導演邱禮濤拍出真實感《廉政行動 2009：死亡保險》〉，《香港經濟日報》，2009 年 10 月 16 日。

74 羅卡：〈《ICAC》與電視新浪潮〉，見李焯桃、陳耀榮等：《靜默革命：廉政劇集四十年》，

第 147 頁。

75 同註 48，第 139 頁。

76 楊一凡：〈導演章國明：從新浪潮至廉政行動〉，《都市日報》，2015 年 7 月 14 日。

77 同註 48，第 139 頁。

78 同註 11，第 77 頁。

79 同註 35，第 24 頁。

80 香港廉政公署：《總督特派廉政專員 1986 年年報》，第 44 頁。

81 香港廉政公署：《香港特別行政區廉政公署 2006 年年報》，第 70-71 頁。

82 〈改變現狀需要勇氣 廉署暑期學生交流計劃促進反貪認知〉，《大公報》，2009 年 9 月 1 日。

83 同註 35，第 25 頁。

84 香港廉政公署：《香港特別行政區廉政公署 2015 年年報》，第 68-69 頁。

85 香港廉政公署：《總督特派廉政專員 1996 年年報》，第 56 頁。

86 香港廉政公署：《香港特別行政區廉政公署 2013 年年報》，第 57 頁。

87 同註 80，第 45 頁。

88 同註 84，第 74 頁。

89 同註 10，第 42 頁。

90 〈廉署教材設計因時制宜　推行品德教育建正面價值觀〉，《星島日報》，2005 年 12 月 22 日。

91 同註 11，第 40 頁。

92 同註 80。

93 同註 81，第 71 頁。

94 同註 10，第 42 頁。

95 同註 90。

96 同註 81，第 71 頁。

97 同註 80。

98 同註 11，第 40 頁。

99 同註 11，第 77 頁。

100 同註 80。

101 同註 84，第 69 頁。

102 鍾麗娟：〈學生也會「行賄」？廉署教學生從小認識行賄受賄之害〉，《大公報》，1998 年 12 月 5 日。

103 〈廉署出德育新書　灌輸正確價值觀　漫畫探「打假波」卡通寓言故事〉，《星島日報》，

2015 年 7 月 9 日；〈廉署進駐書展　推《假波風雲》漫畫〉，《明報》，2015 年 7 月 18 日。

104 〈廉署辦報搵卡通做主角〉，《星島日報》，2002 年 12 月 27 日。

105 〈廉署推全新 iTeen 大本營專題網站　推動廉潔教育助青少年從小建立廉潔價值觀〉，《大公報》，2010 年 10 月 27 日。

106 同註 84，第 74 頁。

107 同註 90。

108 同註 80，第 45 頁。

109 同註 85，第 55-56 頁。

110 〈倡廉潔覓理想　全港青年活動〉，《星島日報》，1999 年 1 月 23 日。

111 同註 11，第 40 頁。

112 〈廉署短片創作比賽　反思「財富與人生」〉，《大公報》，2008 年 6 月 6 日。

113 Bertrand de Speville, *Hong Kong Policy Initiatives Against Corruption*, Paris: OECD Development Centre, 1997, pp.43-44.

114 香港廉政公署：《執行處　反貪歲月 40 載：與民攜手　共建廉政（1974-2014）》，第 21-22 頁。

115 同註 4，第 26 頁。

116 同註 10，第 34 頁。

117 同註 17，第 41 頁。

118 同註 80，第 45-47 頁。

119 同註 11，第 36-37 頁。

120 同註 4，第 26 頁。

121 同註 27，第 12 頁。

122 同註 85，第 52-53 頁。

123 同註 85，第 53 頁。

124 〈廉署與商界連手推廣誠信〉，《廉政快訊》，2006 年 11 月第 2 期，第 3 頁。

125 同註 81，第 68-69 頁。

126 香港廉政公署：《香港特別行政區廉政公署 2007 年年報》，第 68 頁。

127 〈誠信管治 —— 企業成功之道〉，《廉政快訊》，2010 年 9 月第 10 期，第 1 頁。

128 杜正之：〈廉潔香江　由董事培訓做起　ICAC 邀企業領袖分享誠信管理〉，《香港經濟日報》，2007 年 6 月 29 日。

129 〈廉署推出企業管治指南〉，《廉政快訊》，2009 年 1 月第 7 期，第 3 頁。

130 〈公司董事誠信實務指南〉，《廉政快訊》，2015 年 12 月第 21 期。

131 同註 84，第 65-66 頁。香港商業道德發展中心網址改為：http://sc.icac.org.hk（瀏覽日期：2017 年 10 月 11 日）。

132 〈廉署直接聯繫商界兼用網上平台推廣商業道德〉，《廉政快訊》，2013 年 8 月第 15 期。

133 〈《誠信守法可創富》跨境營商〉，《廉政快訊》，2013 年 2 月第 14 期。

134 〈善用流動設備　掌握防貪信息〉，《廉政快訊》，2013 年 8 月第 15 期。

135 同註 4，第 22 頁。

136 香港廉政公署：《2016 年廉政公署週年民意調查報告摘要》，第 3-5 頁。

137 林衍：〈香港：對腐敗「零容忍」〉，《中國青年報》，2012 年 6 月 27 日。

138 〈市民支持 —— 廉署卅載的最重要經驗〉（社評），《大公報》，2004 年 11 月 8 日。

139 香港廉政公署：《總督特派廉政專員 1982 年年報》，第 8-9 頁。

140 同註 49，第 17 頁。

141 同註 136，第 8、11 頁。

142 雲之凡：〈泛起了停不了　香港廉政公署成立二十五週年有感〉，《大公報》，1999 年 2 月 5 日。

143 *Corruption Perceptions Index 2016*, 載自：https://www.transparency.org/news/feature/corruption_perceptions_index_2016（瀏覽日期：2017 年 10 月 11 日）。

144 〈廉署繼續堅定不移地履行反貪使命〉，《廉政快訊》，2016 年 8 月第 23 期。

145 〈貪污 —— 絕非在港營商顧慮〉，《廉政快訊》，2015 年 12 月第 21 期。

146 見廉署網頁「國際廉潔度調查和評級」，載自：http://www.icac.org.hk/sc/intl-persp/survey/index-of-economic-freedom/index.html（瀏覽日期：2017 年 10 月 11 日）。

147 見 The TRACE Bribery Risk Matrix(TRACE Matrix) 評估報告，載自：https://www.traceinternational.org/trace-matrix?year=2016（瀏覽日期：2017 年 10 月 11 日）。

香港廉政公署是香港廉政建設的主角，但是廉署並不是在反腐戰場上單打獨鬥，香港社會的一系列因素與廉署一道構成一個強有力的反貪網絡架構，成為支撐香港廉政體系大廈的支柱，為香港的廉政建設提供了制度層面的監督和保障。這些因素既包括直接針對香港廉政公署的監督機制，也包括香港政府、立法會、司法部門等政府架構發揮的作用，更包括公眾透過媒體對廉署的支持與監督。

6

構建反貪網絡

第 一 節

廉政公署的監督機制

　　作為獨立的反貪機構，擁有較大權力的廉政公署既可能出現濫用職權的現象，影響公民的合法權利，也存在疏於職守的可能，無法滿足市民消除貪污的期望。為了避免出現這兩種情況，廉署受到嚴格的監督，直接監督廉政公署的機構包括了廉政公署的四個諮詢委員會、廉署內部的調查及監察單位 L 組以及廉政公署事宜投訴委員會。

　　廉政公署一成立就同時設立了四個監察廉政公署各方面工作的諮詢委員會。貪污問題諮詢委員會負責監察廉政公署的整體工作方針及在政策上提供意見，包括監察廉政公署在執行職務、人手編制及行政事務上的政策，聽取廉政專員報告廉署對屬員所採取的紀律處分等。其他三個諮詢委員會有針對性地監督廉政公署的調查、防貪及社區關係三大部門：審查貪污舉報諮詢委員會負責監察廉政公署的調查工作；防止貪污諮詢委員會負責向廉政公署建議防貪研究的優先次序及審閱所有完成的防貪研究報告；社區關係市民諮詢委員會負責向廉政公署建議推行倡廉教育及爭取社會各界支持廉政工作的策略。

　　諮詢委員會代表公眾對廉政公署的工作進行監察與制衡，以確保廉署能夠依法履行職責和動員整個社會合力反貪。委員會的成員由香港立法機關議員、行政會議成員及其他領域的社會賢達再加上廉署及相關政府部門負責人組成。1996 年前，審查貪污舉報諮詢委員會、防止貪污諮詢委員會和社區關係市民諮詢委員會這三個諮詢委員會通常由廉政專員擔任當然主席。根據 1994 年底發表的《廉政公署權責檢討委員會報告書》的建議，這三個委員會作為執行監察或諮詢職能的獨立委員會，不應由廉政專員主持會議，主席一職應由非官方成員擔任，但廉政專員應繼續擔任各委員會的當然委員。[1] 這一建議被採納，連同貪污問題諮詢委員會在內的四個諮詢委員會的主席已全部由非官方成員

擔任；而審查貪污舉報諮詢委員會、防止貪污諮詢委員會、以及社區關係市民諮詢委員會的主席，已成為貪污問題諮詢委員會與其他三個諮詢委員會的當然委員。[2]

諮詢委員會在監察、制衡廉署方面作用突出。針對廉署的工作，人們最擔憂的就是廉署職員會不會濫用職權，以權謀私，該查的貪污舉報不查，有意放生某些特權人物，或用保釋或拖延調查來縱容某些富豪、高官。這類情況都涉及審查貪污舉報諮詢委員會的工作。該委員會代表市民監察執行處的工作，確保執行處以專業、問責的態度，處理市民向廉署所作出的貪污舉報。近年來，審查貪污舉報諮詢委員會由 17 名委員組成，包括 13 名非官方委員（包括主席）和四名當然委員。非官方委員由行政長官委任。所有非官方委員均為社會賢達，分別來自立法會、專業界和工商界。四名當然委員則是廉政專員、律政司司長或代表、警務處處長或代表和行政署長或代表。委員會每六個星期舉行一次會議，執行處首長每次均會出席。所有指稱涉及貪污的舉報，以及針對廉署人員的貪污指控、嫌疑人保釋期超過六個月的案件、歷時超過 12 個月的調查個案和廉政專員在緊急情況下授權不經法庭簽發搜查令的個案等，均會提交審查貪污舉報諮詢委員會審閱。每宗已完成調查的個案必須得到委員會確認，才會正式結束調查。[3]

審查貪污舉報諮詢委員會及相關機構的作用使任何人都無法超越法律，成為不受調查的特權人物。根據《廉政公署條例》，如接獲貪污舉報，不論涉及任何人士，若有足夠資料跟進，廉政專員必須依法進行調查。若需調查涉及行政長官的投訴，廉政專員會根據既定程序委任一名執行處首長級人員負責處理。所有案件的調查結果均須向審查貪污舉報諮詢委員會彙報，接受委員會的監察。任何人士包括廉署人員均不能自行中止案件的調查。如個案涉及與廉署人員（包括廉政專員）有關連的人士，該廉署人員必須按內部機制作出申報。如有需要，該人員須迴避處理有關個案，包括不參與和案件有關的任何決定。

因為廉署權力較大，從廉政公署成立起，如何預防廉署濫用權力就成為人們關注的問題。1974 年 4 月 10 日，署理布政司在立法局會議中公佈了處理有關廉署人員涉嫌貪污的方法：「如公署或任何公務人員接獲指責公署人員涉

嫌貪污，應即轉交律政司，以決定應否交由公署自行調查或轉呈總督作特別的處理。如律政司認定交由公署調查時，則通知廉政專員，由專員將該項舉報及律政司的意見轉知公署的審查貪污投訴諮詢委員會。日後專員並須向律政司及委員會報告已採取的行動。如律政司認為不須理會該有關舉報，即將該項舉報及其意見知照廉政專員，再由專員通知審查貪污投訴諮詢委員會，以備該委員會決定應否加以調查。」[4] 廉署負責調查相關事務的就是廉署內部的監察機構。廉政專員姬達在 1974 年工作年報中指出：「許多時有人向本人提出這類問題：『誰人審查調查員？』『廉政公署如何監審其人員？』等，其實任何類似廉政公署的機構，必須有其內部的監察組織，有專責人員負責內部糾察及監察的工作。在公署而言，整個機構的人員均在監視範圍之內，而非限於執行處人員。」[5] 1975 年，廉署正式設立了一個內部監察組，隸屬特別目標科。當年共有 16 宗指控廉政公署人員貪污的舉報，所有舉報均被調查，其中兩宗屬於冒認公署人員事件；十宗內容含糊不清無法深入調查；其餘四宗則導致一位公署職員被判入獄及五位職員被撤職。[6] 內部監察組後來演變為廉署調查及監察組 L 組。

　　L 組專責調查涉及廉署人員的違紀行為和貪污指控，以及涉及廉署或其職員的非刑事投訴。若收到指稱廉署人員涉及貪污或刑事失當行為的投訴，廉署會徵詢律政司的意見，決定是否需由廉署或警方進行調查。涉及廉署人員的貪污指控，除非律政司另有指示，一般會由 L 組負責調查。2014 年 4 月 22 日，在回答立法會專責委員會成員何秀蘭議員有關 L 組工作程序的提問時，L 組主管表示，該組對所有有關廉署人員的投訴，不論人員職級的高低，皆會持守保密的原則，公平公正地作出跟進和調查。如投訴涉及貪污或其他刑事不當行為，廉署會向律政司尋求意見。如決定個案應由廉署作出調查，一般而言，L 組會跟進及向執行處首長負責；並就調查結果向律政司呈交報告。在個案完結後，亦會向審查貪污諮詢委員會遞交內部調查報告。如投訴不涉刑事，L 組會跟進及向執行處處長／私營機構負責；就一些並非由內部人員提出的投訴，L 組會向廉政公署事宜投訴委員會呈交調查報告。[7]

　　2013 年 4 月，有報章揭發香港前廉政專員湯顯明疑以公帑超支豪宴內地

官員、攜女友出席公務活動及以公帑送禮等，多名市民前往廉署舉報。2013年5月14日，律政司發表聲明，表示有足夠理據調查湯涉嫌觸犯《防止賄賂條例》和普通法「公職人員行為失當」的指控，作為處理這類投訴的專門機構，由廉署調查「較為恰當」。這是廉署成立39年來首度調查前任專員。律政司提出廉署擔任此案調查人員的三項準則：從未出席或涉及由湯顯明個人安排的任何活動或事項；除正常公務外，無直接或間接與湯顯明有任何聯繫或關係；對調查無實際或觀感上的利益衝突或專業困難。廉署同時發表聲明，強調專員向特首負責，不受任何人指示和管轄，確保不偏不倚、大公無私履行職責。調查由廉政專員直接領導，成員包括L組首席調查主任，以及廉署內數名現任或前任L組人員。調查完畢後，廉署會向律政司刑事檢控專員尋求法律意見，調查期間向審查貪污舉報諮詢委員會彙報。[8] 2016年1月27日，律政司最終決定不對湯顯明提出刑事檢控，理由是若提出刑事檢控，並無合理機會可達致湯顯明被定罪的結果，強調不檢控不應被理解為律政司認同湯顯明的行為或當中任何部分。[9] 這一調查也表明，廉署的任何成員，即便是前任專員也無法避開L組的調查。

廉政公署事宜投訴委員會成立於1977年12月1日，負責監察和覆檢所有針對廉署及廉署人員的非刑事投訴。投訴委員會成員由港督（行政長官）委任，委員包括行政局（行政會議）成員、立法局（立法會）議員和其他社會知名人士。與前述四個諮詢委員會相比，投訴委員會具有更強的獨立性：委員會有自己的秘書處，並獨立發表其工作年報。1994年3月前，委員會秘書的工作由廉政公署與行政立法兩局（非官方）議員辦事處分擔，此後改由行政署擔任。1994年前，對廉署的投訴須以郵遞方式向廉政專員提出，或透過廉署熱線及各分區辦事處提出。《廉政公署權責檢討委員會報告書》建議，所有投訴均應向廉政公署事宜投訴委員會的秘書而非廉政專員提出，秘書應將這些投訴轉交廉政專員調查，同時亦應擬備討論文件，就廉政專員的調查報告作出評論，並發給該委員會全體成員。[10] 此後，對廉署及其成員的投訴採取雙軌並行的方式：投訴者可致函投訴委員會秘書，也可聯繫廉署辦事處提出投訴。廉署接獲投訴後，會以書面覆函投訴人確認收到投訴，並列明投訴內容；同時將覆

函副本送交委員會秘書備考。如投訴係直接向秘書提出，秘書負責覆函確認投訴，並把投訴交由廉署跟進。廉署 L 組負責評估和調查這些投訴。調查完成後，廉政專員將每宗投訴的調查結果和處理建議經委員會秘書提交委員會成員討論。1997、1998 和 1999 年，分別接獲對廉署及其成員的投訴 30、25、37 宗，主要涉及指控廉署人員行為失當、濫用職權和疏忽職守。在 1999 年委員會審議的 30 宗投訴中，有七宗投訴所涉及的指控證明屬實或部分屬實，包括無禮、未有將調查結果通知投訴人，以及未出示身份證明文件。廉政專員事後分別致函投訴人，向他們表示歉意。[11] 2013 年，涉及廉署或其職員的非刑事投訴共有 33 宗，其中五宗投訴證明屬實或部分屬實。主要涉及廉署人員不當地在社交網站張貼廉署人員照片或信息，影響廉署專業形象，甚至可能損害廉署行動成效；有人未經准許帶訪客進入廉署總部等。兩名廉署人員被口頭或書面警告，15 人遭上司訓示。廉署已收緊辦公室保安、保護官方資料及使用社交網絡的內部指引，又增加相關培訓以提升廉署人員的警覺性，以免有同類事件再發生。[12]

第 二 節

行政、司法、立法與香港廉政制度

香港的行政、司法與立法體制都在香港廉政制度中扮演着重要角色，成為香港廉政機制正常運轉的必不可少的環節。作為香港權力架構的組成部分，行政、立法與司法機構的人員均須接受香港廉政法律的規管，《政治委任制度官員守則》、《公務員守則》等具體規則對相關人員又作出更為細緻的規定，行政長官、主要官員、行政會議成員及立法會議員等還必須申報利益並予以公開，以免出現利益衝突或影響公眾對權力機關的觀感。行政、立法與司法機構除自身成員必須保持廉潔外，它們對維護香港的廉政制度負有更大的責任。

從行政部門來說，廉政公署直接向行政長官負責，廉政專員也要定期向行政會議彙報。根據《廉政公署條例》的規定，廉政專員在符合行政長官命令及受行政長官管轄下，負責廉政公署的指導及行政事務；除行政長官外，廉政專員不受任何其他人指示和管轄。行政長官可按其認為適當的條款及條件委任副廉政專員；可向廉政專員推薦他認為所需的廉署人員；批准廉署人員的僱用條款及條件；確認或撤銷廉署人員終止委任的上訴等。廉政專員要向行政長官彙報對與貪污有關連或助長貪污的訂明人員（前稱政府僱員）的調查；提交下一個財政年度的開支預算由行政長官批准以及提交廉政公署年度工作報告等。就廉政公署的工作來說，行政長官可藉命令就如何對待被拘留在廉政公署辦事處的人作出其認為需要的規定。除此之外，行政長官並不能干涉廉署的具體調查工作。不僅如此，行政長官如果涉及貪污，廉政公署有權對其進行調查。

如前所述，《防止賄賂條例》於 2008 年修訂後，第四、五及十條已引伸至適用於行政長官。《防止賄賂條例》第四及第五條訂明，如行政長官向他人索取或接受利益，以作出或不作出與其行政長官身份有關的作為，或向他人提供協助以促進、簽立或促致合約，則屬違法。第十條，即針對訂明人員管有來歷

不明財產的條文，也同樣適用於行政長官。如接獲行政長官涉及貪污的舉報，若有足夠證據可以追查，根據《廉政公署條例》，廉政專員必須依法進行調查。廉署要依照既定的調查程序，向獨立的審查貪污舉報諮詢委員會彙報有關案件。根據現行法例及程序，調查涉及行政長官的案件不得及無需向他本人透露，或就有關個案作出彙報。《防止賄賂條例》第三十一 AA 條規定，廉政專員如有理由懷疑行政長官可能觸犯了《防止賄賂條例》所訂的罪行，可將該事宜提交律政司司長。律政司司長如因廉政專員所提交的事宜而有理由懷疑行政長官可能觸犯了《防止賄賂條例》所訂的罪行，可將該事宜提交立法會議員，讓他們考慮是否根據基本法第七十三（9）條採取任何行動，即因行政長官涉嫌嚴重違法而對其展開獨立調查及彈劾。[13]

作為香港特別行政區政治地位最高、權力最大的特區首長，貪污犯罪後也不能逃避法律的制裁。當然，行政長官在香港廉政機制中並不是只有作為法無例外的被動的示範效應，他在香港廉政制度中具有積極的作用，即當遇到涉及高官貪污的重要案件時，行政長官會根據具體情況進行調查，查清案情，修補制度。如果行政長官認為情況嚴重，就會成立獨立的調查委員會以回應公眾的要求；如覺得沒有那麼嚴重，就只進行一般性的調查。如在 2003 年 3 月財政司司長梁錦松涉嫌在財政預算案公佈前買車避稅事件中，行政長官董建華慎重考慮過有關委任獨立委員會以調查事件的要求，「但經考慮所有情況後，決定不會委任法定或非法定的委員會」。立法會在投票中也否決了以獨立委員會調查梁錦松買車事件的動議。[14] 但在前任廉政專員湯顯明公務酬酢、饋贈及外訪的報道引起社會廣泛關注後，行政長官梁振英於 2013 年 5 月 2 日宣佈成立廉政公署公務酬酢、饋贈及外訪規管制度和程序獨立檢討委員會進行調查，9 月 2 日獨立檢討委員會完成調查並向行政長官提交報告，指出若干違例情況和監管制度不足之處，並提出相應的改善建議。行政長官隨即在遮蓋部分機密資料後將報告公之於眾。而 2012 年 2 月第二任行政長官曾蔭權在其任期屆滿前幾個月被報刊揭發與港澳富商來往頻密涉嫌利益衝突，曾蔭權不得不宣佈成立防止及處理潛在利益衝突獨立檢討委員會，檢討行政長官、行政會議成員及主要官員的防止利益衝突的規管框架和程序，並提出改善建議。該獨立檢討委員會

2012 年 5 月 31 日向行政長官提交了報告書。這些獨立調查委員會對於查清有關事件的真相、回應公眾的關注、改善香港的相關制度發揮了重要作用。

　　審計署是香港特別行政區的審計機關，負責提供獨立、專業的審計服務。根據《防止賄賂條例》第十六條的規定，審計署有權隨時查閱及審計廉政公署的賬目。2013 年 3 月 28 日，審計署公佈《審計署署長第六十號報告書》，批評廉署在舉辦一項國際性比賽期間，兩次晚宴開支超出批准上限，違反了廉署的規定。報告對廉署公務酬酢提出一系列建議，建議廉政專員收緊對公務酬酢開支的控制，《廉政公署常規》的規定應適用於全部公務酬酢的開支，包括任何作為宣傳或教育活動一部分的午餐或晚餐；所有食物及飲品的開支均應列為相關的午餐 / 晚餐的部分開支，以作監控。[15]

　　香港的司法制度也對香港廉政公署的權力構成了有效制約，司法制約主要包括獨立的檢控權和香港獨立的司法制度。

　　廉政公署擁有調查貪污案件的許多權力，但調查後檢控與否屬於律政司司長的權力。調查和檢控權分立的制度設計就是要確保不會單以廉政公署的判斷而作檢控決定。根據香港基本法第六十三條的規定，律政司是香港政府部門之一，主管刑事檢察工作，但它與其他政府部門的不同就在於它「不受任何干涉」。調查和檢控權分立是廉政公署成立起就制定的制度，「為了防止濫用這個勢不可擋的權力，總的規定了這麼一條防衞措施。對任何人在起訴之前，必須得到律政司的批准（他可以委託代表行使這個權力）。指控他人犯第十條罪（一個公職人員支出超過本人收入和擁有來歷不明的資產）必須得到律政司的親自批准。」[16] 這個權力分割的規定對廉署並未形成困擾，在實際工作中他們會在更多的方面尋求律政司的意見。廉政公署執行處在廉署成立四十週年的紀念特刊中指出：「廉署負責調查，法例規定廉署須向律政司司長取得『准照』或同意檢控書，才可對嫌疑人提出貪污檢控。雖然此項法定要求並不涵蓋其他刑事罪行，如盜竊或偽造賬目等，但實際上，廉署會把所有可能觸犯法例的調查個案呈交律政司，就是否提出檢控而諮詢法律意見。」[17]

　　司法獨立形成對廉政公署的重要監察和制衡。在司法監督下，廉政公署行使某些權力前，必須事先獲得法庭的准許。同時，廉政公署會謹慎研究法官

就調查工作所提出的意見或批評，並檢討執法程序，確保權力不被濫用。香港奉行無罪推定原則，證明被告人有罪的舉證責任在於控方，控方提出的證據必須達到毫無合理疑點的程度，即能使法庭消除一切合理的疑慮而確信被告人有罪。[18] 被告人開庭審判時，控辯雙方律師逐個傳喚證人作證，並對對方證人進行盤問。被告是否有罪由陪審團作出裁決。即使被判入獄，被告仍可提出上訴。廉政公署必須提供確鑿的證據，才可能將貪污疑犯定罪。因此，扎扎實實的調查和可靠的證據是廉署懲辦貪污分子最可靠的工具。

提供可靠證據的一個方式是將貪污集團的成員轉化為污點證人，指控主要貪污分子。葛柏貪污受賄數百萬港元，但廉政公署並沒有掌握其犯罪的人證物證，最終還是一名因貪污罪入獄服刑的前外籍警司韓德願意轉為污點證人，出面指證葛柏貪污。他曾親眼目睹一名姓陳的警官向葛柏行賄 2.5 萬港元，謀求灣仔區警司的職位。後來，向葛柏「買官」的陳警司也轉為廉署的污點證人。葛柏就是以這 2.5 萬港元而不是他的全部不義之財被判串謀賄賂和受賄罪名成立，被判入獄四年，涉案的 2.5 萬港元充公。[19] 在 1996 年的旺角貪污案中，污點證人再次發揮重要作用。數名隸屬旺角及黃大仙區特別職務隊的警務人員涉嫌收受賄賂，包庇該兩區的賣淫場所和賭檔。一名旺角高級督察和 63 名市民被裁定貪污及相關罪名成立。該名高級督察其後轉為控方證人，在三個審訊中指證數名賣淫場所經營者，又在另一審訊中頂證三名警隊戰友。在黃大仙貪污案中，一名總督察、四名警長、一名高級警員和九名賄款收數人 / 賣淫場所經營者被定罪。[20] 而在歷時長達 17 年的佳寧案中，廉署成功將熟悉內情的裕民財務總經理轉為污點證人。據廉署調查組副組長賈樂施（Brian Carroll）講：「我親自見過他超過 60 次，記錄的口供多達千多頁紙，從中我們得到一些重要的資料，經過同事進一步調查和印證，都成為有力的證據。」[21]

廉署通過埋伏等現場拘捕的方式同樣可以提供確鑿的證據。對於多發性、持續性的貪污受賄行為，廉署在條件允許時會在查清基本案情的情況下，派出工作人員到現場埋伏，趁疑犯作案時將其拘捕。2001 年 9 月 10 日，廉署接獲城巴管理層轉介的投訴，指駕車行駛於香港國際機場與港島東之間路線的城巴司機薛祖明私吞乘客的車費。9 月 26 日，廉署三名調查員假扮乘客，登上薛

駛駛的巴士。其中一名廉署人員試圖把 120 港元有記號的鈔票放入錢箱時，被告以幫忙為由從廉署人員手中拿走鈔票。巴士到達北角碼頭總站後，廉署人員隨即將其拘捕。被告在警誡下接受問話，承認從 2000 年 5 月至 9 月期間偷竊巴士乘客車費約共 1.7 萬至 2 萬港元。[22] 2010 年廉署接獲舉報，在 2006 至 2010 年間，中國工商銀行（亞洲）企業業務部主管陳寶奎與房地產及融資部主管陳翊耀兩人在為內地富豪曾偉處理多筆貸款及延遲還款申請的過程中，共收受 580 萬港元賄款，以及五瓶紅酒和一隻名錶的賄賂，隨後幫助曾偉順利獲批准逾 27 億港元貸款與延期還款申請。2010 年 10 月 5 日，經過精密部署，趁陳寶奎、曾偉兩人在文華東方酒店廁所收受 230 萬元賄款之際，廉署人員突然現身，將兩人拘捕。2011 年 8 月 24 日，陳寶奎、陳翊耀在香港區域法院分別被判入獄兩年和三年。提供利益的內地富商曾偉棄保潛逃，即時被通緝。[23] 2016 年初，廉署接獲舉報，警隊高層人員涉嫌包庇灣仔謝斐道兩間頗具規模的夜總會。廉署執行處 A 組人員展開調查，發現由 2014 年開始，該兩間夜總會經營者疑向警務人員行賄數十萬元，並免費提供女公關和酒水款待，誘使他們濫用職權查閱機密資料，在警方採取執法行動前向夜總會通風報信，以及協助申請酒牌。調查組人員經長時間搜證，認為時機成熟，遂聯合其他組人員共逾一百人，採取代號「水銀」行動，首先派人員在收受賄款的地點埋伏監視，當一名主要目標人物收取賄款後離開時，調查人員一湧而上將他拘捕，在其身上搜出十多萬元現金賄款，人贓並獲。連同三名警務人員，廉署在行動中共拘捕 12 人，包括兩間夜總會的經營者。[24]

廉署人員辛辛苦苦搜集的資料，有可能因為在警誡會面過程中涉及違例的指控而不被接納為證據。因此，廉署不斷改進工作程序，盡量避免出現違例的嫌疑。1989 年 3 月，廉署執行處成為香港首個以錄影會面方式接觸嫌疑人的執法機構。到 1992 年，廉署的所有會面室均裝有錄影設備。在 1994 年一年之中，廉署共進行了 1048 次錄影會面。廉署引入的錄影會面系統實況記錄了廉署人員與嫌疑人的會面情況，過程透明、公正，被各級法院廣泛接納。廉署研發的錄影會面字幕系統，把會面紀錄謄本及 / 或核證英譯本的內容添加到錄影畫面上，播放錄影時，謄本及 / 或譯本的內容便會以字幕形式同時出現。該系

統還設有快速搜尋功能，只須輸入某句話的編號，便可實時從錄影中找到相關部分播放，而且組件簡單，在任何法庭都可以迅速安裝。[25]

立法會是香港特別行政區的立法機構，負責制定法律，審核及通過財政預算、稅收和公共開支，以及監察政府工作。立法會對廉政公署有重要的制衡權：有權賦予或撤銷廉政公署的權力；要求廉政專員出席立法會會議，解答有關廉政公署的政策及經費的問題；廉政專員須定期向立法會作出彙報，並就行政長官每年在施政報告提出的施政綱領中涉及廉政的內容向立法會加以說明。廉政專員並須按其法定職責，向行政長官遞交廉署年報，再由行政長官提交立法會討論。有需要時，廉政專員亦會出席財務委員會、保安事務委員會及立法會轄下其他小組委員會的會議。[26]

由於具有立法機構和代議機構的特性，立法會對香港廉政制度的作用不僅僅限於監督廉政公署，而是體現在香港廉潔社會建設的方方面面。簡單來說，立法會對廉政制度的作用主要體現在監督、質詢與調查這三個方面。

監督是指對具有重要社會地位及權力的人士涉及貪腐或懷疑有利益衝突的行為予以追究或敦促有關部門進行調查。一旦媒體報道涉及政府高官的可疑行為，立法會內各個黨派的議員就會有所反應。如 2013 年 7 月，特區政府新任發展局局長陳茂波被揭發在新界東北發展計劃中有利益衝突之嫌。據《信報》報道，陳茂波太太許步明的家族公司在古洞北發展區擁有三幅合共近兩萬平方呎土地，陳茂波更於 1994 年親自代表該公司簽署臨時買賣合約。有立法會議員批評，他涉及嚴重利益衝突，促其辭職下台。陳茂波解釋說，太太家族買入該近兩萬平方呎農地，只作「假日休閒」用途，而行政會議的申報表並無要求申報配偶的利益，故沒有於 2012 年 7 月上任時申報。而他同年 9 月底得悉該地被納入東北發展計劃後，已向特首通報，太太隨即於 10 月辭任公司董事，並全數出售股份給家人，強調其時他和太太及子女均在該土地無任何權益。[27]而前廉政專員湯顯明被指任內濫用公帑送禮、宴請的消息經傳媒報道後，自由黨 2013 年 4 月 29 日致函特首梁振英，指湯顯明事件引起公眾高度關注，或打擊政府誠信，令廉署「公平、公正、信得過」的形象受損，事關重大，要求成立獨立調查委員會跟進事件，多個泛民黨派、工聯會及新民黨均表支持。[28] 在

涉及貪腐這樣的重大問題上，任何人均沒有凌駕於法律的特權而勒令立法會議員噤聲。

　　質詢是指在立法會會議期間，議員就政府官員的涉貪可疑行為，向政府首長或高級官員提出質疑或詢問並要求答覆的活動。如梁振英就任香港特別行政區第四任行政長官後半年多的時間裡，在立法會就發生過兩次有關其涉及利益衝突的質詢。第一次是在 2012 年 11 月 28 日的立法會會議上，梁家傑議員提出的一項質詢：特區政府有「積極支持消滅廚餘」的政策，而行政長官夫人則成立了一間推動消滅廚餘的公司。他要求政府回答：行政長官是否必須申報該公司情況？政府積極推動消滅廚餘的政策與行政長官夫人開設處理廚餘公司會否在觀感上或實質上構成利益衝突？特區政府政制及內地事務局局長譚志源在答覆中指出：行政長官依照行政會議現行的申報機制以及《政治委任制度官員守則》，就其以個人或其配偶、子女或其他人士、代理人或公司名義擁有而實際由其擁有的投資和利益，或他們擁有受益人權益的投資及權益作出了申報。申報的公開部分存放在有關的辦公室或決策局的網站上，供公眾查閱。行政長官夫人參與的廚餘回收計劃旨在推動香港的環保工作，屬於非牟利性質，且 11 月剛剛註冊成立，仍未進入實質啟動階段。當計劃日後正式投入運作，她會辭任董事，轉任名譽職務，她亦不會從中獲得任何經濟利益，相信並不存在利益衝突的問題。[29] 而在 2013 年 1 月 23 日的立法會會議上，梁國雄議員針對行政長官梁振英擁有的一間在英屬處女島註冊的公司 Wintrack Worldwide Ltd. 與行政長官的職能是否存在利益衝突以及政府是否會修改現行申報利益的規定提出質詢，政制及內地事務局局長譚志源在答覆中指出：行政長官已按現行申報機制，申報持有 Wintrack Worldwide Ltd.（BVI）及附屬公司股份的事宜。行政長官已辭去所有戴德梁行的職務，並已着手將 Wintrack Worldwide Ltd.（BVI）及附屬公司的股份連同他持有的 7227838 股 DTZ Holdings Plc 股份及附屬公司股份一併以信託形式持有。因此，行政長官除持有上述股票外，並無參與 Wintrack Worldwide Ltd.（BVI）和戴德梁行的業務運作。政府沒有計劃修訂香港原有的行之有效的行政長官申報利益的機制。[30]

　　對於社會影響較大的事件，立法會會直接進行調查。調查分兩種：一種是

立法會的常設委員會進行的調查，一種是立法會專責委員會和獨立調查委員會進行的調查。

　　與廉政相關的常設委員會主要是立法會政府賬目委員會。政府賬目委員會的工作範圍涉及公帑的使用，可能發現貪污或資金使用不當的蛛絲馬跡。如 1999 年初立法會政府賬目委員會發表報告，質疑政府車輛管理處 1996 年替司級官員購買新車時，僅以高官的喜好為依據放棄原先選定的日本萬事得高級房車而轉為購買歐洲寶馬七系房車，但卻沒有記載任何當日這批高官用家的試車紀錄。委員會點名譴責車輛管理處處長，指其對委員會的解釋缺乏證據支持；並且不滿部分高級公務員只考慮自身偏好，沒有顧及經濟原則，令人覺得當中存在利益衝突。委員會建議當局設立獨立評審標書的機制。[31] 如果出現社會影響較大、涉及浪費公帑的事件，政府賬目委員會也會專門就特定事件展開調查。如在湯顯明事件中，政府賬目委員會先後展開八場公開聆訊、五次傳召湯顯明出席作供，2013 年 11 月 27 日發表了長達 80 頁的報告。對於廉政公署在湯顯明任職期間，為公務酬酢飲用而購買的餐酒及烈酒（特別是茅台酒）的瓶量大幅增加、離港外訪的開支大幅增加以及用於禮物及紀念品的開支涉款約 130 萬港元等情況，委員會均表示震驚和強烈不滿，並認為不可接受，對湯顯明的違例行為予以譴責。

　　立法會成立的專責委員會和獨立調查委員會主要針對公眾反應強烈、當事人為政府高官、曾為政府高官或即將成為政府高官的重要事件。1993 年，廉政公署執行處副處長徐家傑突然被解僱，當時的立法機構——立法局引用《權力及特權條例》成立獨立調查委員會對此事件進行調查。此後，立法會一般採用專責委員會的形式調查涉及懷疑行為失當或有利益衝突嫌疑的事件。相關的專責委員會包括 2008 年調查梁展文離職後從事工作事宜專責委員會、2012 年調查梁振英西九事件專責委員會、2013 年調查湯顯明任職廉政專員期間的外訪、酬酢、饋贈及收受禮物事宜專責委員會及 2016 年底開始的調查梁振英與澳洲企業 UGL Limited 簽訂協議專責委員會。[32] 專責委員會都要舉行多次預備會議和公開的研訊，聽取證人的證詞，隨後進行仔細研究、討論，提交正式報告。以梁展文案和梁振英西九事件為例，梁展文專責委員會在 2008 年 12 月 18

日至 2009 年 3 月 10 日期間舉行了九次會議；在 2009 年 3 月 17 日至 11 月 17
日期間舉行了 23 次公開研訊，還舉行了 81 次會議討論所得證據及委員會報告
相關事宜。委員會的報告指出，退休前擔任房屋及規劃地政局常任秘書長（房
屋）兼房屋署署長的梁展文，在處理紅灣半島單位的過程中有深入和直接的參
與，而紅灣半島發展項目係由新世界中國的母公司旗下附屬公司擁有的公司發
展。梁展文退休後受聘到新世界中國地產工作，顯然有利益衝突問題。報告對
首長級公務員離職後從事工作的規管機制提出了一系列的改善建議。[33] 梁振英
在第四任特首選舉期間，被傳媒揭發他在 2001 至 2002 年出任西九龍填海區概
念規劃比賽評審團時，其所屬的戴德梁行曾為參賽的馬來西亞建築師楊經文提
供報價資料，戴德梁行更被對方列為合作夥伴，但梁振英在填寫利益申報表時
涉嫌漏報。2012 年 3 月，立法會通過引用《立法會（權力及特權）條例》成
立專責委員會調查事件。經過三個多月研訊，先後舉行 11 次會議及六次公開
研訊，及傳召 17 名證人取證後，委員會 6 月 27 日正式向立法會大會提交研訊
報告。報告指，考慮到是次比賽資料文件的身份保密及資格限制條文，評審團
成員在過程中實無從得知參賽者身份；雖然戴德梁行執行董事趙錦權及黃儼邦
在事前接獲楊經文提供的參賽概念大綱草圖，但無證據顯示梁振英事前知悉該
公司可能成為參賽隊伍，加上梁振英在投票過程中並非唯一貫徹一致投票予楊
經文參賽作品的評審，為此，委員會一致相信其申報遺漏不涉利益衝突。但認
為他提交的申報表有欠完整，對他在填寫申報表時掉以輕心表示遺憾。[34] 立法
會設立的專責委員會有的擁有《立法會（權力及特權）條例》的授權，可以行
使要求證人出席作證和出示文據、簿冊、紀錄或文件的權力，有的沒有這項授
權，但一般情況下仍會獲得多數人的配合。專責委員會報告提出的建議通常也
會被政府部門接納，顯示了立法會對特區政府的重要制衡權力。

第 三 節

傳媒與廉政

　　透過傳媒監察廉政公署以及香港的廉政工作，也是香港廉政機制的重要環節。香港媒體擁有充分的言論自由和新聞自由，任何人都沒有凌駕於法律的特權，以能夠禁止媒體刊登或播放對自己不利的報道。傳媒體現了公眾和社會團體對政府部門和廉政機構的監察，在涉貪信息的報道、立法會辯論、法庭審判等不同階段，傳媒都會對有關消息與進展進行評論、分析，因此，傳媒對廉政工作的積極參與不斷加強公眾對廉政公署和特區政府的問責。

　　傳媒在廉政工作中最突出的作用就是揭露、報道貪污案件的線索。無孔不入的新聞記者從各個渠道搜尋消息，一旦發現任何執法機關或其官員有濫用職權、營私舞弊之嫌，定必追根究底，務求揭露真相。香港發生的一些對社會有重大影響的案件，尤其是涉及高級官員的案件，很多最先為媒體揭發，如曾蔭權案、湯顯明案、麥齊光案等。曾蔭權事件由東方報業集團首先報道，據該報自己描述：「東方報業集團在一二年二月佈下天羅地網，掌握多方權威人士消息後，派人海陸兩路追蹤採訪曾蔭權，其後獨家報道曾蔭權出席澳門『江湖飯局』及夜宿富豪遊艇等本應不為人知的行為，之後再圖文並茂將曾蔭權擬承租的深圳東海花園單位內貌曝光，激起各界關注。」[35] 湯顯明案源於 2013 年 3 月底由審計署公佈的《審計署署長第六十號報告書》，該報告書提到廉署在兩個大型地區活動的餐飲開支超出了《廉政公署常規》的規定，其中一次餐飲每人花費 431 港元，符合廉署常規規定的晚餐 450 港元的上限，然而期間開了六支餐酒、之後再到另一地點吃甜品，結果每人再多用 92 港元，每人開支共523 港元，超標一成六。在另一次「問題晚宴」上，社關處一名助理處長批准的每人開支高達 1045 港元，遠高於《常規》訂明的酬酢開支 1.3 倍。報告一公諸於世，《明報》、《東方日報》、《太陽報》等報紙就報道了廉署餐飲違例的詳

情。隨後,《明報》、《香港經濟日報》、《星島日報》等多種報刊跟蹤追擊,挖出當時的廉政專員湯顯明以公帑購買茅台、公帑送禮及攜女友出席廉署飯局等細節。香港有學者指出,這兩宗事件都是首先由傳媒揭發,然後再由執法部門跟進,突顯傳媒監察力的重要性。[36]

麥齊光事件也是媒體發揮重要作用的一個典型案例。2012 年 7 月 1 日,麥齊光就任香港特別行政區發展局局長,四天後,《蘋果日報》獨家揭發他在 1980 年代任職香港公務員時,曾經與職級相若的公務員(即路政署助理署長曾景文)在 1986 至 1988 年 27 個月期間互相租住對方名下北角城市花園住宅單位,藉以申請領取香港公務員房屋津貼。該報其後又揭發兩人還簽署賣樓授權書,互相授權對方可以出售自己的單位並可以自行決定價錢、何時出售等,令人質疑租客才是真正業主。受事件的影響,7 月 12 日下午,麥齊光提出辭任發展局局長一職,成為香港特別行政區成立以來任期最短的局長。2013 年 8 月 8 日,麥齊光、曾景文二人因串謀詐騙政府、身為代理人使用文件意圖欺騙等罪名在區域法院被判監禁八個月,緩刑兩年。其後兩人一直上訴到終審法院,2016 年 1 月 29 日終審法院頒下書面判詞,指 30 年前被告兩人互租單位未屬違法,加上控方未能證明兩人有一早交換持有對方單位,因此裁定兩人上訴得直,撤銷所有定罪,並下令控方須支付被告二人在原審、上訴及終院的訟費。[37] 從香港終審法院的判決來看,麥齊光在這一事件中罪名不成立,但媒體作用之大還是顯而易見。

對於重大案件,傳媒會緊追不捨,絕不允許一個全社會熱議的事件最後變得無聲無息,不了了之。以曾蔭權案、湯顯明案為例,兩宗案件情況複雜,調查耗時較長,2012 年 2 月、2013 年 5 月廉署分別開始調查曾蔭權案、湯顯明案件,但遲遲沒有結果。一些媒體開始迫不及待地向廉署施加壓力,要求加快查案進度,其中以《太陽報》最為積極。2015 年 2 月,前刑事檢控專員江樂士(Grenville Cross)回覆《太陽報》查詢時指出,曾蔭權案調查理應早有決定,因為 2013 年 8 月時任刑事檢控專員薛偉成已指案件接近完成,至今 18 個月仍無決定非常奇怪,令人關注當中原因。他又指長時間延誤會令證據質素降低,對涉案人士不公,而最終檢控,法庭亦可能基於延誤令疑犯蒙受偏見

（prejudice）而予以減刑，令人害怕有邪惡的東西在發生，破壞公眾對法制有效彰顯公義的信心、不利法治。針對湯顯明案，江樂士認為廉署調查已有 21 個月，但該案案情直接，一年內應已完成，現卻如「在雷達中消失」，表達了對調查速度過慢的不滿。[38] 而在此前一個月的一篇報道中，該報公開指控廉署在曾蔭權案中行為失當：「惟案件調查至今近三年，當局仍以拖字訣處理，檢控貪曾似乎仍遙遙無期，令人髮指。有廉政公署前任高層直斥，案件拖拉之久肯定涉及行政失當，而廉署和政府都欠市民一個交代，不可再無了期拖延，否則本港建立已久的廉政文化勢將蕩然無存。」[39] 五個月後，該報再次就包括這兩宗案件在內的眾多問題向廉政公署查詢，並藉曾到廉署舉報該案的立法會議員之口，指責有關調查拖延太久，「時間長得不合理」，擔心會降低市民對廉署的信心甚至認為舉報亦無用，變相鼓勵市民不要舉報貪污。[40] 儘管廉署的調查獨立進行，不受外界的干涉，但媒體的報道對廉政公署的正常進程不可能沒有影響。

　　即便是非典型性的涉貪事件，例如存在利益衝突的可能或者存在政治人物擁有特權的嫌疑，也會成為媒體報道的熱點。一旦被媒體曝光，當事人必須作出解釋，如存在灰色地帶，在可能的情況下要盡可能採取預防措施。因此，媒體的報道也有警醒的作用。掌握權力和資源的政治人物自然是最受關注的人群。媒體可能關注政府政策是否對政策制定者的親屬有特別關照。2009 年 10 月 14 日，第三任行政長官曾蔭權剛剛在施政報告中宣佈，兩家電力公司向全港用戶派發 100 港元慳電膽（即節能燈泡）現金券，鼓勵市民節約能源。第二天，就有媒體報道，曾蔭權長子的岳父也代理慳電膽生意，是施政報告建議衍生的 2.4 億港元生意的其中一個受惠人。當即有議員質疑是否涉及利益衝突，要求特首詳細交代。後政府方面解釋，該計劃由環境局向特首提出，旨在減少社會耗電量，進而減少發電時的碳排放量。任何代理商只要符合兩大條件便可參加該節能計劃：第一、要承諾在一段時間後不再出售鎢絲燈膽；第二、要承諾幫政府回收鎢絲燈膽。因此，不存在將利益輸送給某人的問題。[41] 2016 年 5 月 31 日，民建聯前主席譚耀宗在伊利沙伯醫院做切除耳瘜肉的小手術時，獲醫生優待第一個進行手術，他與太太身穿便服進入手術室無菌範圍，手術前後

獲安排進入醫生護士休息室等候，有違例及享有特權之嫌。這一消息先是有人在 Facebook 爆料，傳統媒體也紛紛報道。院方承認有類似事件發生，強調安排並不恰當，表示會嚴肅處理及徹查事件，並向公眾致歉。譚耀宗則發聲明，就「引起各方不便深表歉意」。[42] 2005 年 8 月，有媒體爆料，特區政府康樂及文化事務署在五年前起將轄下康樂設施的管理工作外判，至當時共外判十個體育館，其中四個由康業服務有限公司投得。而康業高級助理總經理譚家活的丈夫正是多年掌管康樂事務的前康文署助理署長張國基，懷疑其中存在利益衝突。事件涉及的相關機構紛紛作出澄清，康文署發言人指出，張自署任助理署長起，已按規定就其夫妻關係及妻子在康業的工作作出申報，為了避嫌，他並無參與外判體育館相關的投標評審工作。康業服務有限公司也表示，譚一直負責港島區物業管理工作，工作範疇與康文署場地管理外判工作沒有關連。[43] 2008 年 3 月，香港資助小學校長會在尖沙咀一間酒店舉行春節聯歡聚餐暨理事就職禮，花費近 40 萬港元，其中約 27 萬港元由出版商、書店及校服店等贊助，媒體在報道中質疑涉及利益衝突。校長會主席張志鴻承認，有關開支較大，但校方會根據廉署指引來選擇教科書，出席的校長不會介入，故贊助不涉利益衝突。針對這個問題，廉署認為，為免出現利益衝突及影響選擇供貨商的公平公正，中小學校長或老師應避免接受書商及校服商等提供利益，包括飲宴，以免令人懷疑處事不公。[44] 媒體的監督涉及各個方面，事件一經媒體曝光，可引致相關部門的介入和調查。

　　傳媒還有一個重要作用，就是在曝光貪污案的同時，揭示廉政制度的漏洞。每當出現影響較大的涉貪案件時，就有學者或立法會議員分析如何防範同類事件再度發生，他們的觀點通過媒體傳達給公眾。媒體也會通過自己的渠道瞭解防貪制度的漏洞。2013 年，由於多名高官被揭涉嫌收受利益或出現利益衝突問題，促使特區政府修訂《行政長官處理政治委任官員涉及潛在利益衝突及接受利益及款待的指引》，釐清高官可收取不同類別人士禮物的最高金額。新指引訂立兩年後，《太陽報》記者嘗試向三司十二局索取其首長的收禮申報資料，結果發現各人的申報格式和資料詳盡程度大相逕庭，缺乏統一標準，而且絕大部分都沒有列出禮物的估值、送禮人的身份、以及收受禮物的場合地

點、送禮原因等,令外界根本無法監察有關送禮收禮行為,會否與相關司局長的政策或職責構成利益衝突。有學者認為官員申報時應更詳細地列明收禮場合等細節,包括有無需要送禮、送禮者與收禮者之間有何關係,以及會否出現延後利益等,否則會令公眾難以監察,無從規管濫收禮物的情況,申報會形同虛設。[45] 曾蔭權案是香港首次發生行政長官涉貪的案件,表明《防止賄賂條例》仍有不足之處。如前所述,該條例第四、五及十條經修訂後已適用於行政長官,但條例第三條(除非得到特首許可,否則公務員和包括問責官員內的公職人員,不得索取或接受任何利益)、第八條(任何與公務機關有事務往來的人士,向有關人員提供利益,如無合理辯解即屬違法)仍不適用於特首。因此,廉政公署落案控告曾蔭權的罪名是兩項公職人員行為失當,但控罪不包括疑接受富商款待、坐船坐飛機等《防止賄賂條例》第三條規定的懲罰更重的接受利益罪。防止及處理潛在利益衝突獨立檢討委員會報告指出,特首「不應凌駕於法律之上」,由特首自行決定應否收受利益「完全不恰當」,是制度上的根本缺陷。委員會提出的 36 項建議中就包括將特首納入《防止賄賂條例》第三和第八條的規管範圍、成立三人獨立委員會負責給予特首收受禮物的許可等。香港多個報刊刊登前廉署職員、現任律師和立法會議員的意見,認為香港法例存在漏洞,港府應盡快修訂《防止賄賂條例》,將第三和第八條的應用範圍涵蓋行政長官,令下屆特首亦受規範。[46]

傳媒對香港廉潔風氣轉差的任何跡象都保持警惕,但支持廉署的態度始終不變。如 2012 年「透明國際」公佈當年的全球清廉指數排行榜,香港在 176 個國家及地區中排名第 14 位,比上年略跌兩位。《東方日報》在社評中認為,港人最珍重的廉潔與法治等核心價值在逐漸消失,為當局敲響了警鐘。原因在於「前特首曾蔭權被揭發『貪遍省港澳、歡盡海陸空』連串醜聞而被廉署調查,加上前政務司司長許仕仁捲入貪腐大案遭廉署起訴,香港廉政的金漆招牌已被玷污。」[47] 就在同一年,《明報》在一篇社評中對原任發展局長麥齊光等四人因涉嫌觸犯《防止賄賂條例》被捕、前任政務司司長許仕仁、新鴻基地產聯席主席郭炳江及郭炳聯等五人因涉嫌觸犯《防止賄賂條例》等罪名被落案檢控,認為:「廉署秉公辦理這兩宗大案,顯示廉政體制已經成為香港的基因

（DNA），捍衛着廉潔的核心價值。」該報還讚賞廉署的作用，指出：「廉署成立 38 年以來，致力肅貪倡廉，為廉潔香港打下了基礎，成績斐然」，如果廉署能在非政治化方面，「建立一套可供操作的制度，使之與政治絕緣，無人可以要求或利用廉署為政治服務，則廉署的公器屬性，就有更堅實基礎。」[48]

傳媒的上述做法相當於在報道新聞的同時對港人進行了廉潔教育，市民會對照媒體報道的情況檢討自己的行為，以免一着不慎落入千夫所指、一世英名毀於一旦的窘況。如 2013 年 8 月，多名立法會議員接受國泰航空公司邀請，到法國參觀空中巴士工廠，引發社會各界爭議，認為或存在利益衝突，更有傳媒指他們「豪遊法國」。針對社會和輿論質疑，多名立法會議員先後自願捐出五萬至十萬港元給慈善基金會，作為對赴法國旅費的返還。這一事件後，立法會議員在申報利益時極為小心。有記者翻查議員的個人利益登記冊時，發現幾個民主黨議員都申報了外訪北歐時獲贈價值不高於港幣 500 元的利益，認為這些議員已經變成驚弓之鳥，莫論大筆捐款或豪華外遊款待，簡直就是事無大小先申報再說。[49] 毫無疑問，他們顯然是吸取了以往傳媒報道中利益申報不足的教訓。

第 四 節

廉政機制發揮作用的方式

　　香港以廉政公署為核心，形成了機制健全、行之有效的廉政制度。構成這一制度的組成部分各自發揮自身的獨立作用，共同促成香港實現廉政的目標。任何單一的因素，不管有多大的權力和多高的地位，都不能要求其他機構或因素停止其正常活動。如香港特別行政區行政長官不能阻止立法會討論某個涉貪事件，不能要求報刊撤下對某一貪污事件的討論文章，更無法讓法庭釋放某個涉貪的官員，甚至對直接向他負責的廉政公署，他也無權直接命令終止對某個案件的調查。在香港廉政公署成立的過程中，政府高層的強力支持至關重要，但一旦這一制度正式形成，它就不再僅僅依賴政府高層的支持。相反，政府高層不得不對廉政公署表示支持，即使他本人即將面臨廉署的調查。如在曾蔭權涉貪事件中，作為行政長官的曾蔭權面對媒體揭發不得不分別發出新聞稿、接受本地電台訪問和出席立法會的公開答問大會，就針對他本人的貪污指控向公眾作出交代。同時，他還委任一名退休首席法官領導一個獨立檢討委員會，就如何防止和處理行政長官、行政會議成員與政治委任官員涉及潛在利益衝突進行檢討。[50] 即使涉貪的特首也不得不遵從香港的廉政制度，表明這一制度的有效性。

　　以廉政公署為核心的香港廉政機制在三個層面上運行：

　　第一層面，即廉署層面，以執行處為主角的三個部門相互合作，共同推進廉政建設。

　　曾任香港廉政專員的施百偉（Bertrand de Speville）認為，香港的反貪策略「是清晰、簡單、全面而合理的。調查所有可追蹤的賄賂舉報以便予以起訴；審查制度和程序以消除任何貪污機會；教育公眾認識腐敗的危害，說服他們支持反貪鬥爭。該策略用於社會各個部分，而不僅僅是公共部門。三管齊下的策

略將同時並用，相互協調。目標是將貪腐減少到它對社會試圖建立的任何事情不再構成危害的程度。」[51] 但三管齊下並不意味着它們具有同等的地位，在三者之中，執行處打擊貪腐的職能顯然更加重要。因為查清貪污案件並予以懲處構成了防貪和教育的基礎。香港廉政公署前任副廉政專員郭文緯指出：「懲處如果不嚴厲的話，預防和教育是沒有效果的。人始終是有貪慾的。香港當初不把葛柏捉回來的話，公眾不會相信你有反腐敗的決心，有機會他們也貪。這樣，再多的預防和教育都是收效甚微的。」[52] 只有對貪污行為的有力打擊才可能提供有成效的廉潔教育，否則，涉貪者經常有機會逃脫法網，廉潔教育就會變成笑話，沒有人會認真對待。廉政公署成立伊始，就將調查放在首要地位。1974 年在廉署的 369 名職員中，執行處佔了 301 人（所佔比例為 81.57%），其中 225 人係借用的警察部隊成員（警官 181 人，文職人員 44 人）。到 1975 年底，廉署人員增加到 652 人，執行處人員增加到 429 人，執行處人員所佔比例雖然有所降低，但仍有 65.80% 之多。[53] 因此，在香港廉政公署的三大主要部門中，執行處不論是地位和資源，都遠遠超過其他兩個部門。執行處首長由副廉政專員兼任，執行處的人力、物力都佔據絕對優勢。以 2009 年為例，廉署執行處工作人員共有 941 人，是防貪處（51 人）和社關處（159 人）兩個部門合計人數的四倍多。2008 至 2009 年度，廉署用於防貪的經費為 5230 萬港元，用於倡廉教育和爭取支持的經費為 12930 萬港元，而用於執法的經費為 57530 萬港元，用於執法的經費是防貪和教育總和的三倍多。[54] 執行處的有效執法對不法分子形成了阻嚇性的威懾，也為防貪和廉政教育做好了鋪墊與準備。

第二層面，即廉署與社會層面，以社關處及防貪處為主力，動員社會力量維護社會廉潔。

執行處主要通過嚴謹的調查工作來打擊貪污，而與公眾的溝通、交流主要靠社關處及防貪處來完成，社關處通過走訪社區、舉辦聯絡活動和廉政講座、拍攝廉政劇集、發佈廉政信息等多種形式，與公眾保持密切接觸，將肅貪倡廉的信息傳播到公眾中；而防貪處則主動聯絡各種社團、機構或接受其委託，為其制定各種防貪制度和提出防貪建議。防貪、教育與肅貪工作緊密聯繫在一起，肅貪的經驗成為防貪和教育工作的基礎和素材。如果說肅貪重在懲罰，防

貪重在預防，教育則重在從思想上根除貪腐的種子。廉政公署的肅貪倡廉策略是一種分步驟推進的一體化策略。《廉政快訊》曾有文章以建造業為例對這種建設廉潔香港的全方位策略進行了具體說明：執行處偵破政府人員收受賄賂以縱容承建商不符規格的工程後，防止貪污處便會跟進研究工程監督的程序，找出程序中的貪污漏洞並提出相應措施予以堵塞。至於私營建築公司，私營機構顧問組隨時準備提供免費和保密的防貪顧問服務。最後是社區關係處人員積極聯絡建造業界人士和相關機構，為他們提供防貪教育。[55] 廉政公署年報曾談及廉署不同部門之間工作的聯繫：「社區關係處的工作主要與市民的觀感、態度和行為有關，是一項長遠的工作，且不易計算其成效，在評估公眾對貪污的反應時，也須考慮廉署在調查及防止貪污兩方面所作的努力。」[56] 防貪處和社關處將香港不同的機構和市民吸引到肅貪倡廉的活動中，將反貪、防貪的信念深植到他們的頭腦中。最終的結果就是廉署得到香港全社會的支持和配合，廉潔守信成為香港的核心價值之一。

第三層面，即在整個社會層面，各種力量及機構積極維護香港的廉政制度，推動廉署正常發揮作用。

促使香港廉政制度正常運作的不光是廉政公署，香港的各種制度、機構和個人都在產生影響。一般情況下，普通人涉貪毋需驚動廉政公署以外的力量，但如果是涉及位高權重的人士，各種因素都會展示其影響力：無孔不入的媒體會爆料醜聞並不斷追擊，市民或政黨會透過媒體或遊行示威表達抗議，立法會議員會提出質詢並要求立法會成立專門委員會進行調查，政府方面則會委任大法官成立獨立調查委員會查清事實真相，廉政公署收到舉報就會展開調查，律政司司長依據調查結果決定是否具備起訴的條件。一旦起訴，法庭會獨立進行公平審判，疑犯有權聘請律師為自己辯護，法庭則會根據各方證供及其他環境證據進行判決。

香港廉政制度的實施效果與香港的政治、法律、社會環境聯繫在一起，公開、公正、公平的原則保障了在不同情況下廉政機制的正常運行，使得香港廉政公署「零容忍」的目標得以實現。

在一般情況下，廉署接到舉報，就會對相關人員展開調查。調查秘密進

行，直到案情查清。廉署將調查資料提交律政司審閱，以決定是否檢控。如律政司司長批准檢控，則由廉政公署向法庭提起檢控。沒有達到檢控條件的被投訴人，則採用警誡措施或交由有關部門進行紀律處分，其餘投訴會提交審查貪污舉報諮詢委員會審查。從市民舉報到檢控、警誡、紀律處分或沒有任何處理，都不會由某一個官員獨自處理，每一宗舉報的處理方式都要經過廉署處長級人員會議的討論，最終的處理結果也要經過審查貪污舉報諮詢委員會的審查。在這個過程中，任何人都無權自行決定終止某項調查，而且廉署要在可能的情況下將調查結果通知舉報人。這意味着，凡是投訴到廉政公署的案件，都不可能不了了之，無疾而終。

在特殊情況下，案情並非由市民向廉署舉報，而是由媒體公開爆料。記者發現高官有不法行為的蛛絲馬跡後，予以追蹤調查，隨後在媒體上大肆報道，從而產生轟動效應，有助於提高該媒體在公眾中的影響力。如果爆料涉及的是政府高官或公營機構負責人，通常會引起媒體和立法會、公共團體以及廉政公署等機構或團體的注意，如黃河生案和王見秋案。在黃河生案中，媒體報道稅務局長黃河生因其妻開辦逃稅公司涉嫌利益衝突的消息後，立法會立即進行討論，部分議員促請黃河生及特區政府盡快公開澄清，以釋公眾疑慮。政府方面則由審計署調查了黃任職期間與其妻子公司的關係，認為他違反了稅務局的內部規定，未按規定申報利益及避免出現利益衝突。政府方面最終決定中止委任黃河生為稅務局局長的合約。2003 年 10 月 30 日，上任三個月的香港平等機會委員會（簡稱「平機會」）主席、退休法官王見秋因解僱國際人權專家、候任行動科總監余仲賢而陷入輿論的漩渦。香港有媒體爆出王在任職法官期間曾經收受富商劉鑾雄四張赴歐洲旅行的免費機票。香港廉政公署隨即表示，一旦有需要就會主動調查收受免費機票事件；而平機會的上級機構特區政府民政事務局也宣佈成立專責小組調查王見秋的個人操守，並要求王解釋機票來歷。在重重壓力下，11 月 7 日，王見秋宣佈辭職。如果媒體爆料涉及的是行政長官或廉政公署專員，香港社會的各種力量都會蜂擁而出，要求予以徹底調查。在曾蔭權案和湯顯明案中，儘管兩宗案件性質不同，兩人地位不同，曾蔭權是時任特首，湯顯明則是前任廉政專員，但因為廉政公署是香港廉政制度的代表

和守護者，廉政專員涉及公帑私用就像行政長官涉貪一樣，是對香港核心價值的重大衝擊。因此，兩宗案件受到的關注幾乎相同：媒體大幅報道，立法會公開質詢並成立專責委員會進行調查，或成立專責委員會的動議雖未獲通過，但彈劾及調查行政長官的動議獲得多名立法會議員的支持，產生了重大社會影響。兩宗案件也都成立了由行政長官委任的法官領導組成的獨立檢討委員會進行調查，提出改善相關制度的建議。在被媒體爆料的當月，2012 年 2 月 28 日，曾蔭權就被香港廉政公署正式立案調查，成為香港歷史上第一個因為涉嫌貪污而被廉政公署調查的行政長官。湯顯明則是在媒體大肆報道後一個多月，律政司宣佈由廉政專員領導專責小組對其進行調查。

註釋

1 廉政公署權責檢討委員會：《廉政公署權責檢討委員會報告書》，1994 年 12 月，第 96 頁。

2 香港廉政公署：《總督特派廉政專員 1996 年年報》，第 14 頁。

3 香港廉政公署：《執行處　反貪歲月 40 載：與民攜手　共建廉政（1974-2014）》，第 63-64、97 頁。

4 香港廉政公署：《總督特派廉政專員 1974 年年報》，第 21-22 頁。

5 同上註，第 21 頁。

6 香港廉政公署：《總督特派廉政專員 1975 年年報》，第 6 頁。

7 香港特別行政區立法會：《調查湯顯明先生任職廉政專員期間的外訪、酬酢、饋贈及收受禮物事宜專責委員會報告》，2014 年 7 月，第 134 頁。

8 〈白韞六親刑事查湯顯明　律政司：足夠理據查賄賂　列查案者三準則〉，《明報》，2013 年 5 月 15 日。

9 律政司在決定是否起訴時一個最重要的衡量因素就是證據是否足以定罪，如果起訴後無法定罪，就要用公帑支付大量訴訟費用。如香港商業電台首席智囊陳志雲被指於 2009 年擔任無線電視業務總經理期間，出席無線在奧海城商場的「志雲飯局現場版」除夕倒數活動時，在無向無線申報下，與其時任經理人叢培昆收取報酬。案件先後三次在區域法院審訊及兩次上訴庭上訴，歷七年纏訟之後，終審法院最終在 2017 年 3 月裁定兩人

收受利益罪名不成立。律政司須支付兩人整個審訊過程的訟費。據業內人士估計，該案雙方訟費達 1500 萬港元。見〈律政司雙輸　賠千五萬訟費〉，《東方日報》，2017 年 5 月 20 日。

10 同註 1，第 104 頁。

11 香港廉政公署事宜投訴委員會：《廉政公署事宜投訴委員會 1999 年年報》，第 2-3 頁。

12 〈廉署人員涉行為不當個案增〉，《香港經濟日報》，2014 年 7 月 3 日。

13 香港廉政公署網站：「回覆傳媒查詢」，http://www.kidsland.icac.hk/tc/about/media/index.html（瀏覽日期：2017 年 10 月 11 日）。

14 〈梁錦松買車毋須獨立調查　特首致函闡釋決定　立會投票附和〉，《大公報》，2003 年 3 月 22 日。

15 詳情見香港審計署：《審計署署長第六十號報告書：第七章　廉政公署倡廉教育和爭取公眾支持肅貪倡廉》，2013 年 3 月 28 日，第 43-44 頁。

16 〔新西蘭〕彭林頓（V. Penlington）著，毛華、葉美媛譯：《香港的法律》，上海：上海翻譯出版公司，1985 年，第 354 頁。此處的律政司即香港回歸後的律政司司長。

17 同註 3，第 64-65 頁。

18 張學仁主編：《香港法概論》，武漢：武漢大學出版社，1992 年，第 136 頁。

19 張俊峰：《反貪停不了 —— 廉政公署啟示錄》，香港：三聯書店（香港）有限公司，2010 年，第 55 頁。

20 同註 3，第 33 頁。

21 何亮亮：《零容忍 —— 香港廉政公署 40 年肅貪記錄》，北京：中國友誼出版公司，2012 年，第 54 頁。

22 〈城巴司機偷兩萬車資候判〉，《大公報》，2002 年 2 月 23 日。

23 〈棕櫚泉曾偉　涉 580 萬賄兩高層　貸走工銀 27 億　豪宅大亨潛逃〉，《太陽報》，2011 年 7 月 5 日。

24 〈警司涉「財色兼收」包庇黑幫夜總會　廉署拘 12 男女　包括三現職警〉，《星島日報》，2017 年 1 月 26 日。

25 同註 3，第 90-91 頁。

26 同註 3，第 65 頁。

27 〈陳茂波妻子家族持新東農地　遭質疑涉利益衝突　議員促下台〉，《信報》，2013 年 7 月 23 日。

28 〈廉署自查湯顯明陷兩難　有人舉報必須調查〉，《明報》，2013 年 4 月 30 日。

29 《立法會三題　防止高層政府官員出現利益衝突的措施》，香港特別行政區政府新聞公報，2012 年 11 月 28 日，載自：http://www.info.gov.hk/gia/general/201211/28/P201211280306.htm（瀏覽日期：2017 年 10 月 11 日）。

30 《立法會六題 釋除公眾對行政長官涉及利益衝突的疑慮》，香港特別行政區政府新聞公報，2013 年 1 月 23 日，載自：http://www.info.gov.hk/gia/general/201301/23/P201301230366.htm（瀏覽日期：2017 年 10 月 11 日）。

31 〈立會報告譴責政府用車講排場 高官揀寶馬涉利益衝突〉，《星島日報》，1999 年 2 月 11 日。

32 截至本書截稿，該案件仍在調查中。

33 香港特別行政區立法會：《調查有關梁展文先生離職後從事工作的事宜專責委員會報告》，2010 年 12 月，第 i-ix 頁。

34 〈調委會一致認為未悉參賽者 投票無異常 填表掉以輕心有責 西九報告：梁漏報不涉利益衝突〉，香港《文匯報》，2012 年 6 月 28 日。

35 〈東方發揮天職 體現「第四權」〉，《東方日報》，2015 年 10 月 6 日。

36 同上註。

37 〈終院：對租無違法 麥齊光終得雪〉，《大公報》，2016 年 1 月 30 日。

38 〈查貪曾未落鑊 江樂士難置信〉，《太陽報》，2015 年 2 月 26 日。

39 〈貪曾檢控無期 廉署行政失當〉，《太陽報》，2015 年 1 月 28 日。

40 〈雙貪遲遲未落鑊 廉署公信受質疑〉，《太陽報》，2015 年 7 月 20 日。

41 〈親家代理慳電膽 受惠施政報告 特首辦否認利益衝突〉，《明報》，2009 年 10 月 16 日。

42 〈譚耀宗涉打尖切瘜肉 伊院致歉〉，《信報》，2016 年 6 月 3 日。

43 〈康文署高官涉利益衝突〉，《東方日報》，2005 年 8 月 15 日。

44 〈廉署：校方不應收贊助 避免涉及利益衝突〉，《都市日報》，2008 年 4 月 22 日。

45 〈高官收禮亂報 監察問責虛設〉，《太陽報》，2015 年 11 月 2 日。

46 〈《防賄條例》多項不包括特首〉，《東方日報》，2015 年 10 月 6 日。

47 〈廉潔指數跌不休 核心價值危危乎〉，《東方日報》，2012 年 12 月 6 日。

48 〈廉署成為香港的 DNA 捍衛廉潔的核心價值〉，《明報》，2012 年 7 月 14 日。

49 〈驚弓之「鴿」 收朱古力都申報〉，《東方日報》，2014 年 10 月 8 日。

50 同註 3，第 66 頁。

51 Bertrand de Speville, Anticorruption Commissions: The "Hong Kong Model" Revisited, *Asia-Pacific Review*, Vol.17, No.1, 2010, p. 53.

52 蘇嶺：〈香港廉署前副廉政專員郭文緯：反貪關鍵在於阻嚇〉，《南都週刊》，2006 年 12 月 1 日。

53 Bertrand de Speville, *Hong Kong Policy Initiatives Against Corruption*, Paris: OECD Development Centre, 1997, p.40.

54　香港廉政公署：《香港特別行政區廉政公署 2009 年年報》，第 27、75 頁。

55　〈全方位策略建設廉潔香港〉，《廉政快訊》，2014 年 11 月第 18 期。

56　香港廉政公署：《總督特派廉政專員 1989 年年報》，第 41 頁。

內地正處在推進黨風廉政建設、建立和完善標本兼治的反腐敗體系的關鍵時期，香港的廉政經驗可以為內地反貪工作的制度化助一臂之力。

香港廉政經驗對內地的啟示

改革開放以來，隨着內地經濟的快速發展，腐敗現象日益突出，中國共產黨和中國政府也花費了很大精力來懲治貪污。在 1993 年到 1996 年 3 月之間，全國各級紀檢監察機關共立案 68.39 萬件，給予黨紀政紀處分的達 63.2 萬人，其中縣（處）級以上幹部兩萬多人，地（廳）級以上幹部 1600 餘人。[1] 據最高人民檢察院檢察長曹建明在向全國人大常委會作《最高人民檢察院關於反貪污賄賂工作情況的報告》透露，2008 年 1 月至 2013 年 8 月，全國檢察機關共立案偵查貪污賄賂犯罪 19.8 萬餘人，其中縣處級以上國家工作人員為 13368 人，廳局級幹部超過 1000 人，省部級高官多達 32 人。[2] 中共十八大以來，習近平總書記領導的中共高層加大了反貪的力度。據時任中央紀律檢查委員會書記王岐山在十八屆中央紀律檢查委員會第三次、第五次全體會議上的工作報告，2013 年共查處違反中央八項規定精神的問題 2.4 萬起，處理三萬多人，其中給予黨紀政紀處分七千六百多人。2014 年，各級紀檢監察機關共查處違規違紀問題 5.3 萬起，處理黨員幹部 7.1 萬人，其中給予黨紀政紀處分 2.3 萬人。據中國經濟網根據地方黨政領導人物庫的資料統計，截至 2017 年 7 月，自中共十八大以來，省部級及以上落馬官員（不含企業任職）已達 135 人，包括四名副國級高官，即十七屆中央政治局委員、常委周永康、政協第十二屆全國委員會副主席蘇榮、中央軍事委員會原副主席徐才厚、政協第十二屆全國委員會副主席及中共中央統戰部部長令計劃。[3] 儘管抓獲的貪官數量眾多，多名貪官被處以重刑（死刑、死緩、無期徒刑及長達 20 年的有期徒刑），但官員貪污的資金數額仍在不斷增長，從過去的幾十萬、幾百萬增加到幾千萬，甚至幾億元人民幣，社會風氣仍未得到根本扭轉。

內地的反貪活動可以從香港廉政建設中吸取經驗和教訓。香港從貪腐成風到實現廉潔，廉政公署居功至偉。廉政公署的經驗受到國際範圍內的重視，博茨瓦納、澳門等地效仿香港的經驗已取得明顯效果。2003 年 9 月，香港大學專業進修學院開辦了全球首個貪污研究課程 —— 全日制貪污研究深造文憑課程，吸引了世界各地不同反貪組織的成員專程赴港修讀，學習、借鑒香港的廉政策略。內地借鑒香港的廉政經驗顯然比借鑒其他地方更加便利：兩地同屬一個文化圈，習俗相近，引發貪污的原因有些地方有相似之處；兩地關係密切，

往來頻繁，香港廉政模式在內地也廣為人知，不少地方也將香港廉政公署作為學習的榜樣。與香港相鄰的深圳早在 2008 年的《深圳市近期改革綱要》中，就明確提出要借鑒香港廉政公署模式，研究創新廉政工作機構和運作模式。2009 年，廣東政法領導人稱讚香港廉政公署是被「國際社會譽為經典的反貪模式」，廣東要在堅持原有紀檢監察體制優勢的同時，按照懲處、教育、預防、監督的基本職能調整力量，整合資源，優化機構設置。[4]事實上，香港廉政公署與內地反貪部門也有大量的往來與合作，涉及粵港兩地的多宗跨境案件獲得廣東省檢察院的大力協助順利破案。據北京有關部門統計，自 1995 年以來，從北京最高檢察院到地方檢察院，與香港廉政公署共同協查涉及的案件共 1850 宗，平均每年超過 100 宗。[5]廉政公署不少前任官員對於幫助內地改進廉政措施抱有極大熱情，為內地吸取香港經驗提供了條件。

內地與香港情況不同，廉政公署的做法不能生搬硬套到內地。香港與內地最大的不同：一是規模，中國內地是擁有十三億人口的大國，而香港只是中國的一個七百多萬人口的特別行政區；二是制度，香港的行政與立法機關既互相制衡又互相配合，各個機構部門都有自己相對獨立的權限，媒體的影響力較大，而內地實行的是中國共產黨統一領導的制度。正因為這兩個原因，香港廉政公署的幾位前任負責人都認為香港的廉政經驗難以全盤應用到內地。如前任廉政專員羅范椒芬曾對媒體表示：「在結構上，我認為內地很難複製香港。香港有香港的政治制度，權力不集中，如果要收買就要收買整個部門才可以，這樣成本太高，降低了行賄的可能性。」[6]廉政公署前任副廉政專員郭文緯堅信，香港的經驗證明，只要最高當局痛下決心，腐敗現象就會根除。但他也認為，香港的某些做法可能不太適用於內地。[7]不能複製香港或有些做法無法適用於內地並不意味着香港的廉政經驗對內地毫無意義，內地完全可以從香港的廉政實踐中獲得重要的啟示。

一是借鑒香港經驗，訂立適用於所有公民的專門性反貪法律。

香港的反貪法律簡單而明確，即《防止賄賂條例》、《廉政公署條例》、《選舉（舞弊及非法行為）條例》及特首關於接受利益的公告，這些條例均為適用於香港所有人的法律，違反規定者將會受到法律的制裁。內地沒有專門的反貪

法律，針對貪腐行為的法律規定主要是刑法第八章的貪污賄賂罪及第三章第三節妨害對公司、企事業的管理秩序罪中所規定的公司、企事業人員受賄罪和向公司、企事業人員行賄罪。但除此之外，內地有大量不同機構頒佈的涉及貪污的規定。中國法制出版社 2011 年出版的《中華人民共和國反腐敗和廉政建設法規制度全書》，篇幅多達 1031 頁，包括了綜合、預防和治理腐敗、領導幹部廉潔從政、查辦案件諸方面的法律法規、部門規章、黨內法規等內容。法律出版社在 2014 年出版的《黨風廉政建設和反腐敗工作文獻實用全書》，篇幅擴大到 1138 頁，內容包括了中共中央、國務院重要文獻、中央領導講話、中紀委文件、國務院廉政會議文件和基礎法律法規、規範性文件。瞭解香港的廉政制度較為容易，只需通讀不足 80 頁的四個條例、通告，對香港的廉政規則就有了基本把握，但將上述兩部大部頭文獻仔細研讀，有可能對內地的反貪制度仍然不甚了了。原因是有一些重要內容沒有相關規定，像《廉政公署條例》這樣針對反貪機構的立法在中國現行法律體系中並不存在。此外，內地不少規定或出於黨內法規、部門規章或領導人講話，內容較為瑣碎，隨着時間的推移經常在變化，由於不具備法律的性質，也無法據以對違規者實施法律制裁。如中共中央 2010 年發佈的《關於領導幹部報告個人有關事項的規定》，要求領導幹部必須定期提交收入、房產、投資等事項，如違反規定，只能採取批評教育、責令作出檢查、免職等處分，而不能據此進行法律懲戒。如能借鑒香港的做法，在相關重要問題上制定適用於所有人而不光是黨員幹部的法律規定，凡違反法律者均一視同仁地予以懲處，會有助於內地廉政制度的完善。

二是協調不同的反貪機構，建立具有相對獨立性的、政策統一的反貪機構。

內地的反貪機構由黨、政和司法機關的反貪部門組成，包括中國共產黨的紀律檢查部門、國家的行政監察部門和司法機關內部的專職反貪部門。中國共產黨的紀律檢查委員會主要是對各級黨組織中的黨員幹部和一般黨員的違紀行為進行檢查監督，其實施的處分屬於黨紀處分；政府的行政監察部門主要是對國家機關任命的領導幹部的違法亂紀行為進行檢查處理，其對違規者實施的處分屬於行政處分；檢察機關內部設立的反貪污賄賂局則專門負責懲治貪污

犯罪。

　　反貪局的設立在某種程度上就是借鑒香港經驗的結果。1988 年，全國人大常委會通過《關於懲治貪污罪賄賂罪的補充規定》，首次以立法形式將貪污賄賂規定為犯罪。1989 年最高人民檢察院經濟檢察廳更名為貪污賄賂檢察廳。同年 8 月 18 日，身處改革開放前沿的廣東省，為有效遏制高發的貪污賄賂犯罪，在廣東省人民檢察院內成立了全國第一個反貪局，其本意也是吸取香港廉政公署的做法，由反貪局一個機構承擔反貪舉報、偵查、預防等廉政功能。其後，各地陸續建立起反貪局。1995 年 11 月 10 日，最高人民檢察院貪污賄賂檢察廳更名為反貪污賄賂總局，其主要職能是指導全國範圍內的各級反貪局的工作。反貪總局在此後的反貪工作中顯示出一定的作用，「反貪總局成立前後幾年，部以上高級幹部立案 60 多起，平均每年達到 15 起左右。」[8] 但反貪局並沒有發揮出香港廉政公署那樣的有效作用，主要原因是反貪局權力有限，也沒有廉政公署那樣的獨立性。反貪局只是內地三大反貪機構之一，而其本身只是檢察機關的一個下設機構，而非獨立機構，其運作既要受到外界其他部門牽制，也要受檢察院內其他部門的制約。如貪污舉報工作都不受反貪局管轄，而由控申部門裡的舉報中心承擔，一切貪污案件線索都要彙總於舉報中心後再由其決定是否移交反貪局辦理。[9]

　　中國共產黨的紀律檢查機關和行政監察機關合署辦公，實行「兩個牌子，一套人馬」，內地的反腐敗工作實際上由紀檢監察機關領導。而由於中國共產黨處於領導地位，紀委在反貪腐的工作中發揮着主導作用。紀委負責反貪的體制存在着幾個突出問題：一是紀委也處在外界多種因素影響下，無法保持獨立性。根據中共黨章的規定，中國共產黨的紀律檢查機關由同級黨的代表大會選舉產生，接受上級紀委和同級黨委雙重領導。紀委處理貪污案件受到上級機關、同級黨委的影響，無法做到嚴格保密，獨立調查。二是紀委處理貪污案件僅依黨紀規章而沒有國家法律上的依據。紀委調查違紀案件時的主要手段是「雙規」，《中國共產黨紀律檢查機關案件檢查工作條例》第二十八條規定：「調查組有權按照規定程序……要求有關人員在規定的時間、地點就案件所涉及的問題作出說明。」但是「雙規」不具有法律「強制措施」的特徵，以「雙規」

的名義對嫌疑人進行拘押、限制其人身自由，現仍缺乏法律明文依據。三是紀委的職能比較寬泛，不可能將工作集中在反腐敗問題上。紀委要負責維護黨的章程和其他黨內法規，檢查黨的路線、方針、政策和決議的執行情況，協助黨的委員會加強黨風建設和組織協調反腐敗工作。反腐敗工作本身就需要耗費大量資源，再加上其他眾多的任務，使得反貪工作受到紀委其他職能的影響，不利於廉政工作的專業化和制度化。

香港的經驗表明一個獨立、權威的反貪機構的重要性，而多個廉政機構反而會影響廉政工作的有效開展。有學者談到中國內地多種反貪機構帶來的負面影響，主要是反腐敗責任不明確，使得腐敗分子有機可乘；反腐敗機構眾多也導致了這些機構本身的腐敗。[10] 十餘年前，香港前任副廉政專員郭文緯就提出了在內地進行體制調整、建立一個獨立的廉政公署的設想，迄今這一任務仍未完成。[11] 但在最近一段時間，內地廉政體制出現了重大改革的跡象。2016年12月，根據中共中央確定的方案，第十二屆全國人大常委會第二十五次會議決定：在北京市、山西省、浙江省開展國家監察體制改革試點工作，將三地政府的監察廳（局）、預防腐敗局及人民檢察院查處貪污賄賂、失職瀆職以及預防職務犯罪等部門的相關職能整合至監察委員會。國家監察體制改革將改變國家權力格局，這一改革被視為中國近二十年來的重大政治改革。到為期兩年的試點期結束後，監察委員會極有可能成為中共統一領導下的國家反腐敗工作機構。無論如何，從內地廉政的實踐來看，協調不同的反貪機構，建立具有相對獨立性的、政策統一的反貪機構將會有效地推進內地的廉政建設。

三是建立保護貪污舉報人的有效制度。

廉政工作是否有成效，一個重要因素就是反貪部門能否得到群眾信任，他們是否願意向廉政機構提供貪污線索。由於種種原因，內地發生報復、傷害貪污舉報人的案例很多。最高人民檢察院統計，1990年代，全國發生的對證人、舉報人報復致殘致死案件每年不足500宗，2007年前後上升到每年1200多宗。[12] 因為舉報者舉報的對象大多是有權有勢的官員，有時會發生被舉報者及其同夥對舉報人進行報復的現象。《河南商報》梳理二十一世紀以來官員舉報官員的情況，發現舉報者結果各異，他們有的達到舉報目的，有的因舉報吃

了官司，有的為此丟了性命。如 1995 年石家莊市建委工程處處長郭光允匿名舉報河北省委書記程維高等人貪污後，他被以「投寄匿名信，誹謗省主要領導」的罪名判處勞教兩年，並被開除黨籍。程維高落馬後，郭光允仍然受到死亡威脅。1995 年，河南舞鋼市八台鎮副鎮長呂淨一舉報河南省平頂山市政法委書記李長河貪污，結果他本人先被免職，後被拘留，在沒有任何有效證據的情況下被判刑一年。最後他和妻子又遭兇手襲擊，造成重傷，妻子則被刺身亡。2001 年 12 月 5 日，李長河由於僱兇殺害呂淨一家人被處死刑。2005 年 7 月，時任武勝縣工商局黨組書記的龔遠明向廣安市委、武勝縣委相關負責人舉報縣委書記孫南等人「違紀違法」。次年 4 月 3 日晚，孫南妻子鄭碧僱傭殺手突襲龔遠明夫婦，龔左耳被砍掉，左腳腳筋被割斷。龔遠明被砍後送入醫院救治，一直昏迷不醒，2008 年 11 月因醫治無效去世。[13] 2015 年 4 月 2 日，黑龍江慶安縣委紀檢委幹部范家棟被一群蒙面人圍毆致重傷，留醫 28 天後終告不治。范家棟生前曾進京實名舉報慶安縣主要領導頂風違紀建豪華辦公樓。[14] 舉報貪污要承擔巨大風險，2002 年，南京一位實名舉報賄賂案件的舉報人，在公開接受檢察院獎勵後的第二天便遭到解僱。1998 年最高人民檢察院獎勵 47 名舉報有功人員時，僅有一人敢於公開領獎。《中國青年報》針對八千多人所做的問卷調查表明，八成人不看好實名舉報，對舉報後果也很擔憂。[15]

　　如此之多針對舉報人的報復行為顯然與內地缺乏香港那樣保護舉報人的制度有關。因為內地反貪機構較多，保密工作相對較為困難，再加上黨的機構權力較大，如果與高層官員關係密切，就有可能掌握舉報人的具體信息。據報道，浙江省台州市黃岩區供電局職工王桂生，在舉報供電局局長兼黨委書記潘祖言貪污、受賄後，從 1993 年 8 月至 9 月，他寄出的七封舉報信全部完整無缺地落到潘祖言手中。[16] 此外，懲治貪污舉報的法律規定不夠健全，報復舉報人的活動難以受到懲處。刑法第二百五十四條規定，報復陷害罪的主體僅指國家機關工作人員，按 1999 年最高人民檢察院發佈的《關於人民檢察院直接受理立案偵查案件立案標準的規定（試行）》，只有致人精神失常或者自殺等後果嚴重或損害嚴重的案件才達到立案標準，導致很多報復案件無法立案。因此，雖然每年檢察機關受理的打擊報復舉報人的控告在千件以上，但最後立案

偵查的不到 5%。大量打擊舉報人的案件都沒有進入刑事訴訟的範圍，通過黨紀處分追究打擊報復舉報人佔了很大一部分。[17]

香港貪污舉報人受到法律的嚴格保護，未經法庭許可洩露舉報人信息就會構成犯罪。因此，港人在舉報時沒有後顧之憂，市民也願意將自己掌握的信息透露給廉政公署，在廉政公署接獲的舉報中，九成以上來自市民的舉報，實名舉報者佔了七成以上。而內地未能建立保護舉報人的可靠制度，致使很多人在是否舉報時躊躇不前。2013 年 10 月，《最高人民檢察院關於反貪污賄賂工作情況的報告》提供的信息表明，在此前五年立案偵查的案件中，群眾舉報48671 件，佔 32.1%。[18] 論者將這一發展稱為內地反貪工作的亮點，但這一比例與香港高達九成的市民舉報完全不能相比。因此，完善有關制度，讓群眾願意舉報、安全舉報，是內地可以從香港吸取的重要經驗之一。

四是借鑒廉政公署的經驗，加強制度層面的防貪工作。

近十餘年來，內地在中央層面形成了一個符合實際的肅貪防貪的總體思路，這一思路反映在 2005 年 1 月中共中央印發的《建立健全教育、制度、監督並重的懲治和預防腐敗體系實施綱要》。在這個反腐體系中，預防腐敗與懲治腐敗放在同等重要的位置。2007 年 9 月，國家預防腐敗局正式成立。中共十八屆三中全會通過的《中共中央關於全面深化改革若干重大問題的決定》指出：「必須構建決策科學、執行堅決、監督有力的權力運行體系，健全懲治和預防腐敗體系，建設廉潔政治，努力實現幹部清正、政府清廉、政治清明。」[19] 可以看出，建立健全懲治和預防腐敗體系是內地黨政部門一以貫之的基本思路。國家預防腐敗局曾在多個中央國家機關和中央企業進行預防腐敗的試點工作，並且取得一批有價值的成果。以 2010 年為例，國家預防腐敗局在全國 15 個省（區、市）和 15 個中央國家機關推進廉政風險防控機制和權力運行監控機制建設；配合有關部門推動對配偶、子女均已移居國（境）外的公職人員加強管理，中共中央辦公廳、國務院辦公廳印發了《關於對配偶子女均已移居國（境）外的國家工作人員加強管理的暫行規定》。[20]

從內地有些領域嚴重腐敗案件重複多發的情況來看，內地的預防腐敗工作尚有改進的空間。如，交通部門在修建公路及其他基礎設施中掌握大量資

源，大權在握的交通部門官員容易出現貪腐問題。早在 2003 年中紀委五次全會上，時任中共總書記胡錦濤就指出：「1996 年以來，全國有 13 個省交通廳（局）的 26 名廳局級幹部因經濟問題被查處，有的地方甚至連續幾任出問題，根本原因就是投融資體制、招投標制度、行政審批制度和幹部人事制度等方面存在漏洞。」這一領域明顯的制度漏洞顯然未能及時彌補，交通廳長因涉貪下台的消息不時傳出。在河南省，從 1997 年交通廳長曾錦城落馬開始，到 2010 年底河南省交通廳廳長董永安被河南省紀委「雙規」，河南省交通廳創下了五任廳長（包括董永安之前的一名叫李佔朝的副廳長在內）落馬的紀錄。而在全國範圍內，據不完全統計，近 20 年中，被查處的省交通廳長（正職）達 15 名。據新華網記者梳理紀檢機關公開披露的信息，全國已有三十多名副廳級以上的交通廳官員因腐敗落馬。部分地方交通廳長「前腐後繼」，重大工程建設不斷出現腐敗問題。[21] 眾多官員插手工程招標、收取賄賂，表明防貪工作還不到位，此外，廉政部門主要着眼於政府部門和國營企業的防貪工作，民營企業的防貪工作仍未顧及，而在這些方面，香港廉政公署的經驗都有可借鑒之處。

五是借鑒香港廉潔教育的經驗，提高廉政教育的實效性。

在內地反貪、防貪策略中，教育與完善制度、加強監督並列為三大手段，廉政教育受到極大重視。各級政府以及紀檢、反貪部門時常舉辦廉政教育活動，學習反腐敗文件和上級領導的重要講話，報刊、電視也不時刊登肅貪倡廉的消息。不論是中央還是地方，也都有一些創新的廉潔教育方式。如 2015 年 7 月，旨在為中央國家機關開展反腐倡廉教育的第一批廉政教育基地正式掛牌，北京市檢察院反腐倡廉法制教育基地、北京市法院反腐倡廉依法行政教育基地、北京市監獄反腐倡廉警示教育基地、文化部恭王府、十三陵「明鏡昭廉」明代反貪尚廉歷史文化園、中央國家機關工委法制教育中心這六個基地被遴選成為首批廉政教育的平台。在地方層面，各省也都有不同的廉政教育活動，如舉辦廉政宣傳的網站、組織幹部觀看被刑事拘留的貪官懺悔自己所作所為的廉政警示片、在重要節日張貼廉政標語等。為了強化青少年的廉潔意識，各地也在學校展開了不同形式的廉潔教育活動。廣東省教育廳主持編纂了從小學到大學的不同版本的《廉潔修身》教材，免費派發給學生，希望能將廉潔意

識灌輸到學生的頭腦中。但是，有些地方的廉潔教育過分注重形式，以致出現了各種問題。正如有人指出的：「有的不分對象，對不同層次領導幹部、一般黨員教育內容一律、要求相同，搞『一鍋煮』；有的一說教育，單純以開會形式舉辦輔導報告，講求受訓人數規模，搞『大水漫灌』；有的不考慮受教育者需求，不考慮如何才能觸動受教育者心靈，居高臨下，搞『你聽你的，我說我的』。」[22] 廉政教育活動形式很豐富，實際效果卻不能令人滿意。

一個影響較大、傳播較廣的例子發生在 2009 年的廣州。當年 9 月 1 日，正值中小學開學日，記者在學校附近隨機詢問一位剛剛成為一年級小學生的六歲小女孩長大了想做什麼，小女孩說「想做官」，記者再問「做什麼樣的官呢」，小女孩說「做貪官，因為貪官有很多東西」。這個報道在網絡上引起網友的熱烈討論，「童言無忌」是網友評論中最多提到的一個詞。但在關於怎麼看一年級小學生理想是當貪官的投票中，只有 10% 的網友選擇了「童言無忌」，而有 55% 的網友認為「折射社會現實」。[23]

廉潔教育效果不顯著不能完全歸因於教育的問題。香港廉政公署前廉政專員施百偉認為，有效的反貪戰略是預防、教育與執法三項要素缺一不可，「缺少其中的一個要素，更別說兩項，就會導致整個戰略的失敗。試圖只靠預防及與之類似的政府改革反貪而不同時進行教育和執法，只能導致一個結果：破壞改革使其無法鞏固。」[24] 但在其他條件具備的情況下，如何進行卓有成效的廉潔教育也是一個不可忽視的問題。香港廉潔教育的兩個做法值得內地借鑒：一是以實際案例為基礎改編的廉政戲劇既具有真實性、可信度，又具有較大的吸引力，明顯具有較好的教育效果。2017 年內地製作的同類型廉政電視劇《人民的名義》以高收視率贏得了各個年齡段觀眾的追捧。據調查，有六成的網友之所以追劇，是因為該劇還原了一個真實的反腐生態，可以照見現實，[25] 表明這一廉潔教育形式的有效性。二是在廉潔教育中發揮群眾、社會團體的積極性，從群眾關注的問題出發，解答群眾關心的現實問題，讓廉潔教育成為群眾自我教育的一種方式，既容易實現廉潔教育的目標，又可減輕廉政部門的工作負擔，消除廉潔教育中容易出現的形式主義問題。

總而言之，如同改革開放初期港人通過投資、貿易、技術合作推動了內地

的經濟現代化一樣，香港同樣可以廉政的示範和借鑒作用為國家的政治現代化增磚添瓦。

註釋

1　季正矩編著：《跨越腐敗的陷阱 —— 國外反腐敗的經驗與教訓》，北京：中國經濟出版社，1999 年，第 12 頁；〈中共中央紀律檢查委員會向黨的第十六次全國代表大會的工作報告〉，《人民日報》，2002 年 11 月 20 日。

2　〈揭秘最高檢反貪總局成立過程　借鑒香港廉政公署經驗〉，《中國新聞週刊》，2013 年 11 月 11 日。

3　〈十八大後落馬省部級及以上高官名單　山西最多〉，中國經濟網，2017 年 7 月 12 日，載自：http://district.ce.cn/newarea/sddy/201410/03/t20141003_3638299.shtml（瀏覽日期：2017 年 10 月 11 日）。

4　書中人：〈香港廉署反貪的制度解密〉，《亞洲週刊》，2012 年 11 月 11 日，第 42-43 頁。

5　〈北京秘密報告　揭英國勢力滲透廉署〉，《亞洲週刊》，2013 年 6 月 2 日，第 44-46 頁。

6　〈「零容忍」讓潛規則無寄生空間　帶你走進香港廉署〉，2009 年 2 月 26 日，載自：http://politics.people.com.cn/GB/101380/8872617.html（瀏覽日期：2017 年 10 月 11 日）。

7　喬新生：〈廉署經驗能否適用內地〉，《大公報》，2006 年 7 月 11 日。

8　同註 2。

9　單民：〈香港與內地反貪污賄賂若干問題比較〉，《中國刑事法雜誌》，1999 年第 6 期，第 70 頁。

10　鄭永年：〈中國的反腐機構太臃腫〉，收入氏著：《關鍵時刻：中國改革何處去》，北京：東方出版社，2014 年。

11　蘇嶺：〈香港廉署前副廉政專員郭文緯：反貪關鍵在於阻嚇〉，《南都週刊》，2006 年 12 月 1 日。

12　〈惡性報復舉報人案件十年翻番　舉報人權益丞盼專門立法保護〉，人民網，2007 年 8 月 6 日，載自：http://npc.people.com.cn/GB/14957/53049/6072902.html（瀏覽日期：2017 年 10 月 11 日）。

13　王向前：〈那些實名舉報官員的官員都咋樣了：有的丟了命〉，大河網，2014 年 8 月 19 日，載自：http://bbs.dahe.cn/thread-1000390642-1-1.html（瀏覽日期：2017 年 10 月 11 日）。

14 〈黑龍江省綏化市對紀檢幹部死亡事件展開調查〉，新華網，2015 年 6 月 11 日，載自：http://news.xinhuanet.com/legal/2015-06/11/c_1115590794.htm（瀏覽日期：2017 年 10 月 11 日）。

15 同註 13。

16 同註 12。

17 同註 12。

18 同註 2。

19 《中共中央關於全面深化改革若干重大問題的決定》，北京：人民出版社，2013 年，第 35 頁。

20 〈預防腐敗局：2010 年處理網民留言及電郵逾六萬件〉，中央政府門戶網站，2011 年 2 月 4 日，載自：http://www.gov.cn/jrzg/2011-02/04/content_1798731.htm（瀏覽日期：2017 年 10 月 11 日）。

21 朱峰：〈交通廳長落馬「前腐後繼」「高速路」怎成少數官員「腐敗路」？〉，新華網，2016 年 3 月 25 日，載自：http://news.xinhuanet.com/politics/2016-03/24/c_1118433879.htm（瀏覽日期：2017 年 10 月 11 日）。

22 楊越：〈廉政教育也要精準〉，《中國紀檢監察報》，2016 年 6 月 30 日。

23 〈小學生接受採訪稱長大想做貪官引熱議〉，中國寧波網，2009 年 9 月 4 日，載自：http://news.cnnb.com.cn/system/2009/09/04/006246261.shtml（瀏覽日期：2017 年 10 月 11 日）。

24 Bertrand de Speville, Anticorruption Commissions: The "Hong Kong Model" Revisited，*Asia-Pacific Review*, Vol.17, No.1, 2010, p. 51.

25 李冰冰：〈六成網友認為《人民的名義》受歡迎源於照見現實〉，《新京報》，2017 年 4 月 8 日。

參考文獻

一、中文部分

1.《百里渠爵士調查委員會第一次報告書》，香港政府印務局印，1973 年 7 月。

2.《百里渠爵士調查委員會第二次報告書》，香港政府印務局印，1973 年 9 月。

3. 香港廉政公署：《總督特派廉政專員 1974 年年報》，1975 年。

4. 安德烈・費爾（Andrew Fyall）著，梁儒盛譯：《韓德回憶錄》，香港：快報有限公司出版，1975 年。

5. 香港廉政公署：《總督特派廉政專員 1975 年年報》，1976 年。

6. 香港廉政公署：《總督特派廉政專員 1976 年年報》，1977 年。

7. 香港廉政公署：《總督特派廉政專員 1978 年年報》，1979 年。

8. 香港廉政公署：《總督特派廉政專員 1979 年年報》，1980 年。

9. 香港廉政公署：《總督特派廉政專員 1980 年年報》，1981 年。

10. 香港廉政公署：《總督特派廉政專員 1981 年年報》，1982 年。

11. 香港廉政公署：《總督特派廉政專員 1982 年年報》，1983 年。

12.〔新西蘭〕彭林頓（V. Penlington）著，毛華、葉美媛譯：《香港的法律》，上海：上海翻譯出版公司，1985 年。

13. 香港廉政公署：《總督特派廉政專員 1985 年年報》，1986 年。

14.〔英〕諾曼・邁因納斯（Norman Miners）著，伍秀珊等譯：《香港的政府與政治》，上海：上海翻譯出版公司，1986 年。

15. 香港廉政公署：《總督特派廉政專員 1986 年年報》，1987 年。

16. 香港廉政公署：《總督特派廉政專員 1987 年年報》，1988 年。

17. 陳謙：《香港舊事見聞錄》，香港：中原出版社，1988 年。

18. 魯言等著：《香港掌故》第六集，香港：廣角鏡出版社，1988 年。

19. 香港廉政公署：《總督特派廉政專員 1989 年年報》，1990 年。

20. 香港廉政公署：《總督特派廉政專員 1990 年年報》，1991 年。

21. 聶振光、呂銳鋒、曾映明：《香港廉政》，廣州：廣東人民出版社，1991 年。

22. 何肇發、丘海雄主編：《香港社會問題》，廣州：中山大學出版社，1992 年。

23. 李澤沛主編：《香港法律大全》，北京：法律出版社，1992 年。

24. 張學仁主編：《香港法概論》，武漢：武漢大學出版社，1992 年。

25. 香港廉政公署：《總督特派廉政專員 1992 年年報》，1993 年。

26. 香港廉政公署：《總督特派廉政專員 1993 年年報》，1994 年。

27. 廉政公署權責檢討委員會：《廉政公署權責檢討委員會報告書》，1994 年 12 月。

28. 香港廉政公署：《總督特派廉政專員 1995 年年報》，1996 年。

29. 香港廉政公署：《總督特派廉政專員 1996 年年報》，1997 年。

30. 香港廉政公署：《香港特別行政區廉政專員 1997 年年報》，1998 年。

31. 羅文強：〈過渡期香港和澳門對貪污腐敗的遏制〉，見余振編：《雙城記──港澳的政治、經濟及社會發展》，澳門：澳門社會科學學會，1998 年 7 月。

32. 鍾麗娟：〈學生也會「行賄」？ 廉署教學生從小認識行賄受賄之害〉，《大公報》，1998 年 12 月 5 日。

33. 季正矩編著：《跨越腐敗的陷阱 ── 國外反腐敗的經驗與教訓》，北京：中國經濟出版社，1999 年。

34. 蕭徐：〈香港稅務局長未避嫌遭解聘始末〉，《炎黃春秋》，1999 年第 10 期。

35. 雲之凡：〈泛起了停不了 香港廉政公署成立二十五週年有感〉，《大

公報》，1999 年 2 月 5 日。

36.〈立會報告譴責政府用車講排場　高官揀寶馬涉利益衝突〉，《星島日報》，1999 年 2 月 11 日。

37.〈黃河生被指三違反　中止合約取消九十萬元酬金〉，《香港商報》，1999 年 8 月 20 日。

38.〈處理妻子公司七個案犯利益衝突　黃河生遭即時革職〉，《星島日報》，1999 年 8 月 20 日。

39.〈將與廉署舉行一系列座談會　稅局採措施防利益衝突〉，《天天日報》，1999 年 8 月 21 日。

40. 單民：〈香港與內地反貪污賄賂若干問題比較〉，《中國刑事法雜誌》，1999 年第 6 期。

41. 香港廉政公署：《香港特別行政區廉政專員 1999 年年報》，2000 年。

42.〈特府游說奏效　議員疑慮全消　廉政公署法案獲一致通過〉，《華僑報》，2000 年 8 月 8 日。

43.〈廉署今具條件成有牙老虎〉，《澳門日報》，2000 年 8 月 8 日。

44.〈廉署禁地並不陰森〉，《星島日報》，2000 年 10 月 1 日。

45. 香港廉政公署：《香港特別行政區廉政專員 2000 年年報》，2001 年。

46. 徐家傑：〈廉署浪漫的歲月：歷任專員之一　姬達〉，《太陽報》，2001 年 8 月 18 日。

47. 香港廉政公署：《香港特別行政區廉政專員 2001 年年報》，2002 年。

48.〔新西蘭〕傑瑞米‧波普（Jeremy Pope）著，清華大學公共管理學院廉政研究室譯：《制約腐敗：建構國家廉政體系》，北京：中國方正出版社，2002 年。

49.〈城巴司機偷兩萬車資候判〉，《大公報》，2002 年 2 月 23 日。

50.〈廉署辦報搵卡通做主角〉，《星島日報》，2002 年 12 月 27 日。

51.〈梁錦松買車毋須獨立調查　特首致函闡釋決定　立會投票附和〉，《大公報》，2003 年 3 月 22 日。

52. 鄭文祖：〈葛柏手下張榮樹 400 萬財產歸庫房〉，《成報》，2003 年 6 月

4 日。

53. 聞峰:〈廉署破案多　廣告應記功〉,《新報》,2003 年 6 月 25 日。

54. 江樂士:〈定罪機會低　決定不告松〉,《香港經濟日報》,2003 年 12 月 18 日。

55.〈專訪廉署創作主任　談肅貪劇《廉政行動 2004》取材準則〉,《香港經濟日報》,2004 年 4 月 16 日。

56.〈市民支持 —— 廉署卅載的最重要經驗〉(社評),《大公報》,2004 年 11 月 8 日。

57.〈廉署佳寧案內幕大解密　鍥而不捨追查 17 年　多項紀錄創廉署之最〉,香港《文匯報》,2005 年 5 月 3 日。

58. 香港廉政公署:《香港特別行政區廉政公署 2004 年年報》,2005 年。

59. 香港廉政公署:《凝聚群力　共建廉政(廉署三十週年特刊)》,2005 年。

60.〈康文署高官涉利益衝突〉,《東方日報》,2005 年 8 月 15 日。

61.〈廉署教材設計因時制宜　推行品德教育建正面價值觀〉,《星島日報》,2005 年 12 月 22 日。

62. 何亮亮:《解密香港廉政公署》,北京:中信出版社,2006 年。

63. 廉政公署防止貪污處:《食肆營運管理》,2006 年。

64. 喬新生:〈廉署經驗能否適用內地〉,《大公報》,2006 年 7 月 11 日。

65. 蘇嶺:〈香港廉署前副廉政專員郭文緯:反貪關鍵在於阻嚇〉,《南都週刊》,2006 年 12 月 1 日。

66. 香港廉政公署:《香港特別行政區廉政公署 2006 年年報》,2007 年。

67.〈廉署錦囊助食肆防貪〉,《太陽報》,2007 年 3 月 19 日。

68. 杜正之:〈廉潔香江　由董事培訓做起　ICAC 邀企業領袖分享誠信管理〉,《香港經濟日報》,2007 年 6 月 29 日。

69.〈港廉署公共工程防貪經驗豐富〉,《澳門日報》,2007 年 7 月 26 日。

70.《國際反腐敗日　透過遊戲瞭解廉潔公平可貴》,《明報》,2007 年 12 月 29 日。

71. 香港廉政公署:《香港特別行政區廉政公署 2007 年年報》,2008 年。

72.〈廉署：校方不應收贊助　避免涉及利益衝突〉,《都市日報》,2008年4月22日。

73. 東方淳:〈廉政工作貴在堅持〉,《大公報》,2008年5月25日。

74.〈廉署短片創作比賽　反思「財富與人生」〉,《大公報》,2008年6月6日。

75. 杜可風:〈建立兩地肅貪互動關係〉,《大公報》,2008年7月5日。

76. 林興:〈香港與內地防止利益衝突制度比較〉,《湛江師範學院學報》,2008年第5期。

77. 香港廉政公署:《香港特別行政區廉政公署2008年年報》,2009年。

78.〔英〕弗蘭克・韋爾什（Frank Welsh）著,王皖強、黃亞紅譯:《香港史》,北京:中央編譯出版社,2007年。

79.〈廉署推出企業管治指南〉,《廉政快訊》,2009年1月第7期。

80.〈改變現狀需要勇氣　廉署暑期學生交流計劃促進反貪認知〉,《大公報》,2009年9月1日。

81. 鄺素媚:〈導演邱禮濤拍出真實感《廉政行動2009：死亡保險》〉,《香港經濟日報》,2009年10月16日。

82.〈親家代理慳電膽　受惠施政報告　特首辦否認利益衝突〉,《明報》,2009年10月16日。

83. 香港廉政公署:《香港特別行政區廉政公署2009年年報》,2010年。

84. 張俊峰:《反貪停不了——廉政公署啟示錄》,香港:三聯書店（香港）有限公司,2010年。

85. 段龍飛、任建明編著:《香港反腐敗制度體系研究》,北京:中國方正出版社,2010年。

86.〈《廉政行動2009》收視勁升三成〉,《星島日報》,2010年1月20日。

87.〈誠信管治——企業成功之道〉,《廉政快訊》,2010年9月第10期。

88. 香港特別行政區立法會:《調查有關梁展文先生離職後從事工作的事宜專責委員會報告》,2010年12月。

89.〈廉署推全新iTeen大本營專題網站　推動廉潔教育助青少年從小建立

廉潔價值觀〉,《大公報》,2010 年 10 月 27 日。

90.〈棕櫚泉曾偉　涉 580 萬賄兩高層　貸走工銀 27 億　豪宅大亨潛逃〉,《太陽報》,2011 年 7 月 5 日。

91. 香港廉政公署:〈香港特別行政區廉政公署 2011 年年報〉,2012 年。

92.〈李國能復出檢討特首高官利益衝突〉,《信報》,2012 年 2 月 27 日。

93. 何亮亮:《零容忍 —— 香港廉政公署 40 年肅貪記錄》,北京:中國友誼出版公司,2012 年。

94. 林衍:〈香港:對腐敗「零容忍」〉,《中國青年報》,2012 年 6 月 27 日。

95.〈調委會一致認為未悉參賽者　投票無異常　填表掉以輕心有責　西九報告:梁漏報不涉利益衝突〉,香港《文匯報》,2012 年 6 月 28 日。

96.〈廉署成為香港的 DNA　捍衛廉潔的核心價值〉,《明報》,2012 年 7 月 14 日。

97.〈公司營商重防貪　有利保持競爭力〉,《廉政快訊》,2012 年 9 月第 13 期。

98. 書中人:〈香港廉署反貪的制度解密〉,《亞洲週刊》,2012 年 11 月 11 日。

99.〈廉潔指數跌不休　核心價值危危乎〉,《東方日報》,2012 年 12 月 6 日。

100. 香港廉政公署:《香港特別行政區廉政公署 2012 年年報》,2013 年。

101. 孟慶順:《澳門廉政制度研究》,北京:中國方正出版社,2013 年。

102.〈《誠信守法可創富》　跨境營商〉,《廉政快訊》,2013 年 2 月第 14 期。

103. 香港審計署:《審計署署長第六十號報告書:第七章　廉政公署倡廉教育和爭取公眾支持肅貪倡廉》,2013 年 3 月 28 日。

104.〈廉署自查湯顯明陷兩難　有人舉報必須調查〉,《明報》,2013 年 4 月 30 日。

105.〈白韞六親刑事查湯顯明　律政司:足夠理據查賄賂　列查案者三準則〉,《明報》,2013 年 5 月 15 日。

106. 紀碩鳴:〈北京秘密報告　揭英國勢力滲透廉署〉,《亞洲週刊》,2013 年 6 月 2 日。

107.〈陳茂波妻子家族持新東農地　遭質疑涉利益衝突　議員促下台〉,

《信報》，2013 年 7 月 23 日。

108.〈廉署直接聯繫商界兼用網上平台推廣商業道德〉，《廉政快訊》，2013 年 8 月第 15 期。

109.〈善用流動設備　掌握防貪信息〉，《廉政快訊》，2013 年 8 月第 15 期。

110.〈高官利益衝突設新指引〉，《太陽報》，2013 年 8 月 8 日。

111. 郭文緯：〈論利益衝突和公職人員行為失當〉，《星島日報》，2013 年 8 月 14 日。

112. 香港廉政公署：《樓宇維修實務指南》，2013 年 11 月。

113.〈揭秘最高檢反貪總局成立過程　借鑒香港廉政公署經驗〉，《中國新聞週刊》，2013 年 11 月 11 日。

114. 香港廉政公署：《香港特別行政區廉政公署 2013 年年報》，2014 年。

115. 李焯桃、陳耀榮等：《靜默革命：廉政劇集四十年》，香港：香港國際電影節協會，2014 年。

116. 葉健民：《靜默革命：香港廉政百年共業》，香港：中華書局（香港）有限公司，2014 年。

117. 香港廉政公署：《執行處　反貪歲月 40 載：與民攜手　共建廉政（1974-2014）》，2014 年。

118. 行光：〈廉政劇集 40 年見證社會變遷〉，《大公報》，2014 年 2 月 27 日。

119. Emily：〈狂舞派導演拍廉署奶粉案《廉政行動》新一輯製作費倍增〉，《明報》，2014 年 3 月 25 日。

120. 鄺素媚：〈《廉政行動 2014》頭炮　追查走私奶粉主腦　影視精英助陣〉，《香港經濟日報》，2014 年 4 月 5 日。

121. 沙壺：〈廉政劇集四十年〉，香港《文匯報》，2014 年 4 月 18 日。

122. 香港特別行政區立法會：《調查湯顯明先生任職廉政專員期間的外訪、酬酢、饋贈及收受禮物事宜專責委員會報告》，2014 年 7 月。

123.〈全方位策略建設廉潔香港〉，《廉政快訊》，2014 年 11 月第 18 期。

124.〈驚弓之「鴿」　收朱古力都申報〉，《東方日報》，2014 年 10 月 8 日。

125.〈東方發揮天職　體現「第四權」〉,《東方日報》,2015 年 10 月 6 日。

126.〈《防賄條例》多項不包括特首〉,《東方日報》,2015 年 10 月 6 日。

127.〈高官收禮亂報　監察問責虛設〉,《太陽報》,2015 年 11 月 2 日。

128.〈公司董事誠信實務指南〉,《廉政快訊》,2015 年 12 月第 21 期。

129. 胡慧雯:〈《廉政行動 2016》創新　單元劇變連續劇〉,《香港經濟日報》,2016 年 4 月 14 日。

130. 香港廉政公署:《香港特別行政區廉政公署 2014 年年報》,2015 年。

131.〈假填廉署問卷　調查員判服務令〉,《明報》,2015 年 1 月 14 日。

132.〈貪曾檢控無期　廉署行政失當〉,《太陽報》,2015 年 1 月 28 日。

133.〈香港打虎記:廉署歷時四年調查前政務司長貪腐案〉,《中國新聞週刊》,2015 年 2 月 6 日。

134.〈查貪曾未落鑊　江樂士難置信〉,《太陽報》,2015 年 2 月 26 日。

135. Emily:〈查許仕仁案　廉署高層自己影印〉,《明報》,2015 年 3 月 11 日。

136.〈廉署出德育新書　灌輸正確價值觀　漫畫探「打假波」卡通寓言故事〉,《星島日報》,2015 年 7 月 9 日。

137. 楊一凡:〈導演章國明:從新浪潮至廉政行動〉,《都市日報》,2015 年 7 月 14 日。

138.〈白韞六稱廉署要掌握新科技〉,《大公報》,2015 年 7 月 20 日。

139.〈雙貪遲遲未落鑊　廉署公信受質疑〉,《太陽報》,2015 年 7 月 20 日。

140.〈廉署打貪不乏高官名人入罪〉,《東方日報》,2015 年 10 月 6 日。

141.〈機電署督察涉索賄 500 元〉,《太陽報》,2015 年 11 月 18 日。

142.〈廉署「度身訂造」助內地企業防貪〉,《太陽報》,2015 年 11 月 30 日。

143.〈貪污 —— 絕非在港營商顧慮〉,《廉政快訊》,2015 年 12 月第 21 期。

144.〈黃冠豪勒令提早退休〉,《東方日報》,2015 年 12 月 28 日。

145. 香港廉政公署:《香港特別行政區廉政公署 2015 年年報》,2016 年。

146. 香港特別行政區政府新聞處:《香港 2015》,2016 年。

147. 李莉:〈廉實力建設與利益衝突管理:香港個案的啟示〉,《廉政文化

研究》，2016 年第 1 期。

148.〈終院：對租無違法　麥齊光終得雪〉，《大公報》，2016 年 1 月 30 日。

149. 胡慧雯：〈《廉政行動 2016》創新　單元劇變連續劇〉，《香港經濟日報》，2016 年 4 月 14 日。

150.〈譚耀宗涉打尖切瘜肉　伊院致歉〉，《信報》，2016 年 6 月 3 日。

151. 楊越：〈廉政教育也要精準〉，《中國紀檢監察報》，2016 年 6 月 30 日。

152.〈廉署繼續堅定不移地履行反貪使命〉，《廉政快訊》，2016 年 8 月第 23 期。

153.〈「廉政之友」二十年的足跡〉、〈廉政之友獎勵計劃週年頒獎典禮 2016〉，《友‧共鳴》（廉政之友通訊），2016 年 10 月號。

154. 香港廉政公署：《香港特別行政區廉政公署 2016 年年報》，2017 年。

155.〈警司涉「財色兼收」包庇黑幫夜總會　廉署拘 12 男女　包括三現職警〉，《星島日報》，2017 年 1 月 26 日。

156. 李冰冰：〈六成網友認為《人民的名義》受歡迎源於照見現實〉，《新京報》，2017 年 4 月 8 日。

二、英文部分

1. Rance P. L. Lee (Ed.), *Corruption and its Control in Hong Kong: Situation up to the Late Seventies*, Hong Kong: The Chinese University Press, 1981.

2. H. J. Lethbridge, *Hard Graft in Hong Kong: Scandal, Corruption and the ICAC*, Hong Kong; New York: Oxford University Press, 1985.

3. Lo Shiu-hing, Bureaucratic Corruption and Its Control in Macao, *Asian Journal of Public Administration*, Vol.15, Issue1, 1993.

4. Bertrand de Speville, *Hong Kong Policy Initiatives Against Corruption*, Paris: OECD Development Centre, 1997.

5. Bertrand de Speville, Anticorruption Commissions: The "Hong Kong Model" Revisited, *Asia-Pacific Review*, Vol.17, No.1, 2010.

責任編輯　劉汝沁
書籍設計　吳丹娜

書　　名　**香港廉政制度研究**

編　　著　孟慶順

出　　版　三聯書店（香港）有限公司
　　　　　香港北角英皇道 499 號北角工業大廈 20 樓
　　　　　Joint Publishing (H.K.) Co., Ltd.
　　　　　20/F., North Point Industrial Building,
　　　　　499 King's Road, North Point, Hong Kong

香港發行　香港聯合書刊物流有限公司
　　　　　香港新界大埔汀麗路 36 號 3 字樓

印　　刷　美雅印刷製本有限公司
　　　　　香港九龍觀塘榮業街 6 號 4 樓 A 室

版　　次　2017 年 12 月香港第一版第一次印刷

規　　格　16 開（170 × 240 mm）224 面

國際書號　ISBN 978-962-04-4269-8

© 2017 Joint Publishing (H.K.) Co., Ltd.

Published & Printed in Hong Kong